JN098133

債　権

エッセンシャル民法 3

〔第 2 版〕

永田眞三郎・松本恒雄・松岡久和・横山美夏　著

有斐閣ブックス

第2版 まえがき

　本書の初版は，2010年に刊行されて以来，債権総論と債権各論を1冊にコンパクトにまとめた初学者用テキストとして好評をいただいてきました。

　本書の対象である民法の債権関係の規定は，公布以来，2004年に行われた条文のひらがな口語化および保証法の改正を除けば，ほぼ120年間，当初の内容を引き継いできましたが，2017年に大規模な改正が行われ，2020年から改正法が施行されています。本書第2版は，この2017年改正を反映したものです。そのため，「初版　まえがき」に記載されている一部の条文番号にずれが生じていますが，あえて修正していません。

　債権法の大改正に向けた審議は，本書初版刊行の1年前の2009年から法制審議会民法（債権関係）部会において開始されました。審議の対象となった事項が広範囲に及んでいたことから，法制審議会で結論が出たのは2015年になってからでした。

　改正内容は多岐に及んでいますが，一番多いのは，従来の判例や通説で認められていたルールを条文化したものです。本書第2版では，このような個所については，初版で「ケースのなかで」で扱っていたものを削除したり，学説として紹介していたものを直接条文の引用に変えたりしています。

　他方，民法に規定されていたルールが明確に変更され，あるいは新設されたものも多数あります。法定利率の引下げと変動利率制への移行および商事法定利率の廃止（404条・改正前商法514条），原始的不能理論の否定（412条の2第2項），詐害行為取消権への倒産法類似のルールの導入（424条以下），連帯債権の新設（432条以下），連帯債務者間の影響関係における絶対的効果の縮小（改正前434条・437条・439条），個人保証人の保護の強化（465条の2以下），債権譲渡制限特約の効力の制限（466条以下），免責的債務引受と併存的債務引受の新設（470条以下），任意代位の要件としての債権者の承諾の廃止（499

条），有価証券の一般規定の新設（520条の2以下），債権者危険負担主義（改正前534条）の廃止と債務者危険負担の抗弁権化（536条1項），契約上の地位の移転の新設（539条の2），契約解除における債務者の免責事由の削除（改正前543条ただし書），定型約款制度の新設（548条の2以下），売買の瑕疵担保責任（改正前570条）について債務不履行責任としての契約不適合責任（562条以下）への再編，生命・身体の侵害による損害賠償請求権の消滅時効期間の特則（167条・724条の2）などです。

　また，部会で議論がされ，2013年公表の中間試案にまでは残っていたけれども，条文の形に反映されなかったものも少なからずあります。たとえば，契約における付随義務・保護義務，契約交渉段階における情報提供義務や不当破棄の責任，事情変更の法理による契約の解除や改訂，不安の抗弁権としての履行拒絶権，継続的契約に関する一般法理，準委任のルールの具体化などです。これらは，必ずしもそのようなルールが否定されたのではなく，判例や学説の展開に委ねられたものが大部分です。したがって，これらの問題については，今後も学習上注意を払う必要があります。

　改正前の民法との関係で改正内容を知ることは，民法の深い理解につながりますが，本書が初心者用の入門書であることを重視して，原則として改正された現在の債権法についての体系的叙述にとどめています。

　初版の執筆者の1人であった永田眞三郎先生が2017年にお亡くなりになった関係で，初版で永田先生が執筆された第1章および第4章は横山が，第5章は松本が，第6章は松岡が，それぞれ改訂にあたりました。

　最後になりましたが，作業の遅れがちな執筆者を督励するとともに，最初の読者として貴重なご指摘をいただいた有斐閣京都支店の一村大輔氏に対して感謝の意を表します。

　　2022年8月

執筆者一同

初版 まえがき

　本書は，債権法の初学者のための教科書であり，法科大学院や法律実務で
ひととおり民法を学んだ者が再度基本に立ち返ってその理解を整理し確認す
るための基本書でもあります。

　本書は，『民法入門・総則』，『物権』に続く教科書として，ここでも，法
制度の仕組みや法規定の基本的な内容をわかりやすくかつ正確に伝えること
に重点をおいています。初学者向きといっても，『民法入門・総則』と比べ
ると，『物権』の場合と同様，やや叙述の密度の高いものとなっています。
しかし，いわゆる「論点」については，これを努めて削ぎ落とし，「論点」
を理解するために手がかりとなる考え方や背景となる法状況を示唆するにと
どめ，その展開はつぎの学習段階に委ねています。

　民法の仕組みや規定の内容を学ぶにあたって重要なのは，まず，それによ
って立つ原理・原則をしっかりと理解することです。そして，その原理・原
則を踏まえ，あるいは，その修正の方向をみきわめながら，それぞれの局面
でどのような問題解決のための仕組みや法規定が準備されているのかを修得
していきます。また，議論のあるところでは，判例や学説はどのような考え
方によって，それぞれどのような結論を選択しているのか，これを的確に理
解することも大切です。その際，そこでの議論を自分の思考プロセスや言語
を使って表現しながら，ときには逆に，自分の日常的な思考プロセスや言葉
の用法と専門領域で使われるものとの違いを確認しながら，学ぶことが効果
的です。

　新しい法曹養成機関として開設されている法科大学院では，これまでの知
識としての「論点」の蓄積とその再生の繰り返しに傾きがちであった試験対
策的な手法とは異なる，「新しい民法の学び」が試みられ，定着してきてい
ます。そこでは，双方向・多方向の対話型の講義を中心に，事実や対立する

言い分から状況を読み取る力，その状況のなかで問題を発見しそれを法的な問題として組みたてなおす力，それに基づいて解決のためのいくつかの方策を提示する力，これらの能力を育成することを目指すものとなっています。知識としての「論点」を削ぎ落とし，法制度や法規定の基本的な内容を的確に理解させるという本書の考え方は，この法科大学院教育の新しい展開とも一致するものです。

　そのような視点から，本文の叙述では，まず，読者がこれまで生活のなかで経験したような事柄やそうでなくても容易にイメージできる事柄を事例として設定しています。その事例を用いながら，民法がそれに対してどのような問題解決の仕組みや規定を準備しているのかを説明するというスタイルをとっています。また，本文で示された内容が実際にはどのような広がりをもつのか，制度や規定の背景にはどのような経緯や現実があるのかなどについては，それをイメージし，その理解を助けるために，いくつかの「図表」を配置し，「コラム」を設けています。基本的な判例については，本文の流れにそって，「ケースのなかで」としてとりあげ，その判例の民法全体のなかでの位置付けと機能するおよその範囲がわかるように簡潔に要約し，キーワードが付されています。

　本書は，債権法の総論と各論の全体を一冊にまとめたコンパクトな教科書です。債権法については，民法の規定は399条から724条に及びますが，本書は，これを，第1編「債権総論」（399条〜520条），第2編「契約」（521条〜696条），第3編「不法行為・不当利得」（697条〜724条）の3つの編に分けて叙述しています（章は，通して第*1*章〜第*15*章）。その叙述は，おおむね民法の規定の体系にそっていますが，若干の部分では，整理をしなおして，理解を助けるための工夫をしています。その主なものは，次のとおりです。

　契約の総則として規定されている，「契約の成立」，「契約の効力」および「契約の解除」（521条〜548条）については，売買契約（第*9*章第1節）のなかで，売買の場合をモデルとして叙述しています。ただし，「契約の効力」の

うちの第三者のためにする契約（537条〜539条）については，契約の序論（第**8**章）のなかの「コラム」で説明しています。

　契約の各論については，契約類型を，権利移転型（第**9**章），信用供与型（第**10**章），貸借型（第**11**章），役務提供型（第**12**章）に分け，組合や和解はその他の契約（第**13**章）として整理しています。そこでは，典型契約に加えて新しい契約類型をもとりあげ，契約法の展開状況の全体像が理解できるように構成しています。典型契約のうちの雇用契約および終身定期金については，民法上のそれらの規定の位置づけと現代的意義を，章の扉や「コラム」で説明するにとどめています。

　法定債務については，第3編「不法行為・不当利得」として扱っていますが，事務管理については，そこではとり上げないで，「委任によらない他人の事務の管理」として位置づけ，委任（第**12**章）のなかの「コラム」で説明するにとどめています。

　読者の方々には，以上のような本書の趣旨を十分に理解して，本書が試みているいくつかの工夫を存分に活用し，債権法の学習を円滑に進め，その修得に成功されることを期待します。

　最後になりましたが，本書の刊行にあたって，構成や内容についての数次にわたる長時間の執筆者会議におつきあいいただき，ここに至ることができたことについて，有斐閣書籍編集第一部京都編集室の一村大輔氏に対して心から感謝の意を表します。また，本書の原稿の校正にあたっては京都大学法学部松岡ゼミの伊藤敬之さん，川田啓之さん，木内綾香さん，辻本正樹さん，内藤尚幸さんにモニターとして協力していただきました。ここにあわせて感謝の意を表します。

　2010年4月

執筆者一同

● 執筆者紹介 (執筆分担) ||||||||||||||||||||||||||||||||||||||||||||||||||||||||

永_{なが}田_た眞_{しん}三_{ざぶ}郎_{ろう}　　　（元関西大学学長，京都大学法学部卒）

　　　　　　　　第**1**章・第**4**章・第**5**章・第**6**章

松_{まつ}本_{もと}恒_{つね}雄_お　　　（一橋大学名誉教授，京都大学法学部卒）

　　　　　　　　第**3**章・第**5**章・第**8**章・第**9**章

松_{まつ}岡_{おか}久_{ひさ}和_{かず}　　　（立命館大学教授，京都大学法学部卒）

　　　　　　　　第**6**章・第**12**章・第**13**章・第**14**章・第**15**章

横_{よこ}山_{やま}美_み夏_か　　　（京都大学教授，早稲田大学法学部卒）

　　　　　　　　第**1**章・第**2**章・第**4**章・第**7**章・第**10**章・第**11**章

目　　次

略 語 表

会社	会社法	消費契約	消費者契約法
家事	家事事件手続法	製造物責任	製造物責任法
割賦販売	割賦販売法	宅建業	宅地建物取引業法
仮登記担保	仮登記担保契約に関する法律	建物区分	建物の区分所有等に関する法律
偽造カード	偽造カード等及び盗難カード等を用いて行われる不正な機械式預貯金払戻し等からの預貯金者の保護等に関する法律	建物保護	建物保護ニ関スル法律（旧）
		著作	著作権法
		手形	手形法
		電子記録債権	電子記録債権法
供託	供託法	特定商取引	特定商取引に関する法律
刑	刑法	日本銀行	日本銀行法
憲	日本国憲法	農地	農地法
鉱業	鉱業法	不正競争	不正競争防止法
小切手	小切手法	弁	弁護士法
国土利用	国土利用計画法	保険	保険法
国賠	国家賠償法	民執	民事執行法
自賠	自動車損害賠償保障法	民調	民事調停法
借地借家	借地借家法	民訴	民事訴訟法
住宅品質確保	住宅の品質確保の促進等に関する法律（住宅品質確保促進法）	有限責任事業組合	有限責任事業組合契約に関する法律
		利息制限	利息制限法
商	商法	労基	労働基準法

第1編

債権総論

第 *1* 章　債権法とは

第1節　債権法の対象となっている領域

1　2つの財産権

　民法典は，財産権を大きく「物権」と「債権」とに分けて規定している。たとえば，Aが土地の所有権を有しているとか，自動車の所有権を有しているという場合，Aは，だれを介することもなく，土地そのものに対して，あるいは，自動車そのものに対して，それを使用・収益・処分することができる権利を有している（206条）。この所有権のように，物に対する直接の権利を「物権」とよんでいる。

　これに対して，AがBに対して，売買代金債権を有しているとか，注文主Aが住宅の建築について請負人Bに対して債権を有しているとかいう場合は，Aは，金銭や住宅そのものに対して直接に権利を有しているわけではない。Aは，Bに対して，代金を支払うよう，あるいは住宅を建築するよう請求できる権利を有しているのである。このように，人に対してある行為（給付）を請求できる権利，すなわち人の行為を介して実現できる権利を「債権」とよんでいる。

2　債権法の対象

　民法典は，前記のように，財産権を，「物を直接に支配できる権利」と「特定の人（債権者）が特定の人（債務者）に対して一定の行為（給付）を請

求できる権利」とに分け，前者を「物権」とよび，後者を「債権」とよんで，それぞれ第2編と第3編の2つに分けて整理し規定している。本書で学ぶ「債権法」は，財産権のうちの，「債権」を対象としている。「債権法」に関しては，民法典の規定とともに多くの特別法があり，ここでは，これらをあわせて「債権法」を構成するものとして，その対象とする。

第2節　債権法のしくみ

1　債権法の構成

発生原因別のルールと共通ルールからなる

　民法の債権法は，大きく分けて，総論（第1章「総則」）と各論（第2章「契約」，第3章「事務管理」，第4章「不当利得」，第5章「不法行為」）の2つからなる。各論は，債権の発生原因を4つに分けて，それぞれについての成立要件と効果等を規定している。総論は，これらの債権についての共通ルールを定めるものである。すなわち，そこでは，債権に基づいて請求できる給付の内容（第1節「債権の目的」），債務不履行責任など効力（第2節「債権の効力」），連帯債務や保証など多数当事者の債権・債務関係（第3節「多数当事者の債権及び債務」），債権譲渡や債務引受の場合の債権・債務の移転（第4節「債権の譲渡」，第5節「債務の引受け」），弁済や相殺など債権の消滅（第6節）に分けて，債権についての共通ルールを規定している。

民法は種々の債権をどのように整理しているか

　民法は，債権を発生原因別に4つに分けて規定している。これらは，当事者の合意（契約）によって発生するものと，法律の規定によって発生するも

のとに分かれる。日常生活であれ経済活動であれ，債権のほとんどは，契約
に基づいて生じるが，それ以外に，たとえば，事故による加害者の損害賠償
責任のように，一定の事実があれば法律によって債権が発生する場合がある。
これらは，契約（521条〜696条）から生じる債権に対して法定債権といわれ
る。

　民法は，この法定債権が発生する原因として，事務管理（697条〜702条），
不当利得（703条〜708条），不法行為（709条〜724条の2）の3つの類型に分け
て規定している。

　このうちでは，交通事故や薬害など不法行為に基づく損害賠償請求権が問
題となることが圧倒的に多く，制度としても重要な意味を有する。

　法定債権が発生する他の2つのうち，まず，不当利得は，たとえば錯誤取
消しにおいてすでに給付された金銭や物の返還請求が認められる場合のよう
に，Ａに損失が生じそれに対応してＢに利得が生じている場合に，Ｂの利得
に理由（法律上の原因）がないときは，ＡはＢに対して返還請求権を有する
とするものである。また，事務管理は，Ａが，Ｂとの間でとくに委任契約な
どの合意なしに，本来その他人Ｂ自らが処理すべき事柄（他人の事務）を処
理した場合について，その費用などに関するＡＢ間の権利関係を規定するも
のである。事務管理は，日常的用語としては耳慣れないかもしれないし，実
際に問題となることもそれほど多くない。

2 権利実現のしくみと権利変動のしくみ

　債権法のうち，総論は，債権についての共通ルールを定めるものである。

　そこでは，まず，請求権としての債権の権能に着目し，債権の実現に向けたルール，すなわち，債権者の債務者に対する債権ないしその価値をいかにして実現するかのプロセスについて，債権の目的，効力，多数当事者の債権関係，債権の消滅などの規定が定められている（総則，第1節〜第3節・第6節）。

　また，債権の財産権としての価値に着目して，その権利移転についてのルール，すなわち，債権譲渡について規定されている（第4節）。所有権などの物権を権利者AがCに譲渡することができるのと同様に，債権者Aの債務者Bに対する債権も，Aから第三者（譲受人）Cへ譲渡されることができる。そこで，債権法でも，権利移転の方法と時期，第三者への権利移転の競合があった場合（二重譲渡）の処理などについての規定がおかれている。さらに，当事者の合意によって，債権の同一性を維持したまま，債務者が交替したり追加されたりする債務引受についても定められている（第5節）。

　このように，債権法は，債権の権利実現に向けたしくみを中心に規定するとともに，債権という財産権の権利変動のしくみについて規定するものである。

第2章 債権の目的

　たとえば，Aが友人Bから中古自転車を5千円で買う契約を結ぶと，Aには，Bに対してその自転車を引き渡すよう求める債権が，また，Bには，Aに5千円を支払うよう求める債権が，それぞれ生じる（売買について→171頁〜172頁）

　このように，債権者が債務者に求めることができる債権の内容を，民法では，債権の「目的」と表現している（399条）。

　債権の目的（内容）は，さまざまである。金銭の支払や，自転車の引渡しのように物の引渡しのこともあれば，肖像画を描く，あるいは家のリフォーム工事をするなど，一定の行為のこともある。

　債権の目的がどのようなものであるかによって，異なる効果が生じる場合もある。たとえば，5千円の支払を目的とする債務が履行されないとき，債権者は債務者にその支払を強制することができる。これに対して，肖像画を描くことを目的とする債務が履行されないとき，債権者は，債務者である画家に力づくで絵を描かせることはできないし，また，債務の履行を強制しても意味はない。

　本章では，債権の目的にどのような種類のものがあるか，その種類によってどのような違いがあるかについて説明する。

第1節　特定物債権と種類債権

1　特定物債権

特定物債権とは

　たとえば，AがBから甲マンションの306号室を買った場合，Aは，Bに対して，その部屋を引き渡すことを目的とする債権を有する。Aは，同じ間取りであればどの部屋でもよいわけではなく，306号室の位置や向きなど，その個性に着目して306号室を買っただろう。このように，当事者がその個性に着目した特定の物の引渡しを目的とする債権を，特定物債権という（400条）。特定物債権の目的物は，その特定の物であるから，Bは，隣の305号室を引き渡しても，債務を履行したことにはならない。

　特定物かどうかはあくまで当事者の主観によって決まる。絵画や，土地・建物，あるいは中古自転車などのように，そもそも個体ごとに個性がある物は，当事者もその個性に着目するのが通常であるから，このような物を目的とする債権は特定物債権である。これに対して，野球のボールのように，同じ種類であれば客観的には個性のない物（代替物→**コラム②**）であっても，それが有名プロ野球選手の打った記念すべきホームランボールであって，当事者がその個性に着目しているときは，特定物となる。

　特定物債権はその物の引渡しを目的とするので，なんらかの事情により，その物を引き渡すことができなくなったときは，債務の履行は不能となる。たとえば，中古自転車をBから買ったAは，Bに対して，その自転車を引き渡すよう求める特定物債権をもつ。そこで，BがAの自宅にその自転車を車で届ける途中，交通事故に遭って自転車がペシャンコに潰れてしまったとき，

Aの債権の目的はその自転車の引渡しであるから，その履行は不能となる。

　これに対して，当事者が個性に着目しない物を不特定物といい，不特定物の引渡しを目的とする債権を，不特定物債権という。

債務者は特定物を注意深く保管しなければならない

　特定物債権は，その物を引き渡せなければ履行不能となるので，民法は，特定物債権の債務者に，善良な管理者の注意をつくして目的物を保管する義務を負わせている（400条）。たとえば，AがBから中古自転車を買い，Bが1週間後にその自転車をAの家に届けることになったとする。契約から3日後に，Bが不注意によりAに引き渡すべき自転車を破損してしまったときは，Bは，Aに生じた損害を賠償しなければならない（415条）。何をすれば善良な管理者の注意（善管注意義務）をつくしたことになるかは，契約による債権であれば契約内容のほか取引上の社会通念によって決まる。

2　種類債権

種類債権とは

　種類債権とは，たとえば，「米10キロ」，「缶コーヒー5本」などのように，種類と数量だけで示された物（種類物）の引渡しを目的とする債権である。種類の指定の仕方はさまざまである。単に「米10キロ」と指定するときもあれば，「ゆめぴりか米10キロ」，あるいは，「北海道産ゆめぴりか米10キロ」と指定することもあるだろう。債務者はその指定により定められた種類物を

引き渡す債務を負う。

　このように，当事者が種類と数量だけを指定するとき，当事者にとってその個性は重要でないから，種類物は不特定物である。その意味で，種類物は，不特定物を異なる観点から説明したものといえる。実際，種類物と不特定物とは，区別せずに用いられることが多い。

　種類債権は，種類と数量によって指定されるから，世の中に同じ種類の物が定められた数量だけ存在するかぎり，履行不能にならない。たとえば，Aから「ゆめぴりか米10キロ」の注文を受けたBが，Aの自宅に目的物を自動車で届ける途中に交通事故に遭い，積んでいたゆめぴりか米が道路に散乱してしまっても，あらためてゆめぴりか米を入荷すれば足りるので，Bの債務は履行不能にはならない。言い換えれば，Bは，このような場合，新たにゆめぴりか米を10キロ調達して，Aに引き渡さなければならない。

種類債権の目的物はある段階で特定する

　種類債権は，債権の発生時には「ゆめぴりか米10キロ」という，抽象的な内容をもつが，ある段階で，その目的物は特定のゆめぴりか米10キロに具体化する。すなわち，「以後その物を債権の目的物とする」（401条2項）ことになる。これを，種類債権（不特定物債権）の特定または集中という。たとえば，先の例で，世の中に存在するゆめぴりか米のうち，Aのものになるのは，BがAの自宅に配達した特定のゆめぴりか米10キロである。Aの種類債権の目的物は，ある段階で，単なる「ゆめぴりか米10キロ」から，「このゆめぴりか米10キロ」に特定されるからである。

　では，種類債権はいつ，どのようにして特定するのか。第1に，債務者が物の給付に必要な行為を完了したときである（401条2項）。何をすれば物の引渡しに必要な行為を完了したといえるかは，どこで債務を履行すべきかによって異なる。たとえば，BがAの自宅にゆめぴりか米10キロを届けることになっていた場合（持参債務→126頁）には，BがAの家の玄関先にゆめぴり

か米10キロを持っていったときに，Aの債権の目的物はBが持ってきたそのゆめぴりか米10キロに特定する。

　これに対して，たとえば，Aがある新刊本をB書店に1冊注文し，届いたらAがB書店に取りにいくとされていた場合（取立債務→126頁），Bが書店に届いた数冊の同じ本のなかからAのために1冊を取り分けて，注文した本が届いたことをAに連絡したときに，債権の目的物は取り分けられたその本に特定する。

　第2に，債権者が債務者に引き渡す物を指定する権限を与えた場合には，債務者が物の給付に必要な行為を完了していなくても，債務者が目的物を指定したときに特定が生じる（401条2項）。

ケースのなかで 1　種類物の取立債務は引渡場所の通知だけでは特定しない

　Xは，Yから漁業用タール2000トンを購入する契約を締結し，代金の一部を支払った。契約により，タールの受渡しは，Yが指定した場所にXがタールの容器を持ち込んで行うと定められた。その後，2000トンのタールの一部はXに引き渡されたが，残部は，Xが引き取らないうちに第三者によって処分されてしまった。Xは，目的物は特定しており，Yにはその保管につき善管注意義務違反があったとして契約を解除し，すでに支払った代金のうち，引渡しを受けたタールの代金を差し引いた額の返還を求めた。裁判所は，引渡しのされていない部分につき，上記の事実だけでは目的物は特定していないと判断した。

《種類債権，特定，取立債務……最判昭30年10月18日》

種類債権が特定すると

　AがBに対して，「ゆめぴりか米10キロ」の引渡しを目的とする債権（種類債権）を有していた場合に，債権が特定されると，Aの債権の目的は，特定されたその・ゆめぴりか米10キロとなる。したがって，特定後に，Bがその・ゆめぴりか米をAに引き渡すことができなくなったときは，特定前と異なり，Bの債務は履行不能となる。たとえば，Bが，Aの自宅に「ゆめぴりか米10キロ」を届けることが合意され，Aに指定された日時にゆめぴりか米10キロを自動車でA宅に届けに行ったとする。Aが留守であったためBは帰ることにしたが，その途中で交通事故に遭い，Aに届けるはずのゆめぴりか米が道路に散乱してしまった。この場合，Aの玄関先で特定したそのゆめぴりか米をAに届けるBの債務は不能となる。法的には，Aにあらためてゆめぴりか米10キロを届ける義務はBにはない。

　このように，種類債権が特定すると，特定されたその物が債務の目的物となるから，債務者は，特定物と同様，特定された物を善良な管理者の注意をつくして保管する義務を負う（400条参照）。

第2節　金 銭 債 権

金銭債権とは

　金銭債権は，一定額の金銭の支払を目的とする債権である。金銭債権の特徴は，お札や硬貨という物ではなく，一定額の価値の移転を目的とするところにある。たとえば，AがBに対して5万円の金銭債権を有する場合，Bは，Aに対して，5万円分のお札や硬貨という物を引き渡す債務を負うわけではなく，5万円という価値をAに移転する債務を負う。

　このとき，移転すべき金銭の価値は，5万円という名目的な価値である。

★ コラム④：1円玉だけで1万円支払ってもよいか

　金銭債権は，「各種の通貨」で支払うことができる（402条1項）。債務者は，
1万円の金銭債権を，5千円札2枚で支払うことも千円札10枚で支払うことも
できる。では，1円玉だけで1万円を支払うこともできるか。硬貨については，
法律により，額面金額の20倍までしかその受領を強制できない（「通貨の単位及
び貨幣の発行等に関する法律」7条。通貨として相手方にその受領を強制できることを，
通貨の「強制通用力」という）。債権者は，1円玉であれば，20円を超える部分に
ついては受取りを拒絶することができる。もちろん，債権者が受け取ってくれ
れば，弁済として有効である。

　これに対し，紙幣については，そのような制限は存在しない（日本銀行46条2
項参照）ので，10万円を千円札100枚で支払っても，債権者はその受領を拒絶で
きない。

　では，決済アプリでしか代金を支払えないしくみの店舗で，客が，通貨の強
制通用力を理由に，商品の代金を，現金で，それも紙幣で支払うと主張した場
合，その店は現金払に応じなければならないのだろうか。通貨の強制通用力か
らいえば，現金払に応じなければならないことになりそうである。しかし，そ
の店舗に，「支払は決済アプリのみ」と表示してあった場合には，支払は決済
アプリによることに同意してその店を利用しているとみなされる。したがって，
そのような場合には，店舗は現金払に応じる必要はない。

したがって，インフレーションなどにより，債権発生時の5万円と履行期の
5万円の価値が実質的には異なる場合にも，債務者は，額面どおり5万円を
支払えば足りる。これを，名目主義という。

金銭債権の特徴

　金銭債権は，一定額の価値を移転することを目的とするから，履行不能は
生じない。Bが現実に5万円をもっているかどうかにかかわらず，5万円と
いう価値をAに移転することは，それ自体としては，不能となることはない
からである。

　また，金銭債権には，債権が履行されない場合の損害賠償についても特別
のルールがある（419条）。たとえば，AがBに500万円を貸していたところ，
履行期を過ぎてもBがそれを支払わない場合，それによってAに生じた損害
が10万円であっても100万円であっても，AがBに請求できる損害賠償の額

は，金銭債権の金額に法定利率（404条）を乗じた金額となる（419条1項本文）のが原則である。これは，金銭はさまざまなことに用いられるので，金銭が支払われなかったことによる損害額を判定するのは困難であり，利息相当額を損害とみることができると考えられたことによる。

　法定利率は年3％（404条2項。法定利率は，3年ごとに変動する（同条3項）。同条4項・5項も参照）であるから，上の例では，Aが，履行期から1年後に請求できる損害賠償の額は，500×0.03＝15万円である。なお，当事者間で法定利率より高い約定利率を定めていた場合，損害賠償の額は，約定利率によって計算される（419条1項ただし書）。

第3節　作為債務と不作為債務

　債権には，行為を内容とするものもある。行為を内容とする債権には，大きく分けて，特定の行為をすること（作為）を内容とする債権と，特定の行為をしないこと（不作為）を内容とする債権とがある。一般的には，債務者の側からみて，前者を作為債務，後者を不作為債務という。たとえば，家庭教師として英語を教える債務は，作為債務である。不作為債務の例としては，夜10時以降はピアノを弾かない債務や，ある土地に5階建て以上の建物を建てない債務などが考えられる。

　作為債務か不作為債務かによって，債務が履行されない場合の履行の強制方法は異なる（414条→19頁〜20頁）。

★ コラム⑤：結果債務と手段債務

　医者は，病気の患者を治療する場合，その病気を治療するために必要な注意を払って最善をつくさなければならないが，病気の治癒という結果を実現する債務までは負っていない。これに対して，宅配便で荷物を配送する債務を負った運送業者は，定められた日時に荷物を届けるという結果を実現する債務を負う。後者のように，結果の実現を内容とする債務を結果債務，前者のように，結果の実現そのものではなく，そのために必要な注意と勤勉さを果たすことを債務の内容とする債務を手段債務ということがある。

　手段債務の債務者は，結果の実現に向けてなすべきことをしなかったときは，債務不履行責任を負う。これに対して，結果債務については，結果が実現しなければ，債務者は，自ら不可抗力の存在を証明しないかぎり，責めに帰すことができない事由があるとは認められず債務不履行責任を免れない。

第**3**章　債権の効力

　金銭の借主でもっとも律義な者は黙っていても約束の期日に借金を返済するだろう。多少ルーズな借主は貸主から催促されてようやく返済するかもしれない。このように債務者の自発的な任意の履行を債権者が受領することによって消滅するのが，債権の正常なプロセスである。

　本章は，債務者が任意の履行を拒んだり，履行が不可能となったり，あるいは第三者の行為によって履行が妨害されるといった事態が生じた場合において，債権者が，自己の経済的利益を守るためにどのような法的手段を講じることができるかを扱う。債務者に対してとりうる手段としては，履行の強制，損害賠償，契約解除があり，第三者に対してとりうる手段としては，妨害排除と損害賠償が考えられる。これらのうち，契約解除は，契約特有の問題として**第9章**第１節3で扱う。

　「債権の効力」という表現は，多義的であり，上記のような任意の履行を請求できること，債務の弁済として債権者が正当に受領した利益はその後に不当利得として返還を請求されることがないこと，さらには債務者の財産状態が悪化して履行が危ぶまれる場合に債権者のとりうる法的手段（→**第4章**）などをも意味することがある。

第１節　履行の強制
第２節　債務不履行による損害賠償
第３節　受領遅滞
第４節　第三者による債権侵害

第1節　履行の強制

債務者が任意に履行しないときは

　金銭の借主が返済すべき時期に返済しないからといって，貸主が借主の自宅に乗り込んでいって暴力的に現金を取り立てたり，あるいは，留守中に忍び込んで盗んでくるということは，禁止されている（自力救済の禁止）。実力の行使は，公権力による場合にのみ許される。その例外として，一定の要件のもとに，賃借人による他人の所有物である賃借物の修繕が認められている（607条の2）。

　債務者が債務の全部または一部の履行をしない，あるいは不完全な履行しかしない場合，債権者は，履行が不能であるとき（412条の2第1項）または債務の性質が強制を許さないものであるとき（414条1項ただし書）を除き，債務者を相手に債務の本旨に従った履行の強制を裁判所に請求することができる（414条1項本文）。

　したがって，上記のような場合，貸主としての債権者は裁判所に訴えて，借主に金銭の支払を命じる判決を得て，その判決が確定した後に，さらに裁判所を通じた強制執行の手続をすることによって，初めて債権の満足を得ることが可能になる。強制執行の手続の詳細については，民事執行法に規定されている。

どういう場合に履行の強制が選ばれるか

　動産の売買契約において当該動産の引渡しがされない場合，その動産が種類物であり，他からも購入可能であれば，買主は，債務不履行を理由に契約を解除するとともに他から購入して，当初の代金との差額や新たに生じた費

裁判に訴えて判決を得れば強制執行ができる場合であっても，抵当権を設定しているとか，保証人がいるというように，担保をとっているときは，通常，まずそれらの担保を実行して債権の回収をはかる。保証人を立てていると，債務者は，保証人に迷惑をかけたくないという心理的プレッシャーから，少々無理をしてでも任意の弁済をしてくれることもある。

また，訴えの提起後，判決に至る前の段階において，当事者間で裁判外の和解がされて，訴えが取り下げられ，任意の履行がされることも多い。訴えの提起に，任意の弁済を促す機能があるということである。

定額の金銭債務については，裁判所に訴えて判決を得る手間を省くために，不履行の際にはただちに強制執行されてもよい旨を債務者が記載した公正証書（執行証書。民執22条5号）をあらかじめ作成しておくこともある。

用を損害賠償として請求するのが普通である。その方が，動産の引渡しを求める訴えを起こし，勝訴判決を得たうえで強制執行を行うよりは簡単だからである。ただし，債務者が損害賠償を支払わない場合，金銭の支払を命じる判決を得たうえで，強制執行の手続に入らなければならないことは，本章のとびらに挙げたような貸金債権の場合と同様である。

物の引渡しを求める債権について，履行の強制が選択されるのは，その物に個性があり，他で調達することが困難な場合，すなわち，不動産や著名な芸術家の作品などの場合である。

履行の強制の方法

履行の強制には，履行を求める債務の性質に応じて，次のような方法がある（414条1項本文）。

(1) 直接強制　　金銭債務や物の引渡債務の場合のように，債務の性質上，履行の直接的な強制になじむ場合は，直接強制を裁判所に請求することができる。金銭債務の場合は，強制執行の対象となる財産の種類に応じて詳細な規定が民事執行法におかれている（民執43条〜167条の16）。物の引渡債務の場合は，執行官がその物の占有を債権者に取得させる（民執168条〜169条）。

(2) 代替執行　　建物をその所有者が取り壊すという債務のように，直接強制はできないが，第三者によっても履行が可能な作為を目的とする債務の

場合は，債権者は，債務者の費用で第三者に当該作為をさせて，それに要した費用を債務者に負担させるという形で執行を行うように裁判所に請求することができる（民執171条1項1号）。名誉毀損の場合の謝罪広告も，代替執行が可能である。債務者がこれらの費用を支払わない場合は，金銭債務の直接強制を行うことになる。

　隣地に日照を害する高さの塀を建ててはならないという債務のように，不作為を目的とする債務についても，債務者の費用で，債務者がした行為の結果を除去し，または将来のため適当な処分をするように債務者に命じることを裁判所に請求でき（民執171条1項2号），裁判所が命じた結果除去や適当な処分を債務者が任意に行わない場合には，代替執行を行うことができる。

(3)　間接強制　　直接強制も代替執行もできない債務については，債務者による債務の履行が遅延している間，債務者に一定の金銭の支払を命じるという間接的な形で強制することができる（民執172条）。さらに，金銭債務以外の債務については，直接強制や代替執行が可能な場合であっても，債権者の申立てにより，間接強制の方法をとることもできる（民執173条）。なお，芸術家に肖像画を描いてもらう債務は，自由な心の発露であるという芸術の性質上，間接強制すら許されないが（414条1項ただし書），債務不履行として損害賠償を請求することはできるから，損害賠償債務の実現のための直接強制は可能である。

(4)　意思表示の擬制　　予約の相手方が本契約の締結を承諾しないような場合には，意思表示を債務者に命じる裁判の確定によって，債務者は承諾の意思表示をしたものとみなされる（民執177条）。ただし，実際には，このような手続は煩雑なので，予約完結権者の側の一方的な意思表示によって本契約を成立させることのできる「一方の予約」（556条参照）が利用されるのが普通である。意思表示に代わる判決という方法は，主として，農地の譲渡の際の知事への許可申請のような，債務者の意思表示を含む行為の強制において利用されている。

　親権者は，親権を有していない者が親権に服する子を支配下において親権の行使を妨害している場合に，親権の内容である監護教育権（820条）に基づいて子の引渡しを請求することができる。ただし，子が自由意思で親権者でない者のところにとどまっている場合は，妨害とはいえないから引渡請求はできない。この点で，幼児の場合は法律的な意味での自由意思はないから，引渡請求の対象となるが，引渡しの強制方法としては，間接強制のほか，一定の場合に，執行官による直接強制も可能とされている（民執174条〜176条）。

　なお，国境を越えた子の連れ去りの場合に適用される「国際的な子の奪取の民事上の側面に関する条約の実施に関する法律」（ハーグ条約実施法）にも類似の規定が存在するが，ハーグ条約上求められているのは，子の引渡しではなく，常居所地国への子の返還（連れ戻し）なので，間接強制のほか，第三者に子の返還を実施させる代替執行も可能である（ハーグ条約実施法134条）。

第2節　債務不履行による損害賠償

1　債務不履行の類型と要件

債務不履行とは

　債務不履行という用語は，広狭2つの意味で用いられることがある。狭義では，債務者の損害賠償責任を追及できる場合，すなわち債務の本旨に従った履行がされていないことについて，債務者の責めに帰することができない事由（免責事由）によるものでない場合をいう。広義では，客観的にみて債務の本旨に従った履行がされていない状態をいい，履行の強制（同時履行の抗弁権がある場合については，→175頁〜176頁）や契約の解除が許される。単に債務不履行責任というときは狭義の意味で用いられていることが多い。

　さらに両者の中間的な場合として，債務の本旨に従った履行がなされていないことが違法でない場合，たとえば，債務者の側に留置権や同時履行の抗弁権がある場合を分類する説もあるが，近時では，不履行の違法性の問題は

債務の本旨に従った履行の有無の問題の一部として考える説が有力である。

債務不履行にはいくつかの類型があり，損害賠償額の算定方法が異なる

　債務の本旨に従った履行がされていない場合としては，まったく履行がされていない場合だけではなく，外形的には履行がされたようにみえるが，なお不完全で本旨に従ったものといえない場合もある。まったく履行がされていない場合は，さらに履行が可能であるのにされていない場合（履行遅滞）と履行が不可能である場合（履行不能）とに分かれる。履行が不完全な場合（不完全履行）には，給付の目的物の品質・種類・数量が契約の内容に適合しない場合，履行方法が不完全な場合，履行によって債権者の身体や財産を侵害した場合などが含まれる。

　いかなる履行が債務の本旨に従ったものであるか（逆にいえば，どのような場合に債務の本旨に従った履行がなかったか）は，契約の内容・趣旨，取引上の社会通念，関係する法令の規定，信義則等に照らして判断される。この問題は，どの程度の行為がされれば債務不履行の責任を免れるか（492条・493条）という観点から，弁済の提供の問題とも密接にかかわっている。

　債務不履行がどの類型かで，損害賠償額の算定方法が異なる。履行遅滞の場合は本来の履行が遅れたことによって被った損害の賠償（遅延賠償）であり，本来の履行とあわせて請求することができる。履行不能の場合や，債務者の履行拒絶の意思が明確な場合，契約が解除され，または債務不履行による契約解除権が発生した場合には，本来の債務の履行に代わる損害賠償（塡補賠償）を請求することができる（415条2項）。ここでいう契約が解除された場合には，債務不履行を理由に契約が解除された場合のほか，解除権を生じさせるものではない軽微な債務不履行（541条ただし書）で，約定解除や合意解除がされた場合や，双務契約で双方に債務不履行があり，一方のみが解除権を行使した場合を含む。債務不履行による解除権が発生している場合であれば，解除しないままでも塡補賠償請求ができる。このことは，継続的契約

の債務不履行で解除権は発生しているが，解除することなしに取引を続けたいような場合にメリットがある。不完全履行の場合は履行の不完全によって被った損害の賠償（さまざまな態様があり，総称する用語はない）である。

　履行の強制をしてもなお損害が生じている場合は，損害賠償の請求をすることができるし（414条2項），また，債務不履行を理由に解除した場合でも，損害賠償を請求することができる（545条4項）。

3 類型以外にも債務不履行の類型がある

　狭義の債務不履行の効果として損害賠償を定めている民法415条1項本文は，「債務の本旨に従った履行をしないとき」と「債務の履行が不能であるとき」に損害賠償請求権が発生するとしている。従来は，解釈上，前者に履行遅滞と不完全履行が含まれ，後者が履行不能を意味するものとされてきた。

　しかし，判例は，ある種の債権関係において安全配慮義務を認めている。また，契約成立以前の段階において，契約締結交渉に入った当事者間で互いに相手方の生命・身体・財産を侵害しないように配慮する義務が信義則上生じているとする判例があり，この義務違反を「契約締結上の過失責任」として債務不履行の1類型とする考え方が有力である（→契約成立プロセスに関する169頁）。競業避止義務などの不作為債務違反も上記のような3分類にはあてはまりにくい。現在では，「債務の本旨に従った履行をしないとき」とは，このような類型の債務不履行をも含む開かれた概念と考える必要がある。

免責事由によるものでなければ損害賠償責任を債務者が負担する

　債権者が広義の債務の不履行を立証すれば，債務者は，不履行が債務者の免責事由によるものであることを立証できないかぎり，損害賠償責任を免れない（415条1項ただし書）。

　免責事由によるものかどうかは，契約その他の債務の発生原因および取引上の社会通念に照らして判断される（415条1項ただし書）。履行遅滞の場合は，履行が可能なのに履行されていないということ自体で，通常は免責事由なしと解される。

履行補助者の行為も債務者の行為と評価される

　債務は債務者本人自らが履行しないと債務の本旨に反する場合もある（たとえば著名画家が注文主の肖像画を描く債務など）が，多くの債務はその履行にあたって補助者を使ったり，あるいは全面的に他人に履行を委ねることが許されている。現実に，会社が債務者である場合には，従業員等を補助者とせ

ざるをえない。このように債務者が債務の履行のために使用する者を履行補助者という。民法には規定がないが，履行補助者の行為は，本来，本人が履行すべき債務の履行を他人に委ねたのであることから，信義則上，債務者本人の行為として扱われ，履行補助者に免責事由がない場合は，債務者にも免責事由がないものと評価される。

履行補助者にもいろいろなタイプがある

　債務者の履行を補助する者であれば，継続的に雇われた労働者であると一時的に依頼された者であるとを問わず，また債務者が履行の際に手足として使用する者（被用者的補助者。債務者が使用する労働者などがこれにあたる）であると債務者に代わって履行の全部を引き受けてする者（独立的補助者）であるとを問わず，すべて履行補助者である。

　債権者が指定した場所宛てに送付すればよいという債務の場合において，一般公衆を相手に営業をしている運送業者に委託するときは，そのような運送業者は債務者の履行補助者ではなく，その運送業者の行為については当該運送業者のみが責任を負うとするのが従来の考え方であった。しかし，最近は，複数の運送業者から１つの運送業者を選択した点を重視して，なお，履行補助者にあたるとする考え方も有力に主張されている。

　独立的補助者については，債権者の承諾がないとその使用を法律上禁止さ

れている場合（労働者の債務について625条2項）や，債権者の承諾がなくても
やむをえない事由があれば使用できる場合（受任者の債務について644条の2第
1項，受寄者の債務について658条2項）がある。また，債務の性質上あるいは
特約によって履行補助者の使用が禁じられていることもある。これらの場合
に履行補助者を使用することは，それ自体が債務不履行であり，履行補助者
に免責事由があるというだけでは，債務者としての責任を免れることができ
ない。

　なお，賃貸借契約においては，契約当事者である賃借人の家族等の同居者
も，履行補助者として扱われ，家族が不注意に賃借物を損傷した場合には，
賃借人の債務不履行となる。ただし，このような場合には履行補助者という
語感になじまないことから，利用補助者という表現が用いられることもある。

賠償される損害の範囲はどのように決められるか

　債権者は，債務不履行によって通常生ずべき損害の賠償を請求することが
できる（通常損害。416条1項）。さらに，債権者は，特別の事情によって生じ
た損害についても，当事者がその事情を予見すべきであったときは，その賠
償を請求することができる（特別損害。416条2項）。

　かつては，416条は債務不履行と相当因果関係にある損害の賠償を定める
ルールであると理解されてきたが，現在では，「相当因果関係」という概念
を，事実的因果関係，損害賠償の範囲，損害の金銭的評価の3つに分解し，
416条は損害賠償の範囲にのみ関するルールであると考える立場が学説では
一般化している。

　何が通常損害にあたり，何が特別損害にあたるかを一概にいうのは難しい
が，416条1項と2項をあわせてみれば，損害賠償の範囲は損害を発生させ
る事情の予見可能性の範囲で画されるということであるから，そのうち，当
該契約の性質・内容・趣旨から定型的に予見可能とみなされる事情から生ず
る損害が通常損害だと考えればよいであろう。

★ **コラム⑪：債務と責任**

　債務が履行されない場合は，債権者は，債務者の財産から債務を強制的に実現することができる。このように，債務者の財産が債務の履行の引当てとなっている状態を「責任」という。債務を負っている者は責任も負っているのが通常であるが，両者が分離する場合もある。たとえば，強制執行をしないという特約は有効であるとされており，このような場合には，「責任なき債務」が存在していることになる。逆に，他人の債務のために自己の不動産に抵当権を設定した者（物上保証人）は，債務は負担していないが，債務者に債務不履行があれば抵当不動産を失うことになるから，「債務なき責任」を負担していることになる。

　債務者が責任を負う場合には全財産をもって責任を負うのが普通であるが，責任が物的に制限される場合もある。たとえば，相続人が限定承認（922条）をすると，相続によって承継した債務自体は縮小することなく，その責任のみが相続財産の限度に制限されると解されている。

　特別損害についての予見可能性がだれにとっての予見可能性であり，また，いつの時点で存在する必要があるかについては，債務不履行時に当事者の一方である債務者が予見可能な事情であるとするのが判例であるが，両当事者が契約時に予見可能な事情とすべきとの説も有力である。前者の債務不履行時説をとる方が，契約締結後に新たに予見可能となった事情による損害も賠償対象となることから，賠償額が大きくなる。しかし，当事者は契約時に予見可能な事情に基づいて将来のリスクを評価して契約を締結するか否かを決定するのであるから，後者の契約時説の方が妥当であろう。

2　履 行 遅 滞

履行遅滞の要件は

　履行遅滞を理由として損害賠償を請求するための一般的要件は，履行期が到来して履行が可能であるにもかかわらず，債務者が履行をしないことである。ただし，債務者に留置権（295条）や双務契約上の債務の場合の同時履行の抗弁権（533条）などの履行を拒むことを正当とする理由があるときは，履行遅滞とはならない。履行遅滞が債務者の免責事由によるものである場合も，債務者は損害賠償責任を負わない（415条1項ただし書）。

民法415条1項の「履行をしないとき」とは正確には履行の提供（弁済の提供）をしないときの意味である。債務者は履行期に弁済の提供をすれば，債権者が弁済を受領しないことによって弁済として完了しなくても，債務不履行の責任を免れる（492条）。なお，債権者が契約そのものの存在を否定するなど弁済を受領しない意思が明確であると認められる場合には，債務者は弁済の提供をまったくしなくても債務不履行の責任を負わない。

履行遅滞はいつ生じるか

　履行遅滞が生じる時期は，債務に付された期限の種類によって異なる。以下にみるように，履行期の到来だけでは不十分な場合もある。

　⑴　確定期限付債務　　債務の履行につき確定期限があるときは，期限の到来した時から履行遅滞となる（412条1項）。履行を催告する必要はない。

　⑵　不確定期限付債務　　債務の履行につき不確定期限（たとえば，ある人が死亡したら引き渡す債務など）のあるときは，債務者がその期限の到来後に履行の請求を受けた時または債務者が期限の到来を知った時のいずれか早い時から履行遅滞となる（412条2項）。

　⑶　期限の定めのない債務　　債務の履行につき期限の定めがなかったときは，債務者が履行の請求（催告）を受けた時から履行遅滞となる（412条3項）。ただし，返還時期の定めのない消費貸借債務については，貸主（債権者）が相当期間を定めて返還の催告をする必要があり（591条1項），その相当期間が経過した時から履行遅滞となる。

履行遅滞の損害賠償は遅延賠償である

　債権者は履行が遅れたことによって被った損害（遅延損害）の賠償を請求することができる。これは遅延賠償とよばれる。遅延賠償は，本来の債務の任意の履行とともに，または履行の強制とともに請求することができる（414条2項）。たとえば，不動産の売買契約で引渡しが遅延したためにその

不動産を店舗として利用して営業することによって得られたはずの利益が得られなくなったことは，特別の事情によって生じた損害であるから，売却後の不動産の用途を売主が知っていた場合には賠償しなければならない。他方，金銭債務の場合は，損害賠償額についての特約がなくても，履行期を徒過して履行遅滞となった時点の法定利率によって計算した額を損害賠償として請求できる（419条1項）。

履行遅滞中は債務者の責任が加重される

　履行遅滞中の双方の免責事由による履行不能は債務者の責めに帰すべき事由（帰責事由）による履行不能とみなされることから（413条の2第1項），債務者は，履行遅滞中に履行不能となったときは，遅滞について免責事由がなければ，不能について免責事由があっても履行不能の責任を負う。ただし，適時に履行していても損害が生じたであろうことを債務者が立証したときは免責される。また，引渡し時までの保管義務について通常の善良な管理者としての注意義務（400条）より注意義務の程度を下げる特約がある場合であっ

ても，履行遅滞中は善良な管理者としての注意義務に違反すると責任を負う。履行遅滞による注意義務の加重または危険の移転といわれる効果である（なお，受領遅滞中の履行不能との違いについて，→39頁）。

3 履 行 不 能

履行不能の要件は

履行不能を理由として損害賠償を請求するための要件は，債務の履行が契約その他の債務の発生原因および取引上の社会通念に照らして不能であることである（412条の2第1項）。存在しない物の売買契約のように，契約成立時にすでに履行不能（原始的不能）であったとしても，買主は損害賠償を請求することを妨げられない（同条2項）。ただし，履行不能が債務者の免責事由によるものであるときは，債務者は損害賠償責任を負わない（415条1項ただし書）。双務契約から生じた債務について債権者・債務者双方の免責事由により履行不能となったときは，債務者の債務は消滅し，債権者は自らが負担する債務の履行を拒むことができる（536条1項）。

物理的に可能でも法的評価として不能とされる場合がある

履行が不能かどうかは契約その他の債務の発生原因や取引上の社会通念に従って定められるのであって，目的物の滅失等の物理的不能の場合に限られない。物理的に可能であってもその履行に不相当な費用と労力が必要な場合は，法的評価として不能とされることがある。

不動産の売主が，最初の買主への移転登記が未だされていない間に，別の者に譲渡して移転登記をしたときは，売主が買い戻したうえであらためて履行する可能性がないわけではないが，原則として移転登記がされた時点で履行不能になるとされる。

なお，他人が所有する物の売買契約の場合も，契約は有効に成立し，売主はその物の所有権を取得して買主に移転する義務を負う（561条）。契約成立

後に目的物の所有者が第三者に所有権を譲渡したり，はっきりと売主への譲渡を拒絶する意思表示をした場合に初めて履行不能になると考えられている。

また，法律によって目的物の取引が禁止されたときは，当然不能となる。

履行不能の損害賠償は塡補賠償が原則である

履行不能の場合，債権者は債務の履行に代わる損害賠償（塡補賠償），すなわち，本来の履行がされたのと同じ経済的利益を損害賠償として請求できる（415条2項1号）。

債務者が債務の履行を拒絶する意思を明確に表示した場合，すなわち明確な履行拒絶の場合も履行不能と同様に扱われて塡補賠償を請求できるし（415条2項2号），契約の解除もできる（542条1項2号）。

さらに，履行不能や明確な履行拒絶の場合ではなくても，契約を解除した場合や債務不履行を理由とした解除権が発生した場合にも，塡補賠償を請求することができる（415条2項3号。→22頁～23頁）。

履行の一部が不能となったときは，履行可能な残りの給付を請求するとともに，不能の部分の塡補賠償を請求することができる。ただし，債務が不可分である場合や一部の履行だけでは債権の目的を達成できない場合には，債権者は催告なしに全部の解除ができるから（542条1項3号），債権者は可能な部分の受領を拒絶して全部に対応する塡補賠償を請求することができる。

損害賠償額算定の基準時はどう決めるか

不動産のような特定物の引渡債務が履行期以降において履行不能になった場合，判例は，履行不能時の目的物の価格相当額が債権者の被った通常損害だとしている。履行不能の時点で得ていたはずの経済的利益を損害として賠償させるということである。履行不能後に物の価格が上昇している場合には，価格上昇が履行不能時に債務者にとって予見可能であれば，416条2項の特別の事情による損害として，上昇した現在の価格（訴訟の場合は口頭弁論終結

時）での賠償を請求できる。この点は，買主が転売目的であろうが，自己使用目的であろうが変わりはない（→**ケースのなかで 2**）。しかし，いったん上昇した価格がその後下落しているときには，下落前の価格で評価した損害賠償を請求できるのは，その価格に達した時点で売却等によって利益を確実に収受できていたであろう場合に限られる。

ケースのなかで 2　**自己使用目的の買主も騰貴した現在の価格を基準に賠償請求できる**

　Yは1948年にXとの間でY所有の土地と地上建物の売買契約を締結し，Xから代金を全額受領したが，所有権移転登記はしないままでいたところ，1958年にYは同土地・建物をAに売却して，Aへの所有権移転登記を行った。Xが二重譲渡による履行不能を理由とした損害賠償請求の訴えを提起し，騰貴した現在の土地・建物の価格を基準として損害賠償額が算定されると主張した。裁判所は，債務者が履行不能時に，目的物の価格騰貴が続いているという特別の事情の存在を予見可能であった場合は，その目的物の騰貴した現在の価格を基準として算定した損害賠償額を請求できるとの判例は，買主が転売目的ではなく，自己使用の目的で不動産を購入した場合にも妥当するとした。

《履行不能，不動産，価格騰貴，損害賠償額算定の基準時……最判昭47年 4 月20日》

履行期前にも履行不能はおこりうる

　履行が可能か不能かの判断は履行期を基準としてされるが，履行期前であっても履行期に不能となることが確実となったとき（特定物引渡債務の目的物の滅失や不動産の二重譲渡で登記も移転されたときなど）は，履行期を待たずして履行不能となる。この場合の損害賠償額の算定方法については，判例の立場は明らかではない（→**コラム⑬**）。

損害賠償を支払った債務者は賠償者として代位できる

　債務者が履行不能の損害賠償として債権者に目的物の価格の全部を支払ったときは，債務者はその物について債権者に代位する（422条）。たとえば，

他人の宝石を保管している者が泥棒にその宝石を盗まれ，所有者に宝石の価格相当額を賠償したときは，宝石の所有権および泥棒に対する不法行為の損害賠償請求権を保管者が取得する。

債権者は代償請求権を取得できる場合がある

　AからBにA所有の建物を贈与する契約が書面によってされたが，Bへの所有権移転前に，第三者Cの放火によって建物が焼失したような場合，贈与契約は履行不能になる一方で，Aは加害者たるCに対する損害賠償請求権や保険会社に対する保険金請求権を取得する可能性がある。このように，債務の履行が不能となったのと同一の原因によって債務者が債務の目的物の代償である権利または利益を取得した場合，債権者は，履行不能により受けた損害の額の限度において，債務者に対し，その権利の移転またはその利益の償還を請求することができる（422条の2）。これを，代償請求権という。

　AB間の契約が贈与ではなくて，建物の売買契約であった場合において，

Bへの所有権移転前に同様のことが生じたとすれば，Bは代金の支払を拒むことができるし（536条1項），履行不能を理由に契約を解除することもできる（542条1項1号）。この場合でも，Cに資力があり，かつ売買代金が時価より低く設定されていたようなときは，代償請求権を選択する実益もある。

4　不完全履行

不完全履行には給付義務違反の場合と保護義務違反の場合がある

　履行行為が一応されたが，不完全なものであったために債務の本旨に従った履行とはならないとされる場合として，注文した缶ビールの数が足りなかった場合，鶏の売買で病気の鶏が引き渡された場合，鉱山の調査を委託された者が不完全な報告書を交付した場合，運送人が乱暴に運送したために運送品が壊れた状態で配達された場合，部屋の壁の塗替えを請け負った者が部屋にあった花瓶を壊した場合などが，従来，議論の対象とされてきた。

　これらのうち，引渡債務の給付の目的物の不完全，すなわち契約内容への不適合によって被る債権者の不利益がその目的物自体にとどまる場合，たとえば，ビールの数の不足や病気の鶏の存在，不十分な調査報告書は，その不完全が追完可能か否かに応じて，履行の一部遅滞または一部不能として扱うことができる。追完可能な場合には追完請求ができ（562条），追完されない場合や追完不能な場合には代金減額請求ができる（563条）。契約で定められた義務の中で，物を引き渡したり，権利を移転したり，金銭を支払ったり，あるいは，ある行為を行うといった義務は給付義務とよばれる。上記の事例は，給付義務の履行が不完全に行われている場合にあたる。

　しかし，引き渡された鶏の病気が買主所有の他の鶏にも感染した場合や，不完全な調査報告書に基づいて投資をして損失を被った場合，運送中に運送品が壊れた場合，壁の塗替え中に花瓶が壊れた場合などのように，給付の目的物の不完全や履行方法の不完全，履行の際の不注意などによって，債権者の生命・身体や給付目的物以外の他の財産に危害が生じたときは，履行遅滞

や履行不能による損害とは異質の損害が発生している。この種の損害は拡大損害とよばれ，拡大損害が生じないように注意して履行すべき債務者の義務を保護義務という。そうすると，これらの場合は，保護義務違反により債権者の利益が害されているという点で共通している。履行遅滞や履行不能では債権者が履行による利益を受けられないという消極的侵害を被っていることと対比して，保護義務違反の場合は積極的債権侵害とよばれることもある。また，給付義務違反の場合に侵害される利益が履行利益であることと対比して，保護義務違反の場合に侵害される利益は完全性利益とよばれることもある。不完全履行の問題として特別に議論する必要があるのは，これらの保護義務違反の場合である。

保護義務の存在とその違反の立証責任は債権者にある

　保護義務は契約において約束された定型的義務ではないので，その違反を理由とする損害賠償請求のためには，債務者がしかるべき注意義務を保護義務として負っており，かつそれに違反したことを債権者の側で立証しなければならない。

　たとえば，医師の診療債務の場合，診療の客体たる人体において履行利益と完全性利益を区別し，どこからが拡大損害となるかを特定することは困難である。そして，手段債務（結果を実現する債務ではなく，一定の結果の実現に向けて注意義務を尽くす債務）である診療債務の不完全履行による損害賠償を請求するためには，債権者（患者）の側で医師の履行が不完全であることを立証しなければならないが，医師には診療にあたって広く裁量が認められているので，診療の個々の段階での医師が履行すべき義務を患者が立証し，それからの逸脱として履行の不完全を指摘するという形になる。これは，医師の不法行為責任を追及する場合に過失についての立証責任を患者が負担していること（709条）と大差ない。

保護義務違反の効果は損害賠償

　給付義務違反の効果としては，すでに述べたように，履行の強制，損害賠償，契約の解除，追完請求，代金減額請求が認められる。これに対して，保護義務についてはその履行請求はできず，違反の効果は損害賠償に限られる。

5　安全配慮義務違反

雇用契約では安全配慮義務が認められる

　雇用契約の効果として，労働に従事する場所，設備，器具，材料等を使用者が供給すべき場合には，労働者が労働に従事する過程において生命・健康をそこなわないように配慮すべき義務が使用者に課されると学説上主張されてきたが，判例も，公務員（自衛隊員）に対する国の安全配慮義務違反による損害賠償責任を認めるにあたって，「安全配慮義務は，ある法律関係に基づいて特別な社会的接触の関係に入つた当事者間において，当該法律関係の付随義務として当事者の一方又は双方が相手方に対して信義則上負う義務」であるとしてこれを一般的に認めている。

　安全配慮義務は，使用者が雇用契約における主たる給付義務である報酬支払義務とは別に負う義務であり，その保護法益は労働者の生命・身体の安全であるので，不完全履行における保護義務と共通の性質をもっている。しかし，通常の保護義務が債務者の本来の給付義務の履行過程において債務者に課される義務であるのに対して，安全配慮義務は債務者である労働者の本来の給付義務の履行過程（労働）において債権者である使用者に課される義務である点で異なる。そこで，安全配慮義務は労働者の給付義務の履行の前提となりそれに先行する義務であって，報酬支払義務と並ぶ給付義務そのものであるとの説も主張されている。もっとも，保護義務ととらえようと給付義務ととらえようと，安全配慮のための具体的義務の存在とその違反は，労働者の側で立証しなければならない。

雇用契約以外でも安全配慮義務が認められることがある

　雇用契約のほかにも，学校事故において在学契約上の安全配慮義務違反が主張されることがあり，また映画館での火災事故が映画館経営者の安全配慮義務の問題として論じられることもある。このように適用範囲を広げていくと，安全配慮義務は，保護義務と区別がつかなくなってくる。

　安全配慮義務も保護義務も，その違反が債務不履行の一種であるという共通性があり，不法行為法上の注意義務と同じではない。そして，それらの義務違反の結果が物損である場合には，債務不履行か不法行為かで損害賠償請求権の消滅時効期間に差が生じる。しかし，生命・身体に生じた損害の賠償については，いずれによっても，損害および加害者を知って権利行使が可能となった時から5年，事故の時から20年であって（166条1項2号・167条・724条1号・724条の2），損害賠償請求のために債務不履行責任としての安全配慮義務違反をいうことの実益はもはやあまりない。

6　損害賠償額の事前の予定と事後的調整

当事者の特約により損害賠償額を予定したり，免責したりできる

　契約自由の原則から，あらかじめ，履行遅滞の場合の損害賠償額を取り決めておくことができる（420条1項）。違約金は損害賠償額の予定と推定されるので（同条3項），契約違反の場合に，あらかじめ取り決められた違約金額とは別に，債務不履行によって生じた実損害についての賠償金も支払わなければならない趣旨である場合は，そのことを契約において明示しておく必要がある。

　損害賠償額の定めがあっても，債務の本旨に従った履行がされていない場合の債権者の救済手段である履行の強制や契約解除の権利が制限されるわけではない（同条2項）。

　債務不履行責任を負わないとか，損害賠償に限度額を定めるという特約も有効であるが，債務者の故意や重過失の場合にまで免責を認める特約は公序

良俗違反で無効と解されており，郵便局職員についてそのような免責を定めた2002年改正前郵便法の規定は憲法違反であるとされた。さらに，消費者契約については，消費者契約法8条が事業者の損害賠償責任を免除する特約などが無効となる場合を定めている。

損害賠償の額はさまざまに調整される

　債務不履行による損害の発生や拡大に際して，債権者にも過失があった場合には，裁判所は，公平の観点から，損害賠償額を減額したり，免除したりすることができる（過失相殺。418条）。売買契約の売主に履行遅滞があったが，同種の物が他の者からも調達可能で，かつ値上がり中であるような場合は，価格がかなり上昇した時点でようやく解除して填補賠償を請求したとしても，もっと早い時点で解除すべきであったとして，過失相殺を理由に損害賠償額が減額されることがある。このような場合には，実質的に，債権者に損害軽減義務を負わせていることになる。

　また，債務不履行を生じたのと同じ事実によって，債権者が利益を受けている場合には，その額が損害賠償額から損益相殺される（→詳しくは，不法行為についての315頁）。

第3節　受領遅滞

債務者の履行を債権者が受領しないとどうなるか

　債務者が履行の提供をしているにもかかわらず，債権者がその受領を拒絶したり，受領することができない場合には，債権者は次のような一定の不利益を負わされる。すなわち，第1に，債務が特定物の引渡債務である場合に，その目的物を保存する債務者の注意義務の程度が，善良な管理者としての注

意から自己の物に対してするのと同一の注意に軽減される（413条1項）。第2に，受領遅滞期間中の保管費など履行のために増加した費用は債権者が負担する（413条2項）。第3に，受領遅滞中の双方の免責事由による履行不能は，債権者の帰責事由による履行不能とみなされることから（413条の2第2項），債権者は反対給付の履行を拒むことができないし（536条2項），損害賠償請求や契約解除もできない（543条）。さらに，追完請求や代金減額請求もできない（567条2項）。これらの点は，債務者の履行遅滞中の履行不能の場合と大きく異なる点であり，受領遅滞により目的物の滅失等の危険が債権者に移転することを意味している。

　また，受領拒絶または受領不能の場合には，債務者は，債務を免れるために，弁済のための供託が可能となる（494条1項）。

債務者からの損害賠償の請求や解除も認められるか

　ＡＢ間の契約が同時履行の関係にある双務契約であれば，債権者Ａが債務者Ｂの債務の履行の受領を拒絶するということは，Ａが債務者として負担する債務の履行も拒絶しているのが通常だから，ＢとしてはＡの債務不履行を理由として損害賠償の請求や解除を行うことができるだろう。しかし，Ａの債務の履行期がＢの債務の弁済をＡが受領してから1か月後とされている場合のようにＢに先履行義務がある場合には，Ａが受領を拒絶しているとＡの債務履行期が到来しないことから，Ｂの側からの解除を認めるために，債権者としてのＡには債務の弁済の受領義務があり，受領拒絶は債権者としてのＡの債務不履行になるとの考え方がある。

　一定の場合において，債権者の引取拒絶を債務不履行と認定した判例がある（→ケースのなかで3）。

ケースのなかで3　引取義務違反を理由に損害賠償を請求できる場合もある

　売主Ｘと買主Ｙとの間で，一定期間内にＸが硫黄鉱区から産出する硫黄鉱石の全量を対象とする売買契約が締結された。その後，Ｘは鉱石114トンを採掘し，

　　Yに出荷を通知したところ，Yはこの分については受領したが，市況の変化を理
　由に，その後の出荷の停止を求め，受領をいっさい拒絶した。期間経過後に，X
　が，Yを相手に，Yが引取りを拒絶したことによる損害の賠償を請求した。裁判
　所は，信義則に照らして，Xは採掘した鉱石全部を順次Yに出荷すべく，Yはこ
　れを引き取り，かつその代金を支払うべき法律関係が存在していたとして，Yの
　引取拒絶は債務不履行の効果を生じさせるとした。

《引取拒絶，債務不履行……最判昭46年12月16日》

第4節　第三者による債権侵害

第三者による債権侵害が独自の問題となる

　債務者が債務を自発的に履行しないことは，債権者の権利を害するが，こ
の問題は，債務不履行の問題として論じられる。「債権侵害」として独自の
項目で論じられる問題は，債権者・債務者以外の第三者が，債権を侵害する
場合である。

　物権（たとえば，所有権）が第三者によって侵害された場合には，不法行為
に基づく損害賠償の問題になるとともに，返還請求や妨害排除請求といった

物権的請求権の問題にもなる。債権も物権とならんで財産権の一種であるが，物権はだれに対してでも権利を主張できるという絶対的なものであるのに対して，債権は特定の債務者に対してのみ債務の履行を請求できるにすぎないという相対的なものである。言い換えれば，債権によって実現される利益は，債務者の行為を通じて実現するしかないという間接的なものである。

　このような債権の実現が第三者によって妨害された場合，債権者はその第三者に対して，どのような手段を行使することができるであろうか。

債権侵害にも不法行為が認められる場合がある

　たとえば，預金通帳と届出印鑑を盗み出した者が，本人になりすまして預金の払戻しを受けた場合，銀行がそのことについて善意・無過失であって，受領権者としての外観を有する者に対する弁済（478条）として有効とされたときは，預金者が銀行から預金の払戻しを受ける権利は消滅するが，預金の払戻しを受けた第三者に対して不法行為に基づく損害賠償や不当利得の返還を請求することができる。

　また，賃貸建物が第三者の放火で滅失し，賃貸借契約が履行不能となった場合，賃借人が焼失した自己所有の家財の損害賠償を放火犯に請求できるのは当然であるが，転居費用の賠償まで請求できるのは，放火犯が賃貸借契約の存在を知っていたような場合に限られる。

　他方，AがBとの間で不動産の売買契約を締結した後に，Cとの間でも同じ不動産の売買契約を締結し，Cの方が先に移転登記をした場合，BはAに対して債務不履行の損害賠償を請求することは当然にできるが，Cに対して不法行為に基づく損害賠償を請求するためには，Cが単にAB間の売買契約の存在を知っていただけでは不十分であり，Bに損害を与えてやろうとする害意が必要だとするのが，伝統的考え方であった。これは，自由競争はできるだけ保障されなければならないとの理念に基づいている。この考え方は，二重譲渡における背信的悪意者排除論（→本シリーズ物権〔第2版〕**第3章**74頁）

の考え方と軌を一にしている。しかし，最近では，先行する契約の存在を知っていながら，相手方の債務不履行を誘発して第二の契約を締結し，第一買主に損害を与えることは不法行為になるとの学説が主張されている。

　労働者を他社から引き抜く行為も，引き抜かれる側からは痛手になることもあるが，労働者の転職の自由の確保の要請の方が大きく，同じ企業から大量に引き抜くなどの社会的相当性を欠く場合にのみ，不法行為となる。

債権侵害に対して妨害排除請求ができる場合は限られている

　たとえば，AからBが賃借している土地をCが無断で廃品置場にしている場合，Bは廃品を撤去させるために，Cに対してどのような法的手段をとることができるだろうか。3つの手段が考えられる。まず，Bの賃借権が登記されているとき（605条）だけでなく，Bが借地借家法に基づく対抗要件を備えているときにも，賃借権が物権化しているとして，賃借人Bによる妨害排除請求が認められている（605条の4）。また，登記等の対抗要件が備わっていなくても，賃借人が土地の引渡しを受けて占有をしていると評価できる場合には，占有保持の訴えにより，占有の妨害の停止や妨害状態の除去を請求することができる（198条）。さらに，判例は，占有をしていない場合でも，土地所有者Aが有している所有権に基づく妨害排除請求権を，賃借人Bが債権者代位権（423条）に基づいて行使することを認めている。

　不動産賃借権以外の債権の侵害に対して妨害排除請求が認められる例はあまりない。たとえば，A社とB社との間でM&Aの契約交渉を開始するにあたって，一定期間B社が他社と交渉することを禁止する特約（独占交渉条項）が交わされていたとしても，少なくともそれを知らないで新たにC社がB社と交渉を開始した場合に，C社の行為を差し止めることは困難である。

第4章 責任財産の保全

　債権を実現するために最終的に引当てとなるのは債務者の財産であり，これを「責任財産」とよんでいる。債権者は，債務者に保証人を立ててもらったり，抵当権などの担保物権を取得するなどして，あらかじめ債権実現のための手立てを講じていた場合には，そこから債権を回収することができる。しかし，そうでない場合，債権回収の可能性は，債務者の責任財産の増減に左右され，債務者が多くの負債をかかえるなどして無資力（債務超過）になると，債権の十分な回収は困難になる。

　ところで，債務者は，本来は，自己の財産である責任財産につき，自由に権利を行使することができるし，権利を行使しない自由ももっている。しかし，債務者は，とくに無資力の場合，自己の権利を行使せずに放置したり，自己の財産を安値で処分してしまうことがある。そこで，民法は，そのような債務者の行為による責任財産の減少を回避するため，すなわち，責任財産を保全するために，一定の要件のもとで，債権者に，債務者に代わって権利を行使したり（債権者代位権），債務者の行った処分行為などを取り消して財産を取り戻したり（詐害行為取消権）する権利を与えている。

第1節　債権者代位権

1　債権者代位権とは

　たとえば，Aが，Bに対して1000万円の貸金債権を有していたとする。B
は，Cに対して500万円の売買代金債権を有しているのに，その取立てをし
ないでそのままにしていた。債務者BのCに対するこの500万円の債権は，
あくまでBの財産であり，本来，債権者Aはこの債権を行使することはでき
ない。

　しかし，Bの財産がCに対するこの債権のほか何もなく，しかもその債権
の消滅時効の完成時期が迫っていたとすると，話は別である。せめて500万
円の債権からいくらか回収はできると考えていたAにとって，BがCに対す
る債権を行使しないことは見過ごせない。他方，Bにしてみれば，Cから
500万円を回収しても，結局その金銭はAなど自己の債権者への弁済にあて
なければならないから，Cに対する債権を行使する意味はなく，消滅時効に
かかっても構わないと考えるかもしれない。そこで，民法は，このような場
合に，債権者Aが，債権の実現をはかる（債権を保全する）ために，債務者B
に代わって，Cに対して売買代金債権の履行を求め，Cからこの債権を取り
立てることを認めている（423条）。

　このように，債権者が，自己の債権を保全する必要がある場合に，債務者
に代わって債務者の権利を行使できる権利を債権者代位権という。

2 債権者代位権の要件

債務者が無資力であること（保全の必要性）

債権者は，「自己の債権を保全するため必要があるとき」は，債権者代位権を行使することができる（423条1項本文）。「保全するため必要があるとき」とは，債務者の責任財産がその債務の総額を弁済するには不足しており（無資力），債権者への弁済が危うい状態にあるときをいう。たとえば，先の例では，債務者Bの債務の総額（少なくとも1000万円）は，Bの責任財産の総額（500万円）を超過しており，Bは無資力である。無資力とは，要するに，債務者が債務超過に陥っていることをいうが，具体的には債務者の支払停止（行為）や支払不能（事実）などから判断する。

債権者代位権の行使は，このように債務者が無資力の場合にのみ認められる。

債務者が権利を行使しないこと

債権者代位権は，行使対象となる権利を債務者自身が行使していない場合にのみ行使できる。このことは条文上は明記されてはいないが，本来その権利を行使すべき債務者が権利を行使しているのであれば，債権者は代位行使をする必要もないし，債務者の権利行使に対する債権者の干渉をあえて認めるべき理由もないからである。

もっとも，債務者が権利を行使している場合であっても，たとえば，合理的な理由もなく債権を免除するなど，その権利行使が不適切な場合には，後述するように（→第2節），債権者は，詐害行為取消権（424条）を行使して，債務者の不適切な行為を取り消したうえでその権利を代位行使することができる。

★ コラム⑮：債権者の有する「債権」に対する強制執行──「債権執行」

　債権者Aが，債務者Bに対して金銭債権 α を有していたとする。この場合，Bが債権 α を任意に履行しないとき，Aはどのようにして債権 α の実現をはかることができるか。

　Aは，まず，民事執行法に従ってBの財産に対して強制執行を行い，債権 α を回収することができる。BがCに対して債権 β を有している場合には，この債権 β に対して強制執行することもできる。これを「債権執行」という。「債権執行」のプロセスは，おおむね，つぎのとおりである（以下の条文は民事執行法）。

① 　Aは，Bに対する債権 α につき，債務名義（確定判決など強制執行を請求する資格）を得る。 (22条)

② 　Aは，BのCに対する債権 β につき差押命令を得る。 (145条)
　　→ 　差押命令送達後1週間が経過すると，債権 β につきAに取立権が発生する。 (155条)

③ 　1) 　Aは，取立権に基づいてCから債権 β の弁済を受けるか，または，
　　2) 　Aは，取立権を行使せず，申立てにより債権 β につき転付命令を得る。 (159条)
　　→ 　2)の場合，債権 β は転付命令によりBからAに移転し，債権 β の券面額（債権の目的として表示されている一定の金額）で債権 α につき弁済の効果が発生する。したがって，転付命令による場合，Aは，債権 β についてCに対する取立てを行い満足が得られなくても，あらためて，回収できなかった額の支払をBに対して請求することはできない。 (160条)

債権者の債権の履行期が到来していること

　債権者代位権を行使するには，原則として，代位権を行使しようとする債権者の債権の期限（＝履行期）が到来していること，すなわち，債権行使が可能な状態であることが必要である（423条2項本文）。

　しかし，たとえば，債務者BのCに対する債権の消滅時効の完成を阻止するための権利行使については，債権者の債権の期限が到来するのを待っていては，債務者の財産の減少を防止できない。そこで，民法は，このような保存行為については，自己の債権の期限が未到来であっても，債権者は，債務者の権利を代位行使することができると定めている（423条2項ただし書）。

　代位権の行使は，裁判による必要はない。また，その行使が裁判上である

　民事執行法による債権執行（→コラム⑮）も，民法上の債権者代位権の行使
も，債権者Aが，債務者Bに対する金銭債権αにつき，Bの第三債務者Cに対
する金銭債権βによって債権の実現をはかるという点では，同じ機能を有して
いる。しかし，債権者代位権の場合には，Bの無資力が要件ではあるが，債権
執行と比べると，とくに，次の点において，手続的により簡易であり，また，
より効果的に債権回収ができる。

①　債権執行では，債権αにつき確定判決などの債務名義を得る必要がある。
これに対し，債権者代位権の行使に債務名義は不要であり，裁判外でも行
使できる。

②　たとえば，Aが，Bに対して1000万円の債権αを有し，BのCに対する
500万円の債権βによって債権αの回収を図ろうとしたとする。この場合，
かりに，DもBに対して1000万円の債権を有しているときには，Aは，債
権βを差し押さえて債権執行を開始したとしても，Dから配当要求があれ
ば，自己の債権額の割合（1000/(1000+1000)＝1/2）に相応する250万円し
か権利主張できない（民執154条）。これに対して，債権者代位権の場合に
は，Aは，Cから直接に500万円の履行を受けることができる（民法423条
の3）。もちろん，その金銭はBのものであるから，Aは，Bにその500万
円を返還する債務を負う。しかし，Aは，債権αでBの債権（500万円の返
還請求権）を相殺することができる。このように，債権βが金銭債権であ
るときは，Aは，事実上，Dら他の債権者に先立って優先弁済を受けるこ
とができる。

か裁判外かを問わず，債権者は，債務者の代理人としてではなく債権者の固
有の資格において（債権者の名義で），債務者の権利を代位行使する。

債務者の一身専属権や差押えを禁止された権利は代位行使できない

　債務者の一身に専属する権利（一身専属権）や，差押えを禁止された権利
は，債権者代位権の対象にはならない（423条1項ただし書）。

　第1に，一身専属権として代位行使できないとされる権利としては，まず，
家族法上の権利のうち，認知請求権や離婚請求権など，身分そのものの得
喪・変更を目的とする権利がある。また，離婚に伴う財産分与請求権，相続
に関する遺留分侵害額請求権，相続の放棄などのように，家族法上の権利で
はあるが，財産権としての性格が強い権利についても，債務者の権利行使の

自由に介入すべきでないとして代位行使できないと解する見解が多数である。

　つぎに，家族法上の権利ではないが，名誉毀損などによる慰謝料請求権も，それを行使するか否かは債権者の自由な意思によって決定されるべきであるから，代位行使はできないと解されている。

　第2に，差押えを禁止された権利についてであるが，債権者代位権は，債権の引当てとなる債務者の責任財産の保全を目的とするところ，差押えを禁止された権利は，そもそも債権の引当てとはならない。したがって，差押えを禁止された権利について代位行使を認める必要はない。

3　債権者代位権の行使

権利行使の範囲は必要にして最小限

　債権者代位権は，債権者が，自分の債権を保全する目的で，債務者の権利を代位行使するのであるから，債権者代位権を行使しうる範囲は，その債権者にとって必要にして最小限の範囲に限られる。したがって，行使される権利が金銭債権の場合，債権者の債権額を限度として行使できる（423条の2）。たとえば，債権者Aの債務者Bに対する貸金債権が1000万円，BのCに対する売買代金債権が1200万円とすると，BがAのほかに何人かの債権者に対して債務を負っていたとしても，AがCに対して代位行使できるBの権利は，1200万円全額ではなく，自己の債権額1000万円に限られる。

債権者は，金銭や動産については，自分に給付するよう求めることができる

　債権者Aが債務者Bの権利を代位行使すると，権利行使の効果はBに帰属し，それによってBの責任財産は確保される。たとえば，Aが，BのCに対する500万円の金銭債権を代位行使する場合，Cが500万円をBに弁済すればBの責任財産が確保される。しかし，実際には，CがBに500万円を支払おうとしても，Bが受領しなかったり，Bが行方不明で支払えないことがある。

　そこで，代位行使される権利が金銭の給付または動産の引渡しを内容とす

る場合には，債権者Ａは，相手方Ｃに対して，その金銭または動産を自分に直接給付するよう求めることができる（423条の3前段）。権利を行使する権限は給付を受領する権限を含むのが通常であり，また，直接履行を請求できないとすると，債権者代位権の目的を達成できなくなるからである。たとえば，上の例では，Ａは，Ｃに対して，Ｂに500万円を支払うように求めるのではなく，Ａ自身に直接500万円を支払うよう求めることができる。そして，ＣがＡに500万円を支払うと，ＢのＣに対する債権は消滅する（423条の3後段）。

　これに対して，代位権行使の対象が不動産に関わる場合，たとえば，Ａが，ＢのＣに対する不動産の所有権移転登記手続請求権を代位行使するときは，Ａは，Ｃに対してＢに登記を移転するよう請求できるにとどまる。この場合には，Ｂによる受領は必要ないからである。

相手方は債務者に対する抗弁を債権者に対抗できる

　債権者代位権の行使に対して，その相手方Ｃが，債務者Ｂに対して相殺や同時履行の抗弁権などを有している場合，当然ながら，Ｃは，それらのすべての抗弁を債権者Ａに対しても主張できる。たとえば，Ａが，ＢのＣに対する売買代金債権500万円を代位行使する場合，ＣがＢから目的物を受け取っておらず，ＣがＢに対して同時履行の抗弁権（533条）を有しているときには，Ｃは，Ａの請求に対しても，この抗弁権を主張して500万円の支払を拒むことができる。

債務者が自分の権利を行使できることに変わりはない

　債務者は，債権者が債権者代位権の行使に着手しても，自己の権利行使に制限を受けることはない。たとえば，Ａが，ＢのＣに対する500万円の金銭債権について，債権者代位権に基づき，Ｃに対して，Ａに500万円支払うよう求めたとしよう。この場合，Ａによる債権者代位権の行使着手を知ったＢ

は，Cに対して，その債権をAではなくBへ支払うよう求め，Cから500万円を取り立てることができる。また，Cは，Aから500万円を支払うよう求められた場合であっても，AではなくBに対して500万円を支払うことができる（423条の5）。いずれにしても，AがCから500万円の支払を受ける前に，CがBに債務を履行すれば，BのCに対する権利は実現されて消滅するから，Aは，Bから自己の債権の弁済を受けるほかない。

4　責任財産の確保を目的としない債権者代位権

ここまで述べてきたように，債権者代位権の行使によって保全されるべき債権は，金銭債権であることが多い。しかし，不動産の登記請求権や建物の明渡しなど，金銭債権ではない債権についても，債権者代位権によって履行を確保し，債権を保全することが認められている場合がある。

買主が売主の前主に対する登記請求権を代位行使する

たとえば，不動産がCからBに売却されBからさらにAに転売されたが，その登記名義はCのもとにあるとしよう。この場合，Aは，Bに対する移転登記請求権を保全するために，BのCに対する移転登記請求権をBに代位して行使し，Cに対し，Bへの移転登記手続をするよう請求できる（423条の7→ケースのなかで4）。この場合，CからAへ直接に移転登記をする中間省略登記が原則として認められていないことから，債権者代位権のしくみを用いることになる。そして，債権者代位権の行使により，CからBに登記が移転されれば，Aは，Bに対して，移転登記請求権を行使してAに登記を移転させることができる。

このように，Aは，BのCに対する移転登記請求権を代位行使することによって，BからAへの移転登記手続につきBの協力が得られない場合でも，登記の移転をうけて所有権取得を確実なものとすることができる。また，この場合には，Aの登記請求権の保全の必要性は，Bの責任財産の多寡と無関

係であるから，債務者の無資力は債権者代位権の要件とされない。

ケースのなかで 4　買主の売主の 1 人に対する登記請求権を代位行使する

　Aは，所有する土地をBに売却してその代金の一部を受け取った後に死亡し，XとYがAを共同相続した。Aの売主の地位をYとともに承継したXは，Bに対して残代金の支払を求めようとしたが，Yが，Bにこの土地の移転登記をすることを拒否したため，売主側の義務が履行できなくなった。そこで，Xは，Bに対する残代金債権を被保全債権として，BのYに対する登記請求権を代位行使して，Yに対してBへの移転登記手続を請求した。

　裁判所は，XのBに対する残代金債権とBのX・Yに対する移転登記請求権は同時履行の関係に立ち，Xは，残代金債権を保全するためには，Bの同時履行の抗弁権を失わせることが必要であり，Bが無資力か否かを問わず，Bに代位して登記に応じないYに対して，Bの登記請求権の代位行使を認めた。

《共同相続，同時履行，無資力要件……最判昭50年 3 月 6 日》

賃借人が賃貸人の物権的請求権を代位行使する

　Aは，Bが所有する土地を賃借したが，CがBに無断でこの土地に簡易な建物を建てて資材置場として使用しているとする。この場合，Aは，Bに対する賃借権に基づく土地の引渡請求権を実現する（保全する）ために，BのCに対する所有権に基づく返還請求権をBに代位して行使できるとされている。もっとも，不動産賃借権が対抗要件を備えている場合（605条，借地借家10条・31条）には，Aは，自己の賃借権に基づいて，直接に，Cに対してその土地の返還を請求できる（605条の 4 第 2 号）から，その場合には，債権者代位権による必要はない。

抵当権者が，抵当権設定者の物権的請求権を代位行使する

　このほか，判例は，抵当不動産が第三者によって不法占拠され，そのためにその不動産の交換価値が低下して，抵当権者が抵当不動産から債権の優先弁済を受けることが困難となった場合に，抵当権者に，抵当不動産の所有者

★ コラム⑰：「振り込め詐欺」──まだ引き出されていない預金

　いわゆる「振り込め詐欺」の被害に遭ったAが，加害者Bに指定されたC銀行のBの預金口座に100万円を振り込んでしまったとする。この場合でも，金融機関は，預金口座が不正使用されていることを確認すれば，その口座を凍結するから，振込みをした直後に「振り込め詐欺」が判明すれば，お金がBの預金口座に残っていることもある。では，たとえば，指定された振込先であるBの預金口座に300万円の預金残額があった場合，被害者Aは，この口座から振込金100万円を取り戻すことができるだろうか。

　これについては，いくつかの裁判例が，AのB（確認・特定はほとんど困難）に対する不当利得返還請求権を被保全権利として，BのC銀行に対する預金返還請求権を代位行使できるとし，この口座から振込金を取り戻すことを認めている。しかし，このような法律構成が認められたとしても，実際には，C銀行が容易に返金に応じないようであれば，Aは訴訟をしなければならず，手間と時間がかかる結果となっていた。

　そこで，これに対応するため，2008年に「振り込め詐欺救済法」（犯罪利用預金口座等に係る資金による被害回復分配金の支払等に関する法律）が施行された。これにより，振込先として指定された預金口座にお金が残っている場合には，訴訟をしなくても振り込め詐欺の被害者に返金できるしくみができた。具体的には，振込先の口座名義人Bの失権手続後，預金保険機構により，分配金支払のための公告がされる。このとき，被害者Aが，振込先のC銀行に対して，自分が被害者である事実と被害額を証明する資料を添えて支払申請をすると，被害額と支払額の認定がされる。Aに支払われる金額は，ほかにも同様の被害者があれば，被害額に応じて按分された額となる。

（抵当権設定者）の，不法占拠者に対する所有権に基づく返還請求権の代位行使を認めている（→本シリーズ物権〔第2版〕154頁**ケースのなかで12**）。その際，判例は，前提として，抵当権者には，保全の必要性のある権利として，抵当不動産の所有者（抵当権設定者）に対して抵当不動産を適切に維持または保存するよう求める請求権があるとした。

　しかし，判例は，この場合に，抵当権者は，抵当権それ自体に基づいて妨害排除請求をすることができるともしているので，この場面で債権者代位権の行使を論じる意味は乏しい。

第2節　詐害行為取消権

1　詐害行為取消権とは

　Aが，Bに対して300万円の貸金債権を有していたとする。ところが，Bは，時価500万円相当の高級腕時計甲以外これといった財産を有していないにもかかわらず，時計甲を知人Cに代金100万円で売却してしまった。このとき，Aは，黙って見ているほかないのだろうか。

　本来，Bは，自分の財産である時計甲を好きなように処分する自由がある。しかし，Bの行為によりBの責任財産が減少して無資力となったときは別である。時計甲の換価処分により債権を回収できると考えていたであろうAにとって，これは見過ごすことのできない事態である。他方，Bとしてみれば，時計甲は結局Aら債権者の債権回収にあてられることになるから，自己のものにしておく意味はなく，上記の例のように，家族や知人に贈与したり安価で売却することも起こりがちである。そこで，債務者Bが，Aを害する法律行為（詐害行為という）をして無資力になった場合，債権者Aは，Bの法律行為を取り消すことができる。同じことは，無資力のBがさらに資力を減少させた場合にもあてはまる。

　上記の例では，Aは，BのCへの時計甲の売買を取り消して，C（受益者という）から時計甲の返還を受けることができる（424条）。これにより，Aは，Bの責任財産を保全することができる。

　このように，債権者が，債務者の財産の減少を回復して債権の実現をはかる（債権を保全する）ために，債務者の行為を取り消すことができる権利を，詐害行為取消権という。

2 詐害行為取消権が成立するための要件

債権者を害する行為であること

　詐害行為取消権が成立するには，まず，債務者Bの行為が債権者Aを害する行為であること，すなわち，その行為によって，Bの財産が減少し，Aの債権が完全な満足を得られなくなること（＝詐害性）が要件となる。ここでいう財産の減少は，行為の前と後の債務者の財産の額を比較して判断される。そして，その行為によってBの有する財産の総額が債務の総額より少なくなった場合（＝無資力），Aは債権を全額回収できなくなるから，Bの行為はAを害する行為といえる。たとえば，冒頭（→53頁）の例でいうと，Bは，唯一の財産である時計甲を100万円でCに売却したわけであるから，この行為の前に500万円あったBの財産が，この売却によって400万円減少している。そして，これにより，Bの総財産は100万円となったから，Aの300万円の貸金債権は完全な満足を得られなくなる。したがって，BのCへの時計甲の売却は，債権者を害する行為（詐害行為）である。

　これに対して，債務者の財産を減少させる行為でなければ，詐害行為とはいえないのが原則である（例外については，→**コラム⑱**）。たとえば，債務者Bが，所有する時価1000万円の土地をCに1000万円で売却しても，Bの財産は減少しないので，Bのこの行為は原則として詐害行為にはあたらない。BがCからお金を借りるために，所有する土地にCのために抵当権を設定する行為も，Bの財産を減少させる行為ではないから，詐害行為とならないのが原則である。同様に，AがBに対して1000万円の債権を有し，CもBに対して500万円の債権を有していたところ，BがCにその債務の弁済として500万円を支払った場合，Cへの弁済によって，Bのもつ金銭は500万円少なくなるが，同時にBの債務も500万円分減るから，Bの責任財産は減少しない。のみならず，BはCに対して債務を弁済する義務を負うのであるから，その法的な義務を果たすのは当然であり，Bによる債務の弁済は他の債権者Aを

★ **コラム⑱：債務者の財産が減少しなくても詐害行為となることがある**

　債務者の財産を減少させない行為であっても，行為の態様や目的によっては詐害行為となる場合がある。Ａに対して2000万円の債務を負っているＢが，無資力であったとしよう。

　まず，Ｂが，その財産を債権者から隠す目的で，所有する時価1000万円の甲土地をＣに売却した場合，Ｃが財産を隠すというＢの目的を知っていたときは，Ｂによる甲土地の売却は詐害行為となる（424条の２）。このような場合，Ｂは，換金した財産を隠してしまう可能性が高いからである。

　つぎに，Ｂが，他の債権者Ｃに債務を弁済したことが詐害行為となることがある。弁済により，責任財産は減少しない。しかし，Ｂが，弁済期の過ぎた金銭債務をほかにも抱えていて，どの債務も弁済することができない状態が続いている（＝支払不能）にもかかわらず，Ｃと通謀して，他の債権者を害する意思でＣに対する債務を弁済する行為は，Ａとの関係で詐害行為となる（424条の３第１項）。債務者が支払不能の場合には総債権者を公平に扱う必要があり，通謀して特定の債権者に弁済する行為は債権者間の公平に反するからである。

　また，同じことは，代物弁済にもあてはまる。支払不能であるＢが，債権者Ｃと通謀して，Ｂの所有する甲土地にＣのために抵当権を設定する行為は，ＢがＣのために抵当権を設定する義務を負っていたとしても，Ａとの関係で詐害行為となる（424条の３第１項）。このような行為は，特定の債権者Ｃに優先的に弁済を受ける権利を与えるものであって債権者間の公平に反するからである。さらに，ＢがＣのために抵当権を設定する義務を負っていないにもかかわらずＣと通謀して抵当権を設定した場合には，より厳しく，Ｂが支払不能前の30日の間に抵当権が設定されたときも，詐害行為となる（同条２項）。

★ **コラム⑲：担保権を設定してお金を借りる行為は詐害行為となるか**

　たとえば，Ａに債務を負っている無資力のＢが，新たに資金を貸し付けてくれる相手を探していたとする。Ｃが，Ｂの所有する価額200万円の高級腕時計甲に質権を設定してくれるのであれば，150万円を貸してもよいと言ってきた。この場合，Ｂが，甲にＣのために質権を設定してＣから金銭を借りる行為は，Ａとの関係で詐害行為になるだろうか。

　Ｂは，甲に質権を設定してＣに優先権を与えることによって，一般債権者の引当てとなる責任財産を減少させている。しかし，Ｂは，質権の設定と引換えに，Ｃから資金を借り入れることができた。このように，担保権の設定が相当の対価を伴うときには，詐害行為とならないのが原則と解されている。

害する行為とはならないのが原則である。

　また，Bの行為が債権者Aを害するといえるためには，Aの債権の発生原因が，Bの行為より前に生じていることが必要である（424条3項）。たとえば，冒頭の例でいうと，Bが時計甲をCに売却した後に，AがBに300万円を貸す契約をした場合，Aは，100万円しか財産のないBに300万円を貸したのであるから，Aはそれより前のBの行為を取り消すことはできない（→ケースのなかで5）。

ケースのなかで5　債権の発生後に登記がされても詐害行為にはならない

　Aは，1974年にYに土地を贈与したが，その贈与を原因とする土地の所有権移転登記手続がされたのは，1976年であった。1975年に，Aに対する債権を取得したXは，Yに対して，AY間の贈与契約を取り消し，上記移転登記の抹消登記手続を求める訴えを提起した。

　裁判所は，Xが詐害行為であるとする贈与契約は，Xの債権発生前に締結されたものであり，たとえその債権の発生後にその移転登記がなされたとしても，それは詐害行為にはあたらないとして，Xの請求を認めなかった。

《詐害行為取消権，移転登記手続……最判昭55年1月24日》

財産権を目的としない行為は取り消すことができない

　婚姻，離婚，養子縁組など，財産権を目的としない法律行為は，詐害行為取消権の対象とはならない（424条2項）。これら家族法上の行為については，それにより債務者の財産状態が悪化して債権回収が困難になったとしても，債権者はこれを取り消すことはできない。これらの行為は，行為者自身の自由な意思に委ねるべきあり，第三者である債権者によってそれをくつがえすようなことは許されないからである。

債権者を害することを知っていたこと

　詐害行為取消権が成立するためには，つぎに，債務者が，その行為が債権

★ コラム⑳：50万円の借金を，70万円の指輪で返済する行為の取消し

　債務者Ｂが，Ａに100万円，Ｃに50万円の債務を負っていたとしよう。Ｂは，ダイヤの指輪甲以外何の財産も持っていなかったが，Ｃとの間で，50万円の債務を弁済する代わりに指輪甲を譲り渡す旨の合意（＝代物弁済。482条）をして，Ｃに甲を渡したとする。

　指輪甲の価額が50万円であった場合，Ｂは50万円の指輪甲を失っているが，代物弁済によりＣに対する50万円の債務も消滅するから，Ｂの責任財産は減少しない。このように，代物弁済として給付された物の価値が債務額を超えない場合，代物弁済は原則として詐害行為とはならない（例外として，424条の３第１項→55頁のコラム⑱）。

　では，指輪甲の価額が70万円のときはどうか。この場合，Ｂの財産は20万円分減少する。このように，Ｂが給付した目的物の価額が，消滅した債務の額より大きいときは，過大な部分（＝20万円分）について詐害行為となる（424条の４）。もっとも，ダイヤの指輪のように，給付の目的が不可分の場合，Ａは，受益者Ｃに対して，現物（指輪甲）の返還を請求することはできず，Ｂの代物弁済を取り消したうえで，価額償還として20万円の支払を請求できるにとどまる（424条の６第１項後段参照）。

者を害することを知っていたことが要件となる。ここで債権者を「害する」ことを知っていたとは，「責任財産が減少する」ことの認識があれば足り，特定の債権者を害する意図（害意）までは要らないとされている。

　ただし，債務者が，債権者を害することを知っていたとしても，受益者（詐害行為の相手方）が，その行為が債権者を害することを知らなかった場合には，詐害行為を取り消すことはできない（424条１項ただし書）。取引の安全を害さないようにするためである。

目的物が転売された場合はどうするか

　ところで，冒頭の例で，受益者Ｃが，Ｂから100万円で買った時計甲を，Ｄへ転売したとしよう。この場合，Ｃのみならず転得者ＤもまたＢの行為が債権者を害することを知っていたときは，債権者Ａは，ＢＣ間の契約を取り消して，Ｄに対し時計甲の返還を請求することができる（424条の５第１号）。これに対して，Ｂの行為が債権者を害することをＣが知らなかった場合には，たとえＤがそれを知っていたとしても，Ａは，ＣにもＤにも詐害行為

取消請求をすることはできない（424条1項ただし書・424条の5柱書）。Dは知っていたのだから，Dに対する詐害行為取消請求は認めてもよいと思うかもしれない。しかし，この場合に取消しを認めると，CD間では時計甲の売買契約は有効であることに変わりないから，Dが善意のCに契約上の責任を追及できることになって妥当ではないからである。

　また，Bの行為が債権者を害することを知っていたのがCのみであるときには，Aは，Cとの関係ではBの行為を取り消すことができるが，Dとの関係では取り消すことができない（424条の5第1号）。この場合，Aは，Cに対して，詐害行為を取り消して時計甲の価額の償還を請求することができるが，甲の返還を請求することはできない。Cはもはや時計甲の所有者ではなく，これを返還することはできないからである。詐害行為取消請求は，目的物の返還（＝現物返還）を内容とするのが原則であるが，このように，現物による返還が困難なときは，債権者は価額の償還を請求することができる（424条の6第1項）。

3　詐害行為取消権を行使する方法

詐害行為取消権は裁判で行使しなければならない

　詐害行為取消権は，必ず裁判により行使しなければならない（424条1項）。裁判上の行使に限られるのは，詐害行為取消権が他人（債務者）の行為を取り消すという重大なことを行う権利であるからである。また，詐害行為取消権の行使は，必ず訴えの方法によらなければならず，裁判上であっても，抗弁として行使することはできないとされている。

　424条1項は，詐害行為取消権の行使について，債権者は債務者の「行為の取消しを裁判所に請求することができる」と定める。この文言からは，詐害行為取消権は，債権者が，債務者の行為を「取り消す」ことができる権利であり，それにとどまるようにもみえる。しかし，債務者の責任財産の回復というこの制度の趣旨をより積極的に考えると，詐害行為取消権は「取り消

す」ことにとどまらず，実際に財産を「取り戻す」ことをこの権能のなかに取り込むべきことになる。民法も，424条の6により，債権者は，「債務者がした行為の取消しとともに，その行為によって受益者に移転した財産の返還を請求することができる」と定めて，このことを明らかにしている。したがって，詐害行為取消しの訴えは，形成の訴え（取り消す）と給付の訴え（取り戻す）をあわせた訴訟となる。もちろん，債務者が自己の債権について債務免除の意思表示をした場合のように，債務者の意思表示を取り消せば責任財産が回復するときには，債権者は，取消しだけを請求すれば足りる。

詐害行為取消権の行使の相手方は債務者ではない

　詐害行為取消権は，債務者の責任財産の回復を目的とするので，詐害行為取消権を行使するときの訴訟の相手方は受益者である（424条の7第1項1号）。たとえば，Aに対して300万円の債務を負っている債務者Bが，時価500万円の時計甲をCに100万円で売却した場合，債権者Aは，受益者Cのみを被告として，BC間の売買契約の取消しと，時計甲の返還を請求する。債務者Bは被告にならない。詐害行為取消訴訟の本質は，Bの財産をめぐるAとCとの間の争いであって，Bに実質的利害関係はないことなどを理由とする。

★ コラム㉒：抵当権付の不動産の売却が取り消されたら

　Bは，Aに対して400万円の債務を負うほか，Cに対しても400万円の債務を負っていたとする。Bは，Cに対するこの債務を担保するため，所有する時価1200万円の甲土地にCのために抵当権を設定して登記していた。その後，Bは，無資力になったにもかかわらず，甲土地を，Bの行為が債権者を害することを知っているDに500万円で売却し，所有権移転登記をした。

　この場合に，債権者Aが，BD間の甲土地の売買契約につき，詐害行為取消権を行使したとしよう。甲土地の価額1200万円のうち400万円は，Cの抵当権にあてられるから，一般債権者であるAが自己の債権の引当てにできる甲土地の価値は，800万円（1200万円−400万円＝800万円）である。そうすると，Aが自己の債権の引当てにできる甲土地の価格（800万円）はその債権額（400万円）を超えるけれども，土地は不可分なので，Aは，詐害行為取消権を行使して，甲土地の全部につきBの行為を取り消し，受益者Dに対して，甲土地の返還とBからDへの所有権移転登記の抹消請求をすることができる。

★ コラム㉓：抵当権が消滅した不動産は，現物返還できない

　コラム㉒の例で，Aに対して400万円の債務を負う無資力のBが，Cに対する400万円の債務の代物弁済として，Cのために抵当権が設定された甲土地（価額1200万円）の所有権をCに移転したとしよう。このとき，Cの抵当権は被担保債権（400万円）とともに消滅し，抵当権設定登記は抹消される。

　この場合，Aは，自己の債権額（400万円）の限度でBのCに対する代物弁済を取り消すことができる。BのCに対する代物弁済は，800万円（1200万円−400万円＝800万円）について，過大な代物弁済として詐害行為となるからである（424条の4。→57頁のコラム⑳）。

　では，Aは，コラム㉒の場合と同様，甲土地が不可分であることを理由に，Cに対して甲土地の返還を請求することができるかというと，そうではない。この場合，Bの一般債権者Aが引当てにできる甲土地の価額ははもともと800万円しかなかったのに，甲土地がBに返還されると1200万円に増加してしまい，一般債権者に不当な利益を与えるからである。

　このように，代物弁済された土地の抵当権が消滅してその登記が抹消された場合，抵当権の負担のついた甲土地をBに返還することは不可能であるため，詐害行為取消権を行使した債権者は，甲土地の返還を請求することはできない。Aは，Cに対して価額の償還しか請求できず，その金額はAの債権額である400万円に限られる。

しかし，取消しの効果はBにも及ぶ（425条）ので，詐害行為取消請求の訴えを提起した債権者Aは，そのことを遅滞なくBに知らせなければならない（424条の7第2項。民訴53条〔訴訟告知〕参照）。

　また，詐害行為により債務者Bから時計甲を買った受益者CがそれをDに転売し，Bの行為が債権者を害することをCおよびDが知っていた場合，債権者Aが，時計甲の返還を求めて提起する詐害行為取消請求の被告となるのは転得者Dのみである（424条の7第1項2号）。

債権者は，自分が害される限度でのみ権利行使することができる

　債権者Aが債務者Bの行為を取り消すことのできる範囲は，原則として，Aが害されている限度，つまり，Aの債権額を限度とする。たとえば，Aに100万円の債務を負う無資力のBが，Cに200万円を贈与したとしよう。この場合，Aが，BC間の贈与契約を取り消すことができるのは，100万円までである。すなわち，金銭のように詐害行為の目的物が可分である場合，債権者は，自己の債権額に相当する分だけを取り消し，その返還を求めることができる（424条の8第1項）。これに対して，不動産をはじめ，詐害行為の目的物が不可分である場合には，債権者は，たとえ目的物の価額が自己の債権額を超えるときであっても，債務者の行為の全部を取り消すことができる。冒頭の例では，AのBに対する債権は300万円であるが，時計は不可分であるから，Aは，BC間の時価500万円の時計甲の売買を取り消して，Cにその返還を求めることができる。

取消権の行使期間は制限される

　詐害行為取消権は，債務者が債権者を害することを知って行為をしたことを債権者が知った時から2年，または，行為の時から10年が経過すると行使できなくなる（426条）。詐害行為取消権の行使は，いったんなされた契約などを取り消してもとに戻す結果を生じさせる点で，その影響が大きいため，

とくに，このような短い行使期間制限の規定がおかれている。

4 詐害行為取消権の効果

取消しの効果は債務者と，債務者のすべての債権者に及ぶ

　債権者Ａが受益者Ｃを被告として詐害行為取消請求訴訟を提起し，Ａの請求が裁判所によって認められた場合，その確定判決の効果は，ＡとＣのみならず，債務者ＢおよびＢのすべての債権者に及ぶ（425条）。これに対して，ＡがＣから目的物を取得した転得者Ｄを被告として詐害行為取消請求をした場合，Ａの請求を認める確定判決の効果は，受益者であるＣには及ばない。ただし，ＣがＢの債権者である場合には，Ｂの債権者として，Ｃにもその判決の効果が及ぶ。

動産または金銭については，債権者は自分への引渡しを請求できる

　詐害行為取消権を行使する債権者は，受益者または転得者に対して，目的物の引渡しを請求することができる（424条の6第1項）。詐害行為取消権の目的が債務者の責任財産の回復にあることからすれば，目的物は債務者に返還されるべきである。しかし，目的物が金銭または動産である場合，債務者は，その受領を拒絶したり，金銭であれば費消してしまう可能性がある。そこで，金銭または動産については，債権者は，債務者ではなく債権者自身に金銭を支払い，動産を引き渡すよう求めることができる（424条の9第1項）。これに対して，目的物が不動産の場合，登記名義を債務者に回復すれば債務者の責任財産として保全できるから，債権者は，債権者自身への移転登記手続を請求することはできないし，債権者への引渡しを求めることもできない。債権者は，債務名義を得たうえで，回復された不動産に対して強制執行をして，自己の債権の弁済を受けることになる。取消権者以外の債権者も，その強制執行において配当要求することができる。

売買の目的物を債権者に返還した受益者は，支払った代金の返還を債務者に請求できる

　冒頭の例で，Aが，債務者Bによる時計甲のCへの売買を詐害行為取消権によって取り消し，受益者Cが時計甲をAに引き渡したとしよう。取消しの効果は詐害行為取消請求の相手方であるCのみならず債務者Bにも及ぶから，時計甲の売買契約はBC間においてもその効力を失う。したがって，CがすでにBに売買代金100万円を支払っていた場合，CはBにその返還を請求することができる（425条の2）。

　つぎに，時計甲がCからDに120万円で転売され，DがCに代金を支払った後に，AがDを相手方として，詐害行為取消請求をした場合について考えてみよう。Aによる取消請求が認められて，DがAに時計甲を返還したとする。この場合，取消しの効果は詐害行為取消請求の相手方であるDと債務者Bには及ぶが，受益者Cには及ばない。Cとの関係では，BC間の売買も，CD間の売買も有効である。では，Dは，時計甲の代金の返還を受け

　債権者Aに対して200万円の金銭債務を負う無資力の債務者Bが、他の債権者Cに100万円を弁済した場合、BのCに対する弁済が例外的に詐害行為となる場合がある（424条の3第1項）ことは55頁の**コラム⑱**で述べた。

　債務の弁済が詐害行為となる例外的な場合、Aは、BのCに対する弁済を取り消し、受益者Cに対して、Bから弁済された100万円を自分に支払うよう請求できる。では、Aから100万円の支払を請求されたCは、自分もBの債権者であることを理由に、弁済された100万円をAとCの債権で按分（Aの債権：Cの債権＝2：1）した額について返還を拒むことはできるか。判例は、これを否定した。また、判例は、Cが、詐害行為取消権を行使したAに対して、その按分額につき配当を求めることもできないとしている。

　一方、Cに弁済された100万円を取り戻したAは、その金銭をBに返還する債務とBに対する自己の債権で相殺することで、Cら他の債権者に優先して弁済を受けることができる（→63頁の**コラム㉔**）。

　つまり、Cは、自己の債権を他の債権者に先駆けて回収することにもっとも勤勉な債権者だったともいえるが、その努力は徒労に終わる。これは、支払不能の債務者と通謀して自己の債権を回収するCの行為が抜け駆け行為として許されないと評価されるためである。結果として、2番目に勤勉であったAが得をすることになる。

られないのだろうか。この場合について、民法は特別の規定をおいている。それによれば、Dは、受益者Cを相手方とする詐害行為取消請求が認められていたならばCがBに対して行使することができた返還請求権を、Bに行使することができる（425条の4第1号）。上記の例では、債権者AのCに対する詐害行為取消請求が認められたならば、CはBに対して100万円の返還を請求できたはずであるから、DはBに対して、100万円の返還を請求できる（DがCに支払った120万円の返還を請求できるわけではない）。なお、DがBに対して行使することのできる返還請求権は、DがCに支払った金額を超えることはない（425条の4柱書ただし書）。したがって、CがDに時計甲を50万円で転売し、DがCに50万円を支払っていた場合には、DがBに対して返還を請求できるのは100万円ではなく50万円である。

受益者への弁済が取り消されたときは，受益者の債権は復活する

　たとえば，債権者 A に対して500万円の債務を負う債務者 B が，支払不能であるにもかかわらず，B に対して300万円の債権を有する別の債権者 C と通謀して，C に300万円を弁済したとしよう。B の受益者 C に対する300万円の弁済が詐害行為にあたるとして A によって取り消され，C が A に300万円を返還した場合，C の B に対する300万円の債権は復活する（425条の3）。

第5章 多数当事者の債権および債務

　A所有の土地をBとCの2人が共同で購入したとする。あるいは，AがBに対して金銭を貸し付け，Cがその債務の保証人になったとする。

　このように，ある債権の債務者がBとCの複数である場合，債権者AはBとCのそれぞれに対してどのような請求をして債権の実現をはかることができるのか。債務者の1人Bについてのみ生じた事由（たとえば消滅時効の完成）は他の債務者Cにも影響するのか，債務者のうちの一方が全部を弁済した場合にBとCの債務者同士の法律関係はどうなるのかなどが，いずれの場合でも問題となる。

　このように同一内容の給付を目的とする債権の債権者あるいは債務者が2人以上である場合の法律関係について，民法は，「多数当事者の債権及び債務」として，分割債権および分割債務，不可分債権および不可分債務，連帯債権，連帯債務，保証債務の5つのタイプに分けて規定している（427条〜465条の10）。

　いずれも，同一内容の給付を目的とするが，各債権者あるいは各債務者について，それぞれ独立した債権・債務関係が存在すると解されている。

第1節　多数当事者の債権および債務の機能

多数当事者の債権および債務という制度には2つの側面がある

　多数当事者の債権および債務についての民法の規定は，まず，同一の給付について複数の者が債権者あるいは債務者になった場合の法律関係がどうなるのかを整理して定めておくという役割を担っている。

　つぎに，多数当事者の債権および債務という制度は，債務者が複数である場合については，実質的には，債権担保としての役割を有しており，とくに重要な意味がある。保証債務が担保としての意味を有することはいうまでもないが，不可分債務や連帯債務も同一の給付につき複数の債務者が全部給付義務を負うことになる。すなわち，そこでも，1個の給付の履行につき複数の者がそれぞれの一般財産でもって責任を負うわけであるから，債権担保としての機能を有していることになる。このように，多数当事者の債権関係として規定されている制度は，抵当権などの物的担保とならんで，人的担保として重要な役割を果たしているのである。そこで，本章では，債務者が多数である場合を中心に説明していく。

多数当事者の債務関係については3つの視点から整理される

　BとCとが，2人共同で事業を始めるために，Aから600万円を借り入れたとする。このように，債務者が複数である場合に問題となるのは，①Aは，返済期限になればBとCのそれぞれにどのような請求ができるのか（600万円の全額の請求ができるのか。対外的効力という），②AがBに対して請求した場合にCにも請求したことになるのかなど，Bとの関係で生じた効力がCとの関係にも影響を与えるのか（たとえば消滅時効の更新などに影響するのか。影響

関係という），③ＢがＡに弁済した場合，ＢはＣに対してどのような請求ができるのか（Ｂが600万円弁済すれば，Ｃに300万円の支払を求めうるのか。求償関係という）であり，多数当事者の債務関係については，一般に，これら３つの視点から整理される。

第２節　分割債権および分割債務

分割債権・分割債務が原則であるが

　１個の給付につき，複数の債権者または債務者がいる場合，各債権者または各債務者は，分割して権利を有し義務を負う（427条）。これが，多数当事者の債権・債務についての原則的な形態である。原則的というのは，給付（債権・債務の目的）がその性質上可分であっても，法令の規定により，または当事者が連帯の意思表示をすれば，それに従って連帯債権または連帯債務になるからである（432条・436条）。また，そもそもその給付が不可分である場合は，分割の原則は貫けないから，不可分債権または不可分債務となる（428条・430条）。

　たとえば，Ａら３人がＢに共同で600万円を貸し付けた場合，これを分割債権だとすれば，債権者Ａら３人は，600万円の１個の給付のうち３分の１ずつ，すなわち200万円ずつしかＢに請求できないことになる。あるいは，Ａが業者Ｂら３人から一定量の製品を買い受けるという売買契約があった場合，これを分割債務だとすれば，Ｂら３人は，それぞれが約定の製品の量の３分の１ずつ給付すればよいことになる。

　しかし，給付が可分である場合であっても，分割債権あるいは分割債務を原則形態とすることは，上記の事例からみても，必ずしも取引の実態に相応するものではない。このような事例も含め，契約の趣旨や当事者の意思など

を理由に，給付が可分であっても，連帯債権あるいは連帯債務になると判断されることが多い。

各債権者の権利または各債務者の義務の割合は平等である

分割債権である場合には，各債権者は，独立した分割債権を有する。また分割債務である場合には，各債務者は，独立した分割債務を負担する。その割合は，別段の意思表示がないかぎり，原則として平等である（427条）。各債権者は，分割された自己の債権だけを単独で行使できる。また，各債務者は，自己の債務だけを弁済すれば債務は消滅する。

同時履行の抗弁権や解除権は

たとえば，AがBに対してある製品を代金300万円で売り渡すという売買契約が締結され，その後Bが死亡しBの代金債務をBの子C・D・Eらが相続したとする。C・D・Eは，Aに対して，分割してそれぞれ100万円ずつの代金債務を負担する。この製品が1個のもので給付が不可分である場合には，Aは，C・D・Eの全員から各100万円，総額300万円の代金の支払があるまでは，同時履行の抗弁権（533条）により製品の引渡しを拒絶できる。他方，売買の目的物である製品が複数で可分である場合については議論のあるところである。この場合，C・D・Eの債務の負担割合に応じて，それに相当する割合のAの給付が考えられるときは，その範囲で同時履行の抗弁権が成立すると解するのが多数である。

債務不履行による契約解除については，債権者または債務者が数人ある場合，分割債権または分割債務であっても，その全員からまたはその全員に対してされるべきであり，分割行使はできないと解されている（544条1項）。

分割されるべき各債権，債務は独立した存在であるので，その当事者の1人について生じた事由は，他の当事者に影響を及ぼさない。

第3節　不可分債権および不可分債務

給付の「不可分」

　給付が不可分の場合，不可分債権となり，不可分債務となる。ここでいう「不可分」は，住宅1戸を建築するとかエアコン1台を納品・設置するなどのように債務の性質上分割できない場合を指す。たとえば，Aが，BとCの共有する自動車を買う場合，BとCのそれぞれがその持分をAに譲渡する債務を負担する（分割債務）と解することもできなくはないが，Bがその持分をAに譲渡すれば，とりあえずAとCとの共有になり，Bはそれ以上の債務を負わないなどと構成することは，おかしい。BとCの債務は不可分債務であり，いずれも自動車全部の引渡義務を負うと解するのが妥当であろう。

　不可分債権・不可分債務でも，各債権または各債務は別個独立した存在である。これを不可分債権・不可分債務として扱うのは，給付が「不可分」であることによるものであるから，不可分給付が可分給付に変わったときは，原則形態である分割債権あるいは分割債務となるとされている（431条。なお，その例外的な場合について，→73頁の**コラム㉗**）。

不可分債権の効力

　不可分債権の場合には，各債権者はすべての債権者のために，全部の履行を請求でき，債務者は，各債権者いずれに対しても，すべての債権者のために全部の履行をすることができるなど連帯債権の規定の多くが準用される（428条）。給付を受けた1人の債権者は，その後，他の債権者になんらかの形で利益を分与することになろうが，それは債権者相互間の問題である。

　債務者が，債権者の1人に弁済すれば，他のすべての債権者に対しても債

Aが所有する建物をBとCが共同で賃借している場合の共同賃借人B・Cの賃料支払債務について，1個の不動産を使用収益させる債務は不可分債務であるから，その対価としての賃料支払債務も不可分債務となるとした判例がある。しかし，債務の目的がその性質上不可分の場合にのみ不可分債務となるとするのが，430条の原則である。賃料支払債務は金銭債務であり，その性質上可分であるが，共同での賃借という契約の趣旨（当事者の意思表示）から連帯債務となると解すればよいであろう。

務消滅の効果が生じるし，履行の提供（413条）や弁済の提供（492条）をすれば，その効果は，他のすべての債権者にも及ぶ。また，債権者の1人と債務者との相殺についても，他の債権者に効力が及ぶ（434条。428条で準用）。

なお，債権者A・B・Cのうちの1人Cが債務者Dに対して免除しても，他の債権者AとBは，Dに対して全部履行請求できるが（相対的効力），Dから受領した分のうちCに分与すべきである利益（その価額と考えられる）をDに償還しなければならないとされている（429条。更改についても同様）。

不可分債務の効力

不可分債務の場合，債権者と各不可分債務者との関係については，連帯債務の規定の多くが準用される（430条）。したがって，債権者は，各債務者に対して全部の履行を請求できるし，すべての債務者に対して，同時もしくは順次に，全部の履行を請求することができる（436条）。

債務者の1人について生じた事由は，債権を満足させる事由，すなわち弁済とそれと同視すべき事由（供託，代物弁済，相殺）については，他の債務者に対しても効力を生じ，債権の消滅を主張できる。履行の提供（413条）や弁済の提供（492条）による効果も同様である。連帯債務の場合は，債権者と連帯債務者の1人との間に混同が生じたときは，その連帯債務者が弁済したものとみなされて，他の連帯債務者にも弁済の効力が及ぶが（440条），不可分債務の場合，他の不可分債務者に混同の効力は及ばない（430条）。

不可分債務につき履行した債務者は，連帯債務の求償に関する規定（442条〜445条）の準用により，他の債務者に対して，各債務者の負担部分に応じ

　たとえば，Aは，BとCが共有する家屋を買い受ける契約を締結し，登記手続と引換えに代金全額をBとCに支払ったが，引渡しはされていなかった。その後，この家屋の管理人の不注意によって家屋が全焼したとする。この場合，BとCのAに対する家屋の引渡債務は履行不能となり，債務不履行による損害賠償債務が発生する（415条）。

　損害賠償債務は金銭債務であり可分給付である。民法は，不可分給付が可分給付に変われば，不可分債務も分割債務となると規定している（431条）。しかし，分割債務となると，本来は全部請求できたAにとって債権の担保的効力が弱くなる。そこで，このように債務者側の事由によって可分給付となった場合，黙示の連帯の特約があったと認定するなどして，各自に全額請求できると解する立場が多数である。

て求償できる（430条）。

第4節　連帯債権

連帯債権とは

　たとえば，AとBが共同してCに2000万円を貸し付けるという契約をする場合，貸金債権はその性質上可分であるが，当事者が連帯の意思表示をすれば連帯債権となり，AもBもCに対して債務の全部（2000万円）あるいは一部（たとえば1000万円）の支払を請求することができ，Aが2000万円の弁済を受けると，Aの債権のみならず，Bの債権も消滅する（432条）。連帯債務の場合と異なり，当事者の意思で連帯債権とされる事例はあまり考えられないが，ABが共有する不動産をCに売り渡した場合のCに対する売買代金債権は，1個の不動産という不可分の給付の対価であるので，契約の趣旨から連帯債権となると考えられる。

　法令によって連帯債権が成立する場合としては，復代理人に対する本人および代理人の権利（106条2項）や転貸借における賃貸人の転借人に対する転貸賃料請求権と転貸人の転借人に対する転貸賃料請求権（613条1項）がある。

連帯債権の効力

　連帯債権者の１人が債務者から弁済を受けた場合，受けた利益を連帯債権の持分割合に応じて他の連帯債権者に分与しなければならない。「分与」（433条の表現）は，連帯債務の場合の「求償」に対応する概念である。

　連帯債権者の１人との間の相殺（434条）と混同（435条）は他の債権者にも効力が及ぶほか，更改や免除についても更改や免除をした連帯債権者の持分割合については絶対的効力が他の連帯債権者にも及ぶ（433条）。

　連帯債権者の１人に生じたこれら以外の事由については，他の連帯債権者に効力は及ばない（相対的効力。435条の２）。

第５節　連帯債務

1　連帯債務とは

連帯債務は各債務者が全部給付義務を負う

　たとえば，共同で月刊誌の制作・編集をしているＢ・Ｃ・Ｄが，その資金として，Ａから共同で3000万円借り受けたとする。このような場合，Ｂ・Ｃ・Ｄが連帯債務と明示して借り受けた場合はもちろん，そうでなくても，連帯債務として認定されることになろう。連帯債務となると，債務者Ｂ・Ｃ・Ｄの各自が，債権者Ａに対して，各1000万円の分割債務ではなく，3000万円全額を弁済する義務を負うことになる。逆に，Ａは，Ｂ・Ｃ・Ｄの各自に3000万円全額の弁済を請求できる。

　このように，連帯債務とは，複数の債務者が，同一の給付内容について，各自独立してその全部の給付を行うべき債務をいう。もっとも，そのうちの１人が全部の給付をすれば，他の債務者も債務を免れる。

連帯債務は複数の独立した債務である

連帯債務は，同一の内容の給付を目的とするが，債務者の数に応じた複数の独立した債務である。したがって，各債務の態様が異なっても成立しうる。たとえば，Ｃの債務についてのみ保証人を立てることもできる。また，債務者の１人について法律行為の無効や取消しの原因があっても，他の債務者にその影響は及ばない（437条）。

連帯債務者相互間には負担割合がある

たとえば，上述の例のように，Ｂ・Ｃ・Ｄが，共同事業の資金として，連帯してＡから3000万円を借り受けたとする。かりに，Ｄがその事業の準備費用としてあらかじめ1200万円の出費をしており，これと借入金とあわせて総額4200万円の資金で３人の事業がスタートしたとする。この場合，平等の出資で事業を始めるとの特約があれば，Ａからの借入金3000万円については，最終的には，ＢとＣとが1400万円ずつ負担し，Ｄは200万円を負担すればよいことになろう。

連帯債務の場合，債権者に対しては各自が全部の履行義務があるが，連帯債務者間では，お互いに財産的負担（出捐）を分担するということが想定されている（内部関係）。連帯債務者各自の負担割合（負担部分）は，債務者間で特約があればそれによる。特約がなければ，その連帯債務以外の財産的負担や各自が受ける利益などの事情を勘案して決まることになる。債務者間での特約や特別の事情がなければ，各自平等の割合で負担すると解される。後述するように，たとえば，ＢがＡに対して債務を弁済したときは，Ｂは，ＣとＤに対してそれぞれの負担部分に応じて，求償権を有する（442条１項）。

2 連帯債務の成立

法律の規定による連帯債務の成立

　複数の債務者がいる場合に，その債務が連帯債務になるのか否かについては，まず，法律によって規定されている場合がある。たとえば，日常家事に関する債務については，夫婦が連帯して責任を負う（761条）。商法では，数人の者が商行為によって債務を負担したときは連帯債務となることを原則としている（商511条1項）。なお，共同不法行為についても各自連帯して責任を負うと規定されている（719条）。

合意による連帯債務の成立

　法律の規定がなくても，債権者Aと複数の債務者BとCとの間で，その債務を連帯債務とする旨の合意（契約）があれば，連帯債務となる。

　合意による連帯債務の成立について，判例は，民法の規定が分割債務を原則としていること（427条）に重きをおいて，連帯債務となるにはその旨の明示または黙示の意思表示（連帯の特約）が必要であるとして，容易にその認定をしない傾向にある。これに対しては，連帯の意思表示の存否を厳格に判断すべきではないとする批判的な見解が多数を占めている。たとえば，共同で機械を購入する場合の代金債務や共同事業のために運転資金を借り入れる場合の借入債務などを考えると，通常は連帯債務となると解すべきである。少なくとも，連帯債務とする旨の黙示の意思表示については，その認定を緩やかに判断すべきであると解される。

3 連帯債務の効力

債権者は連帯債務者の1人に全額請求することもできる

　たとえば，Aが，B・C・Dに対して事業資金として3000万円を貸し付けたとする。これが連帯債務であると判断されるなら，この場合，前述のとお

り，Aは，B・C・Dの各自に対して，3000万円の全部の支払を請求できる。すなわち，Aは，そのうちの1人に対して請求することもできるし，全員に対して，同時にあるいは順次に請求することもできる。また，全部でなく一部，たとえば1000万円だけを請求することもできる（436条）。

　債権者Aは，もちろん，合計して3000万円を超える額の弁済を受けることはできないが，B・C・Dのうち，容易に弁済が得られそうな債務者に対して請求して，債権の実現をはかることができるのである。

連帯債務者の1人について生じた事由は

　連帯債務は，それぞれの債務は独立しているが，債務者B・C・Dの各自が協力して，債権者Aに対して，その債務（たとえば3000万円）を弁済するという関係を前提としている。このことから，民法にはとくに規定がないが，連帯債務者の1人Bが弁済すれば，もちろん他の連帯債務者CとDにもその効力は及び，弁済された分については，債務を免れる。債務者の1人によって，代物弁済（482条）や供託（494条）がされた場合もこれと同様である。債務者の1人によって履行の提供（413条）や弁済の提供（492条）がされた場合の効果も，他の債務者にも及ぶ。

　さらに，民法は，債務者の1人について生じた事由のうち，更改，相殺，混同については，他の債務者にも影響を及ぼすとしている（絶対的効力。438条〜440条）。これらは，弁済の場合と同様に，債権者の債権を満足させるという実質をもっているからである。たとえば，連帯債務者の1人Bが相続などによって債権者Aの地位を承継した場合は，混同（520条）が生じ，Bは弁済したものとみなされる（440条）。したがって債務は他の連帯債務者C・Dのためにも消滅し，BはCとDに対して求償権を取得することになる。

連帯債務者の1人が債権者に対して相殺できるときは

　連帯債務者の1人であるBが債権者Aに対して，かりに1500万円の売買代

金債権を有していたとすれば，Aの3000万円の請求に対して，Bは対当額で相殺することができ（505条），他の連帯債務者CもDもその分だけ債務を免れ，B・C・Dは残る1500万円の連帯債務を負うことになる（439条1項）。

それだけでなく，Bが相殺の意思表示をしない間は，CとDは，Aの請求に対して，Bの負担部分の限度で（平等割合とすると1000万円分），履行を拒むことができる（同条2項）。

連帯債務者の1人に対する免除や判決などは他の債務者に影響しない

以上に述べた事由以外の事由は，他の連帯債務者に対しては，影響を及ぼさない（相対的効力といわれる。441条）。すなわち，連帯債務者の1人に対する免除（519条），連帯債務者の1人に生じた時効の完成猶予や更新（147条以下），連帯債務者の1人の過失・遅滞，あるいは，連帯債務者の1人に対して下された判決などは，他の連帯債務者に影響しない。

ただし，債権者と他の連帯債務者の1人が別段の意思を表示したときは，その意思に従って当該他の連帯債務者にも効力が及ぶ（441条ただし書）。たとえば，債務者の1人に対して時効の更新の手続をとれば他の債務者にもその効力が及ぶとの合意をあらかじめすべての連帯債務者としておけば，債権者の負担は軽減される。

弁済をした連帯債務者は他の連帯債務者に対して求償できる

弁済をした連帯債務者Bは，他の連帯債務者CとDに対して，負担部分（負担割合）に応じて求償することができる。これは，弁済したときだけでなく，代物弁済，供託，相殺等により自己の財産をもって，総債務者のために債務を免れた（共同免責を得た）ときも，同様である（442条1項）。

連帯債務者の1人Bが，自己の負担部分に達しない額を弁済した場合であっても，その部分については連帯債務者全員が債務を免れるのであるから，Bは，CとDに対して，その負担割合に応じて求償できる（442条1項）。連

　連帯債務者は債権者との関係では全部給付義務を負っているが，他の連帯債務者との内部的な関係では負担部分がゼロの場合もある。連帯債務者の中に償還する資力のない者がある場合の連帯債務者間の求償権についての444条2項が，「求償者及び他の資力のある者がいずれも負担部分を有しない者であるときは……」との規律をおいていることは，そのような者が存在することを当然の前提としている。負担部分のない連帯債務者というのは，実質的には連帯保証人に近い役割を果たしていることになる。もっとも，負担部分のある連帯債務者に生じた事由の負担部分のない連帯債務者への影響関係のほうが，主たる債務者に生じた事由の保証人への影響関係よりも，絶対的効力がやや少ない点に注意が必要である（→80頁の**表5-1**）。

帯債務の総額を上回る価額の美術品を代物弁済に供したような場合には，連帯債務者として共同で免責を得た額（すなわち，債務総額）より支出した財産の額が上回るが，求償できるのは免責を得た額の負担割合に応じた額になる（同条同項）。なお，求償できる範囲には，免責を得た日以降の法定利息，弁済費用や訴訟費用など出費せざるをえなかった費用，その他の損害賠償も含まれる（同条2項）。

弁済する債務者は他の債務者に事前・事後の通知が必要

　連帯債務者の1人Bが共同免責を受けうる弁済等をした場合，他の債務者CとDに大きな影響を及ぼすことになるため，注意が必要である。たとえば，CがAに対する反対債権を有しており，相殺をするつもりであったということもある。そこで，民法は，弁済等をする債務者Bは，CとDに対して事前に通知すべきことを規定し，これを怠った場合には，Bは，一定の範囲で求償権が制限されるものとしている（443条1項）。また，連帯債務者の1人が弁済をしたことを他の連帯債務者に通知しなかったために，他の連帯債務者が知らずに二重に弁済することもある。このような場合，他の連帯債務者は自らの弁済を有効であったとみなして，最初に弁済した連帯債務者に求償できる（443条2項）。

　抵当権の設定など特定の「物」から優先的に弁済を受ける担保方法を「物的担保」という（→本シリーズ物権〔第2版〕**第6章〜第10章**の担保物権）。保証は，特定の財産から債権を優先的に回収するのではなく，「保証人」の一般財産を債務者のそれに追加することにより，債権の実現を強化する担保方法であり，「人的担保」といわれる。抵当権のような物的担保の場合は，その設定された範囲で目的物から確実に債権の実現ができるが，保証の場合は，保証人の一般財産の多寡・増減によって，実現できる額は左右されることになる。

　金融機関等が貸付けをする場合，債権回収のリスクを回避するために，従来は，債務者等の有する不動産につき抵当権の設定を受け，あるいは，連帯保証人を立てさせるなどの担保方法がとられてきた。しかし，不動産価格の激しい変動によって物的担保への信頼が揺らいだり，また，物的担保や保証という担保提供に依存することは，貸付額がそれに拘束され，合理的な融資判断の妨げになるという認識が少しずつ一般化してきている。今日では，とくに企業に対しては担保提供を受けない貸付けが行われる例も増えてきている。たとえば，債務者の財務情報や企業活動に関する一定の情報を組み合わせた企業情報データベースを駆使しながらリスクを評価し，貸付けの可否や貸付額の判断が行われることも少なくない。

表5-1　多数当事者の債権および債務における影響関係

　多数当事者の債権および債務において債権者・債務者の1人に生じた事由の効力が他の債権者・債務者に及ぶかどうかを一覧表にすると以下のようになる（完全に及ぶ〇，負担割合や持分割合の限度で及ぶ△，まったく及ばない×）。

	弁済	更改	免除	相殺	混同	時効
分割債権	×	×	×	×	×	×
分割債務	×	×	×	×	×	×
不可分債権	〇	×	×	〇	×	×
不可分債務	〇	〇	×	〇	×	×
連帯債権	〇	△	△	〇	〇	×
連帯債務	〇	〇	×	〇	〇	×
保証債務（主たる債務者に生じた事由）	〇	〇	〇	〇	〇	〇
保証債務（連帯保証人に生じた事由）	〇	〇	×	〇	〇	×
保証債務（単純保証人に生じた事由）	〇	×	×	〇	×	×

連帯債務者の１人が無資力になったときの求償権は

　また，弁済者Ｂが求償を求めても，連帯債務者のうち償還する資力がない者があるとき，たとえばＣが倒産して無資力となったようなときには，Ｃが償還をすることができない部分については，求償者Ｂと他の債務者Ｄとが，各自の負担部分に応じて負担する（444条１項）。債務額が3000万円で各自の負担部分が1000万円であっても，Ｃが無資力になれば，ＢとＤとの負担額をそれぞれ1500万円として処理することになる。連帯債務者の１人の無資力のリスクを，弁済等をした求償者だけに負わせないという趣旨である。

第６節　保証債務

1　保証債務とは

保証債務は債権者に対する債務

　保証は，債務者の弁済がないときに，特定の者（保証人）に弁済を求め最終的にはその者の一般財産から回収できるとするものである（人的担保）。特定の物について優先弁済権を確保しておく抵当権など（物的担保）とならんで，債権担保のための主要な手段である。

　たとえば，ＡがＢに対して1000万円を貸し付ける。その際，Ｂの債務の弁済を確実にするために，第三者ＣをＢの債務の保証人として立てるということはよくあることである。この保証人Ｃの債権者Ａに対する債務が保証債務であり，ＡＣ間の契約が保証契約である。この場合，債務者Ｂの債務を，とくに「主たる債務」といい，Ｂを「主たる債務者」という。保証では，債務者Ｂの依頼に応じてＣが保証人となることが多いが，このＢＣ間の契約は「保証委託契約」であり，これを「保証契約」とはいわない（→82頁の**図5-1**）。

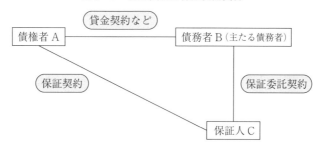

図 5 - 1　保証契約と保証委託契約

保証債務は主たる債務とは独立した債務

　保証契約が締結されると，もし主たる債務者Bによって債務の履行がされ なければ，保証人Cは債権者Aに対してその履行をする責任を負うことにな るから（446条），保証債務は主たる債務を担保する債務である。保証人の債 務は主たる債務者の債務とは独立した別個の債務であり，別々の契約によっ て成立し，また，主たる債務とは別の原因（免除，消滅時効など）によって消 滅することもありうる（独立債務性）。

保証は「連帯保証」であることが大半である

　保証については，民法は，保証一般（普通保証とか単純保証とよばれるが，実 務では連帯保証が普通になっているので，以下では単純保証と表記）について規定 し（446条以下），そのなかに，保証の特別の形態として連帯保証についての 規定をおいている。連帯保証は，連帯とする旨の債権者と保証人との間の特 約によって成立する。主たる債務が商行為によって発生したものであるとき， あるいは，保証契約が商行為にあたるときには，その保証は特約がなくても 当然に連帯保証となる（商511条2項）。しかし，商行為に関連する保証か否 かにかかわらず，一般に，貸金債務の保証であれ賃料債務の保証であれ，保 証はより担保的な効力が強い連帯保証としてされるのが大半であり，事実上 はそれが原則形態となっている。そこで，本節では，連帯保証を中心に保証 についての説明をしていく。

　中小企業が，銀行などの金融機関から融資を受けようとしても，なかなか融資を得ることが難しかったり，融資額や融資条件において不利になったりすることが少なくない。このような状況に対応するため，たとえば，中小企業の信用力を補完し資金調達を円滑にすることを目的としてその債務を保証する機関として，「信用保証協会」（信用保証協会法に基づく認可法人。各都道府県を中心に51法人ある）がある。そこでは，「協会」が，事業者の委託に基づいて金融機関に対して信用保証（債務保証の承諾）を行い，協会は，融資を受ける事業者から信用保証料を受け取るというプロセスで行われる。貸金債務の弁済ができなかった場合には，「協会」が肩代わりして金融機関に弁済し，「協会」はその弁済額を事業者から回収する。

　このような機関による債務保証を「機関保証」とよんでいる。日本学生支援機構による奨学金貸与などについても，同様に，連帯保証人を必要としない特定の保証機関による保証のしくみが用意されている。

　このような，いわば公的な制度としての機関保証だけではなく，今日では，民間の保証会社によるビジネスとしての債務保証も広く行われている。たとえば，不動産の賃貸借契約の締結に際しても，賃借人は，知人や同僚などに頼んで連帯保証人になってもらうことなく，保証会社に保証料を支払って賃料債務等の保証をしてもらうことも少なくない。もっとも，弁済した保証会社が主たる債務者に対して有することとなる求償権について，別途，保証人を要求されることも多い（根保証に関する465条の5参照）。

　家賃保証を業務とする一部の保証会社が，家賃を滞納した賃借人に対して，短期間の滞納であっても，裁判を経ずして，勝手にドアの鍵を交換するなど悪質な手口で借家人を追い出してしまうということがある。これは「追い出し屋」とよばれ，これに対しては，借主の権利保護や家賃保証業等の適正化のための方策が求められている。

2　保証債務の性質

保証債務は主たる債務の存在を前提とする

　保証債務は，独立した債務ではあるが，主たる債務の履行を担保することを目的とする債務であるから，当然，主たる債務の存在を前提とする。これを，保証債務の付従性という。具体的には，貸金契約で債権者Aから債務者Bに金銭の交付がなかったような場合，すなわち，主たる債務が成立していなければ保証債務も成立しないし，主たる債務が消滅すれば保証債務も消滅

する。また，たとえば一部弁済がされるなど，主たる債務に変更が生じれば，保証債務の内容にも当然に変更が生じる（発生・変更・消滅の付従性）。

債権が譲渡されると保証債務も移転する

保証債務は，主たる債務の実現を確保すること，すなわち債権担保を目的とするものであるから，たとえば，被担保債権であるＡの貸金債権がＤに譲渡された（466条）としても，保証債務は引き続きこの債権のために担保の役割を果たすことになる。すなわち，保証人Ｃに対するＡの債権も当然にＤに移転する。これを，保証債務の随伴性という。この場合，ＡからＤへの債権譲渡につき債務者対抗要件が具備されれば（467条１項→108頁〜110頁），Ｃに対して通知などがされなくても，Ｄは，Ｃを保証人として保証債務の履行を求めることができる。

なお，Ｂの負担する債務と同一の債務をＥが負担し，Ｂは自己の債務を免れる場合（免責的債務引受。472条→121頁〜123頁）は，Ｅの資力により保証人Ｃの負担は大きく変わることから，Ｃがとくに同意しないかぎり，保証債務は消滅する（472条の４第１項ただし書。同条３項で準用）。

保証人は「まず主たる債務者に請求を」といえるか

保証人Ｃは，主たる債務者Ｂがその債務を履行しないときにはじめて保証債務を履行する責任を負うと規定されている（446条１項）。これを，保証債務の補充性という。単純保証の場合は，具体的には，保証人Ｃは債権者Ａの保証債務の履行請求に対して，「まず主たる債務者に対して請求するよう」抗弁することができる（催告の抗弁。452条）。もっとも，主たる債務者Ｂが破産手続開始決定を受けたり，あるいは，行方不明になったりした場合には，この抗弁はできない。さらに，債権者Ａが保証人Ｃの財産に対して強制執行をしてきた場合にも，Ｃは，主たる債務者Ｂに資力があってかつ執行が容易であることを証明して，「まず主たる債務者の財産に対して執行するよう」

抗弁することができる（検索の抗弁。453条）。

　しかし，連帯保証の場合には，このような抗弁権を行使できない（454条）。連帯保証人は，債権者が主たる債務者に請求することなく，いきなり請求してきてもこれに応じなければならないし，いきなり強制執行をされても，主たる債務者の資力などにかかわりなく，これを甘受しなければならない。

3　保証債務の成立

保証契約は書面でしなければ効力を生じない

　保証債務は，債権者Ａと保証人Ｃとの間の保証契約によって成立する。もちろん前述のとおり，主たる債務が成立していなかったり，すでに消滅しているときには，保証債務も成立しない（成立の付従性）。

　保証契約は書面でしなければその効力を生じない（要式契約。446条2項）。本来，契約は書面によらなくても有効に成立するのが民法の大原則である（522条2項）が，保証は保証人が一方的に義務を負担するものであることから，保証の意思が外部的に明確になっている場合にかぎりその拘束力を認めるべきであるという趣旨によるものである。債権者と保証人間の契約書の形式ではなく，保証人となる旨の書面を保証人が債権者に差し入れる形式であってもよいと解される。また，保証契約が電子メールなどの電磁的記録によってされたときは書面でされたものとみなされ，それも有効である（446条3項）。

主たる債務者と保証人との約束は保証契約に直接には影響しない

　保証においては，多くの場合，Ｃは主たる債務者Ｂに頼まれて，その結果保証契約を結ぶことになるが，このＢとＣとの間の依頼・承諾の事情は，ＡＣ間の保証契約の内容とはならない。「他に物的担保があり，有力な連帯保証人がいるから迷惑をかけない」などの主たる債務者Ｂの言を信じてＣが保証人になったとしても，とくに法律行為の基礎とした事情についての錯誤でそのことが表示されている場合（95条1項2号・2項）や第三者による詐欺

（96条2項）にあたらないかぎり，ＡＣ間の保証契約の効力には影響しない。

　もっとも，事業のための債務の保証の委託をするときは，主たる債務者は，委託を受けて保証人となろうとする個人に対して，主たる債務者の財産と収支の状況，主たる債務以外に負担している債務の有無・履行状況，物的担保や他の保証人の有無や内容等に関する情報を提供しなければならない（465条の10第1項）。主たる債務者が情報を提供せず，または誤った情報が提供されたことにより個人保証人が誤認をして保証契約を締結した場合，そのような事実を債権者が知り，または知ることができたときは，個人保証人は保証契約を取り消すことができる（同条2項）。この規定は，上記の95条1項2号・2項の趣旨を，保証契約において具体化したものと位置づけることができる。

保証人となる資格は

　保証人となるためには，とくに資格が要るわけではない。しかし，債権者Ａと主たる債務者Ｂとの間の合意によって，あるいは法律の規定（29条1項・576条等参照）によって，ＢがＡに対して保証人を立てる義務を負っている場合には，保証人は，行為能力者であること，弁済をする資力を有することが資格要件となっている（450条1項）。

主たる債務者が未成年者等である場合は

　たとえば，Ａから10万円を借金したＢが未成年者等の制限行為能力者であっても，Ａと保証人Ｃとの保証契約自体は有効に成立する。ＡＢ間の契約が未成年者等であることを理由に取り消されたときには，保証契約も同様に有効に成立しなかったことになる。しかし，この場合，Ｂによる取消しのリスクをＡＣのいずれが負担するべきかという問題が残る。民法は，保証人Ｃが主たる債務者Ｂが未成年者であることを知ってあえて保証人となった場合には，保証人Ｃが「同一の目的を有する独立の債務を負担したものと推定す

る」として，Cの負担とする旨の規定をおいている（449条）。

4　保証債務の内容と効力

保証債務は損害賠償など従たるものにも及ぶ

　保証債務の内容は，保証契約によるが，保証債務は，その内容や態様において，主たる債務より重いことは許されない。より重い場合には，保証債務の内容や態様も主たる債務の限度に縮減される（内容の付従性。448条1項）。保証契約の締結後に主たる債務の内容や態様が加重されたとしても，保証人の負担は加重されない（同条2項）。もっとも，保証債務の内容には，主たる債務に関する利息，違約金，損害賠償その他すべての従たる債務も含まれる（447条1項）。また，保証債務についてのみの違約金や損害賠償額の特約も有効である（同条2項）。

　さらに，ＡＢ間の契約についてＣが債務者Ｂの保証人となったが，ＡＢ間の契約が解除された場合には，保証債務は，ＢのＡに対する損害賠償義務（545条4項）だけでなく，代金返還義務等の原状回復義務（同条1項）にまで及ぶと解されている（→**ケースのなかで6**）。

　なお，契約解除ではなく，ＡＢ間の契約が詐欺・強迫などを理由に取り消された場合には，成立における付従性がそのまま働き，保証債務はＢの原状回復義務（121条の2第1項）にまでは及ばないとされている。また，Ｃがその取消原因を知って保証した場合であっても，制限行為能力を原因とする取消しの場合とは異なり，Ｃは，主たる債務者Ｂに肩代わりして債務負担することはないと解されている（449条の反対解釈）。

> **ケースのなかで 6　保証債務は解除による原状回復義務にも及ぶ**
>
> 　Ｘは，Ａから畳・建具等を買い受ける契約をＡと締結した。その際，Ｙは，売主であるＡの債務を保証することをＸに約した。Ｘは，代金をＡに支払ったが，Ａから畳・建具等の引渡しがなかったので，ＸＡ間の売買契約を解除し，Ａに対して，原状回復として支払った代金の返還を請求し，Ｙに対して，保証人として，

同額の支払を求めて訴えを提起した。裁判所は，特定物の売買における売主の債務の保証は，その契約から直接生ずる給付義務そのものというよりも，債務不履行に基因して負担することがありうる債務について責任を負うという趣旨であるとし，保証人は，主たる債務者の債務不履行に基づく損害賠償義務についてはもちろんのこと，反対の意思表示のないかぎり，解除された場合の原状回復義務についても責任を負うとする判断を示した。

《売主の保証人，付従性，契約解除，原状回復義務……最大判昭40年6月30日》

保証人は主たる債務者の有する抗弁を援用できる

保証人Cは，主たる債務者Bが債権者Aに対して有する抗弁を援用することができる（457条2項）。たとえば，CがBのAに対する売買代金債務について保証人となった場合，BがAに対して同時履行の抗弁権（533条）を行使しうるときは，保証人Cも，Aに対してこのBの抗弁権を行使しうる。

主たる債務者が債権者に対して，相殺権，取消権，解除権を有する場合，もしこれらの権利を主たる債務者が行使すれば責任を免れる限度において，保証人は債権者に対する債務の履行を拒むことができる（457条3項）。

主たる債務が時効により消滅した場合も，保証人はこれを援用することができる（145条）。

主たる債務者に生じた事由は保証債務にも効力が及ぶ

主たる債務者に生じた事由は，保証債務の付従性から，保証債務を加重するものでないかぎり，原則としてすべて保証人にも効力が及ぶ。たとえば，主たる債務者に対する履行の請求その他の事由による時効の完成猶予または更新は，保証人にもその効力が及ぶ（457条1項）。主たる債務者の承認による時効の更新（152条1項）の場合も同様である。主たる債務者からの弁済期の延期の申入れにより承認があったとされる場合，そこで新たな弁済期の合意があれば，主たる債務の消滅時効の新たな起算点は承認の時ではなく新たな弁済期となるが，保証債務の消滅時効の新たな起算点も同様となる。

連帯保証人に生じた事由は主たる債務者にも効力が及ぶ場合がある

　保証人に生じた事由は，原則として，弁済やその他債務を消滅させるものを除き，主たる債務者には効力は及ばない。たとえば，保証人が債務承認をして保証債務の消滅時効が更新されても，主たる債務の時効の進行には影響しない。主たる債務者に債権譲渡の通知をすれば保証人にも対抗できるが，保証人に債権譲渡の通知をしても主たる債務者に通知したことにはならない。

　連帯保証の場合には，連帯債務の規定が準用され，連帯保証人について生じた事由のうち，更改（438条），相殺（439条1項），混同（440条）については，それぞれの規定の内容に応じて，主たる債務者にも影響を及ぼす（絶対的効力。458条）。もっとも，相殺は弁済と同様に主たる債務を消滅させるものであるから，単純保証の場合であっても主たる債務に効力が及ぶ。単純保証の場合，更改は，主たる債務に効力を及ぼす旨の特段の合意がなければ，効力は及ばないし，混同は，債権者と保証人が同一人となって保証債務が消滅するだけで，主たる債務の弁済とはみなされないので，単純保証人は債権者としての立場で債権を行使することになる。

債権者は保証人に対して一定の情報を提供する義務がある

　保証契約の継続中，主たる債務者の委託を受けて保証をした保証人から請求があったときは，債権者は，保証人に対して，主たる債務者の債務不履行の有無や元本・利息等の残額，そのうち弁済期の到来しているものの額についての情報を提供しなければならない（458条の2）。

　また，主たる債務者の委託の有無を問わず，主たる債務者が履行遅滞等で期限の利益を喪失した場合には，2か月以内にその旨を保証人（個人の場合に限る）に通知しなければならない（458条の3）。

　これらの情報提供義務の目的は，保証人に適時の保証債務の弁済の機会を与えることによって，その負担の増大を防止することにある。

★ コラム㉛：事前の求償権って何？

　保証人Ｃは，債権者Ａに債務を弁済すれば，当然，主たる債務者Ｂに対して求償することができる。民法は，Ｃが委託を受けた保証人である場合には，Ｃは，Ｂに対して，あらかじめ，すなわち弁済をしない段階でも，求償できると規定している（事前の求償権。460条）。しかし，ＢがＣからの求償に応じてＣに債務額相当の金銭の支払ができるくらいなら，ＢはＡに弁済すれば済むことである。事前の求償権の規定は，このようにＢがＣからの求償に応じるという状況を想定しているわけではない。

　たとえば，主たる債務者Ｂが弁済期に弁済できないでそのまま倒産したとする。この場合，もし，弁済してはじめて保証人Ｃに求償権が発生するとなると，Ｃは，債権者Ａに対しては保証債務を負担したままでありながら，Ｂの残余財産等に対してはなんら権利を有しないことになる。そこで，委託を受けた保証人の場合には，Ｂの債務が弁済期にあるとき等（460条１号～３号）において，Ｃはあらかじめ求償権を行使できるとして，Ｂに対する債権者としてのＣの地位を確保する必要があり，そのために規定がおかれているのである。

保証人が債権者に弁済した場合は主たる債務者に求償できる

　保証人Ｃが主たる債務者Ｂに代わって債権者Ａに弁済するなどして債務を消滅させた場合は，保証人Ｃは主たる債務者Ｂに対して求償できる（459条）。保証人Ｃの弁済は，ＡＣ間の保証契約に基づく自らの債務の履行であるが，主たる債務者Ｂとの関係では他人の債務の弁済であり，最終的な負担はＢに帰すべきものだからである。Ｃが連帯保証人であっても，Ｃには負担部分はなく，逆に，主たる債務者が弁済してもＣへの求償の問題は生じない。

　保証人Ｃが主たる債務者Ｂから委託を受けて保証人になっている（保証委託契約がある）場合は，保証人の求償権は，委任事務処理のための費用償還請求権であるということになる（650条）。主たる債務者Ｂが関与することなく債権者Ａと保証人Ｃとの間で保証契約が締結されることもあるが，この場合は，保証人の求償権は，事務管理費用の償還請求権（702条）の性質を有することになる。主たる債務者の意思に反しても保証はできるが，その場合の求償権は，支出利得型の不当利得の返還請求権（703条）の性質を帯び，求償時に現存する利益に限定される（462条２項）。

　民法は，主たる債務者の債務の存在を前提とし，これを担保するという保

証の機能に着目して，保証人の求償権については，委任契約や事務管理・不当利得の規定を修正する内容の特別規定を設けている。そこでは，保証人による弁済等があった場合の事後の求償権に加えて，事前の求償権についても，やや詳細な規定がおかれている（459条〜463条）。

5 共同保証

共同保証には3つの形態がある

たとえば，BのAに対する債務について，CとDなど複数人の保証人がいる場合がある。この場合を共同保証という。この共同保証には3つの形態がある。まず，これら保証人CとDが，主たる債務者Bとの関係で，①単純保証人である場合と，②連帯保証人である場合とがある。さらに，③保証人CとDが，Bとの関係では，単純保証人であるが，保証人間が連帯関係にある場合（465条1項）がある。この③の場合をとくに保証連帯という。

共同保証では，①単純保証人の場合は，各保証人CとDは債権者Aに対しては平等の割合で分割された額についてのみ負担すればよい（分別の利益。427条。456条で準用）。②連帯保証人の場合と③保証連帯の場合は，保証人CとDは，それぞれ保証した債務額の全額について責任を負う。すなわち，これらの場合は，CとDには分別の利益がない。なお，主たる債務の目的が不可分であるときは，①②③いずれの場合でも各共同保証人に分別の利益はない（465条1項）。

③の保証連帯の場合は，②の連帯保証人の場合と異なり，①の単純保証人の場合と同様に補充性があり，保証人CとDは，Aからの請求に対して，催告・検索の抗弁権（452条・453条）で対抗できる。

共同保証人相互間の求償関係

共同保証人の1人Cが，自己の負担部分を超えて債権者Aに弁済したときは，単純保証人である場合でも，他の共同保証人Dに対して求償権を取得す

　現在，大学生の多数が日本学生支援機構の奨学金を受給しており，卒業後に多額の返済債務を負担している。主たる債務者である学生は，奨学生として採用されるに際して，1人の連帯保証人と1人の単純保証人を立てることを求められる。親が連帯保証人となり，親戚や親の知人に頼んで単純保証人になってもらうことが多い。本人に十分な収入がなく返済できないと，連帯保証人である親に請求が行く。親も経済的に困窮していると，家族ではない単純保証人に残債務全額の請求が行く。

　連帯保証人と単純保証人の2人がいる場合，連帯保証人は残債務全額の返済義務を負うが，単純保証人は分別の利益があるので，残債務額の2分の1以上の返済をする義務はない。ところが，分別の利益は単純保証人の側から積極的に主張する必要があり，債権者から全額を請求することは違法ではなく，そのようなことを知らない保証人が全額を返済しても，弁済自体は有効とするのが従来の通説である。しかし，最近，保証人が分別の利益を知らずに自己の負担部分を超える額の弁済をした場合は，非債弁済となって不当利得の返還請求が可能であるとの下級審裁判例が現れている（上告せずに確定）。

　分別の利益の効果についての解釈は分かれるとしても，大学教育を支えるという公的役割を果たしている学生支援機構としては，個人保証人に依存しない機関保証を積極的に活用すべきであり，また，単純保証人には分別の利益が存在しているので全額を返済する必要はない旨を説明すべきである。

る（462条。465条2項で準用）。共同保証人が分別の利益のない連帯保証人や保証連帯である場合，保証人の1人Cが，請求された全額または自己の負担部分を超える額を弁済したときは，負担部分がある他の共同保証人Dに対して，連帯債務者相互間と同様の求償権を取得する（442条〜444条。465条1項で準用）。弁済額が負担部分を超えないときには，求償権は生じない。この点では，連帯債務の場合とは異なる。

6　根　保　証

継続的な取引から生じる将来の債務を保証する

　Aが製造する製品を一定期間継続的にBに納品し，その間に発生するBのAに対する売買代金債務についてCが保証人になったり，A銀行とBとの銀行取引（当座貸越契約等）によって一定期間に生じるBのAに対する貸金債務

についてCが保証人になったり，AからBが建物を賃借する際にCが賃借人Bの保証人になったりすることがある。このように「一定の範囲に属する不特定の債務を主たる債務とする保証契約」を根保証契約（465条の2第1項）とよんでいる。根保証は，通常，「3年間で2000万円まで」というように保証期間と保証限度額（極度額という）を定めて契約される。

　根保証は，AB間の継続的取引関係に基づいて発生・消滅を繰り返す不特定債務を，Cがまとめて1つの契約で保証するものであり，債権者Aにとっては便利な方法ではあるが，保証人Cにとっては，長期にわたり大きな負担を課されることにもなる。そこで，民法には，根保証契約のうち個人が保証人となる（すなわち法人を除く）場合について，保証人の責任を制限する規定が設けられている。ここでは，まず，この「個人根保証契約」の場合の規定について整理する（465条の2〜465条の5）。なお，個人根保証契約のうち，主たる債務に金銭の貸渡しおよび手形の割引を受けることによって負担する債務が含まれているものを特に「個人貸金等根保証契約」という（465条の3）。貸金等の債務は過大になりやすいことから，特に個人根保証人の保護が強化されている。

個人根保証契約では極度額の定めが必要である

　根保証では，「AとBとの間で発生する一切の債務を保証する」というような契約がされることがある（包括根保証）が，取引の種類や範囲が限定されていないというだけでは，一般に根保証が無効になるわけではない。しかし，個人根保証契約においては，個人が無制限に責任を負うことのないよう，極度額の定めのない根保証は無効であるとされている（465条の2第2項）。

個人根保証人が死亡した場合には根保証の元本は確定する

　保証人が死亡したときは，個人根保証以外の保証の場合であれば，被相続人が負担する保証債務を相続人が相続するが，個人根保証契約については，

★ コラム㉝：「身元保証」って何？

　雇用契約に際して，使用者から被用者に対して，身元保証が求められることがある。身元保証とは，保証人Cが，被用者Bの行為によって使用者Aが受けた損害を賠償する契約である。この身元保証は，その責任が広範であり保証人に思わぬ重い負担が課せられることになりがちである。そこで，「身元保証ニ関スル法律」が制定され（1933年），これによって，身元保証人の責任に一定の制限がされている。

　この法律により，①身元保証の保証期間について定めがないときには，通常は3年，商工見習者の場合は5年とされ（1条），定めがあるときも，5年を超えることはできないとされている（2条）。また，②雇用期間中に被用者Bに不適任事由や不誠実な行いがあったとき，あるいは，身元保証人Cの責任を加重するような任務の変更等があったときには，使用者Aは，Cに対してその旨を通知しなければならず（通知義務。3条），③その通知を受けあるいはその事実を知ったCは，身元保証契約を解約できる（解約権。4条）。④身元保証人の損害賠償責任および金額の認定において，使用者の監督に関する過失の有無，身元保証人となった事由その他一切の事情が斟酌される（責任制限。5条）。⑤この法律に反する特約で身元保証人Cに不利なものは，すべて無効である（片面的強行法規性。6条）。

　身元保証といわれるものには，上記のような被用者の損害賠償債務につき保証するもの（一種の根保証）のほか，これに加えて，被用者の病気による治療費など使用者の被る一切の損害を担保するもの（一種の損害担保契約），被用者の病気などの場合に身柄を引き取るなどの責任まで含むとするもの（とくに身元引受けという）がある。このうち，「身元保証ニ関スル法律」は，その名称を問わず，被用者の損害賠償債務を保証する契約について，すべて適用される。

　また，1人暮らしの高齢者の入院や福祉施設入所に際して，身元保証人が求められることが多い。この場合は，治療費等の経費の支払の保証のみでなく，緊急時の連絡先，死亡した場合の遺体や遺品の引取りなども求められることがある。

保証人の死亡によって元本が確定し（465条の4第1項3号），相続人はその確定した主債務についてのみ保証債務を承継することになる。すなわち，保証人であった被相続人の死後に生じた主たる債務については，保証人の相続人は保証債務を負わない。

個人貸金等根保証の保証期間は制限される

さらに，個人貸金等根保証契約については，保証期間についても，一定の制限がある。将来変動する債務額について，保証人が負うべき債務の元本の確定すべき期日（元本確定期日）について，あらかじめ定める場合には個人貸金等根保証契約の締結後５年以内としなければならず，それを超える定めがあった場合は定めがなかったものとされ（465条の３第１項），元本確定期日の定めのない場合は，根保証契約締結の日から３年を経過する日とされている（同条２項）。賃金等根保証ではない個人根保証，たとえば賃貸借契約における賃借人の債務の保証では，このような保証期間の制限はない。

法人が根保証人で個人がその求償債務の保証人となった場合

法人Ｃが保証人となる根保証については，極度額の定めがなくても有効であるし，元本確定期日に関する上記のような制約はない。しかし，保証会社等の法人ＣがＢのＡに対する継続的債務について根保証人となり，Ｃが債権者Ａに弁済をしたときの債務者Ｂに対するＣの求償権について，個人であるＤが保証人になるような場合がある。このような場合には，Ｃの根保証債務について極度額の定めがないときは，ＣＤ間の保証契約は無効となるとされている（465条の５第１項・３項）。また，Ｂの債務に貸金等債務が含まれている場合において，元本確定期日等の定めがない場合も，求償債務の保証契約は無効となる（同条２項・３項）。

このように，根保証契約に関しては，求償債務の保証人として個人が関与した場合にも，長期にわたって，また思わぬ重い負担を強いられることのないように，配慮した規定がおかれている。

個人根保証以外の根保証の保証期間の制限と解約権の発生

個人が保証人となる場合の根保証の契約内容の適正化については，個人根保証契約についての民法の規定が，ほぼ問題をカバーするものとなっている。

しかし，法人が保証人となる根保証の場合でも，とくに保証期間の定めのない場合については，保証人の負担が重いものになりがちである。この場合，判例は，相当の期間が経過した後には，保証人は将来に向かって根保証契約を解約できるとし，また，保証人Ｃの主たる債務者Ｂに対する信頼関係が害されるに至った等の相当の理由がある場合には，特段の事情のないかぎり，保証人から債権者に対して一方的に解約の申入れができるとしている（個人保証人保護規定が整備される前の判例であるが→**ケースのなかで7**）。

> **ケースのなかで 7　継続的保証契約は契約後相当期間を経過すれば解約できる**
>
> 　卸売商Ｘは，Ａとの小麦の継続的な売買取引における代金債権について，Ｙを保証人とする期間の定めのない継続的保証契約を締結した。ＡはＹに対して各月の代金額を翌月に報告することを約束していたにもかかわらず，これを怠るなどの信頼関係を損なう行為を繰り返し，また，Ｙの出金が相当の額に達したため，Ｙは，Ｘに対して継続的保証契約の解約を申し入れた。Ｘは，Ｙに対して保証債務の履行を求めて訴えを提起し，Ｙによる解約の無効を主張した。裁判所は，継続的保証契約は，契約後相当期間を経過すれば，債務者の資産状態が著しく悪化した等の事情がなくても，債権者が看過しえない損害を被るような特段の事情がないかぎり，解約することができるとして，Ｘの請求を退けた。
>
> 　　　　　《売買代金債務，継続的保証，解約の申入れ……最判昭39年12月18日》

7　事業に係る債務の個人保証契約

公正証書で保証債務を履行する意思を表示していないと無効となる場合がある

　保証人は，主たる債務者となる他人から頼まれて，あまり深く考えずに軽い気持ちで引き受けてしまい，後々大きな負担を負わされることがある。そこで，民法は，会社や個人経営者が事業のために借り入れた資金の保証人となる個人について，公証人の面前でその意思を確認することによって慎重に行動させるための特別の規定をおいている（465条の6〜465条の10）。

すなわち，主たる債務者が事業のために負担した貸金等債務を主たる債務とする保証契約やそのような債務が範囲に含まれる根保証契約の場合については，その保証契約の締結に先立ち，締結日の前1か月以内に作成された公正証書で，保証人となろうとする個人が保証債務を履行する意思を表示していないと，保証契約が無効となる（465条の6第1項）。

　具体的には，保証人となろうとする個人は，公証人に対して，主たる債務の債権者・債務者，元本・利息等を，さらに連帯保証人となろうとする場合には，債権者が主たる債務者に催告をしたかどうか，主たる債務者が履行できるかどうか，他に保証人があるかどうかにかかわらず，全額について履行する意思があることを口授（口頭で述べること）する。公証人はこの口授を筆記し，その内容を読み聞かせ，または閲覧させる。ついで，保証人となろうとする個人が，筆記の正確なことを承認した後に，署名・押印する。最後に，公証人が，その証書は適式に作成したものであることを付記して，署名・押印するという手続を踏む必要がある（465条の6第2項）。

公正証書の作成が不要の場合もある

　保証人となろうとする者が個人であっても，主たる債務者が法人である場合の役員や議決権の過半数を有する者，また，個人経営者が主たる債務者である場合の共同経営者や主たる債務者の行う事業に現に従事している配偶者については，主たる債務者の経営状況や債務の内容がよくわかっているはずだという理由で，公正証書の作成は不要とされている（465条の9）。

第**6**章　債権譲渡と債務引受

　たとえば，AがBに対して100万円の貸金債権を有しているとする。債権者A
は，この貸金債権をCに譲渡することができる。土地の所有者がその土地の「所
有権」を第三者に譲渡する場合と同様に，Aは，「債権」という財産をCに譲渡
することができるのである。このように，債権者＝譲渡人の意思に基づく譲受人
への債権の移転が「債権譲渡」である。

　債権譲渡は，債権者と第三者との合意だけでできるが，Cが取り立てる前に，
この債権者の交代を債務者Bに対して知らせておくことは必要であろう。また，
Bが債権額の一部をすでに弁済しているような場合，そのようなBがAに対して
主張できた契約上の言い分（抗弁）は，譲受人Cに対しても主張できることにな
ろう。また，債権譲渡は，所有権の譲渡の場合と同様に合意によるのであるから，
対象となる財産権（債権）が二重に譲渡されることも起こりうる。そこでは，物
権変動の場合と同様に，その優劣関係を決めるルール（対抗要件）が必要となろ
う。

　債権譲渡とは逆に，債権者に対する債務者Bの債務を第三者Cが引き受けると
いう内容の合意がなされることもある。これは，「債務引受」とよばれる。債務
引受の場合には，それによって債務者の資力に変動が生じるわけであるから，と
くに債権者の利害に配慮したルールの形成が必要となる。

　債権と債務が発生する契約上の地位を譲渡する場合は，債権譲渡と債務引受を
組み合わせた以上の効力がある。これについては，民法第3編第1章の債権総則
ではなく，第2章の契約の中の第1節総則に第3款として規定がおかれているが，
債権譲渡と債務引受を説明した後の本章で説明することにする。

　この章では，これらについての基本的なルールを学ぶ。

第1節　債　権　譲　渡

1　債権譲渡の機能

債権譲渡は財産権の処分である

　債権は，債権者Ａが債務者Ｂから弁済を受けその役割を終えて，消滅する
のが通常である。債権譲渡では，債権を譲渡して債権者が交代することにな
るが，なぜ，そのようなことが行われるのであろうか。債権譲渡は，債権者
の交代それ自体の実現を目的とするよりも，債権を財産権とみてその処分を
可能にしようとする制度である。

　たとえば，乗用車の所有者は，金策のために手持ちの乗用車をＣに買って
もらったり（売買），その乗用車を担保にＣから資金を借り入れたり（譲渡担
保），あるいは，弁済に代えてその乗用車をＣに譲渡したり（代物弁済）する
ことができる。債権譲渡は，財産権の処分という点では，これと同様の機能
を果たすのである。したがって，債権譲渡という制度は，債権の発生とその
実現に向けられた債権法のほかの制度とは大きく異なり，物権変動に類似す
る構造と機能を有しているといえる。

　債権譲渡を生じる原因行為には，以下に説明するように，売買，譲渡担保，
代物弁済および取立委任などの多様なものがある。

債権を売却する

　具体的にいうと，Ａが，Ｂに対して100万円の売買代金債権を有している
とする。Ａは商品の仕入れ資金が不足し始めているのに，この100万円の代
金債権の履行期は数か月後であるとする。Ａは，額面100万円から金利や手

数料などの分を値引きして，たとえば90万円で，資金の潤沢なＣにこの債権を買ってもらい（債権の売買），早期にこれを換金する。これによって，Ａは，仕入れ資金の不足を回避できる。このように，債権譲渡は，債権という財産を処分して資金調達をすることを可能にする制度なのである。

債権を担保として譲渡する

Ａは，Ｃに債権を売却して換金するのではなく，Ｃからたとえば90万円の融資を受ける形で資金調達をする方法もあり，その場合には，借入金返還債務を担保するため，Ｂに対する100万円の債権をＣに譲渡することがある（債権譲渡担保）。

債権を債務の弁済に代えて譲渡する

たとえば，Ａは，Ｃに対する債務90万円をお金で弁済する代わりに，Ｂに対する100万円の債権をＣに譲渡する，ということもある（代物弁済）。

債権を取立てのために譲渡する

債権者Ａが債務者Ｂに対する債権の取立てを自ら行わないで，第三者Ｃにその取立てをさせることもある。取立てのためであれば，代理人としてＣに債権取立権限を与えることで十分なはずであるが，実際には，債権譲渡という形式を用いて債権取立てが行われることも少なくない。この場合も債権はＣに移転する（取立てのための債権譲渡）。

2 債権の譲渡性

債権は譲渡できる

債権は譲渡することができる（466条1項本文）。ＡはＢに対して有している売買代金債権を，第三者Ｃとの契約によって，Ｃに譲渡することができる。この代金債権は，ＡとＢとの売買契約によって発生したものではあるが，債

権者Aは，債務者Bの承諾なしにこれをCに譲渡できるのである。これが，債権の譲渡性といわれるものである。債権は，とくにそれが契約に基づくものであれば，債権者と債務者との一定の信頼関係のなかで発生したものであり，歴史的にはこの人と人との結びつきを重んじて（法鎖といわれる），その譲渡はローマ法以来長い間容易には認められなかった。しかし，近代法では，債権の財産的価値としての側面が明確に認識されるようになり，その流通の必要性が高まり，債権の譲渡性が承認されるに至ったのである。

　所有権など物権は，直接その物を支配している財産権であり，譲渡性を有することは当然の前提である（206条）。これと異なり，債権の場合は，人的な関係を基礎とするものであることから，譲渡性が承認されても，一定の場合は制限されることがある（譲渡制限。これについては次の項以下で説明する）。

債権の性質上譲渡が制限される場合がある

　債権は，その性質が許さないときは譲渡できず（466条1項ただし書），譲渡されても無効である。ここで性質上許さないというものには，2種類ある。1つには，債権者が交代すれば債権の内容である給付の同一性を維持できないか，または，債権の目的の達成に影響が出る場合を指す。たとえば，AがBに家庭教師をしてもらう契約において，Aが，家庭教師に教えてもらう債権をCに譲渡したとしても，Bは，譲渡を承諾しなければ，Cの家庭教師をする必要はない。そのほか，たとえば，被用者に指揮どおりに働いてもらうという雇主の債権（625条1項）も，雇主が誰かによって働く場所や内容が変わるから，債務者（被用者）の承諾がないと譲渡できない。これらの場合でも，三者間の合意があればもちろん問題ないし，三者間の合意までなくても，債務者の承諾があれば債権譲渡は有効である。

　もう1つは，譲渡されても債権の内容自体には影響しない金銭債権について，法律が譲渡を禁止または制限している場合である。これらの禁止または制限も，「その性質がこれを許さないとき」に含まれる。たとえば，特定の

債権者に対してのみ支給するべきものとされる扶養請求権（881条。より広く処分禁止とする），労働者災害補償請求権（労基83条2項）など数多い。これらの場合には，債務者の承諾や三者間合意があっても，債権譲渡は無効である。

　なお，給料や退職手当などにかかる債権の差押えの禁止（民執152条）については，債権者の生活保障という趣旨から譲渡禁止債権であるとする見解もあるが，債権者の意思に基づかない処分ができないとされているにすぎないから，債権者自ら譲渡することはできるとする見解が通説である。

特約によって債権譲渡を制限しても譲渡は有効である

　性質上の譲渡制限とは異なって，債権者Aと債務者Bの間で譲渡を禁止し，または債務者の同意などの制限を設ける旨の意思表示（通常は特約）をした場合であっても，譲渡は有効である（466条2項）。2017年の民法改正前までは，そのような制限の存在を知っている譲受人への譲渡は無効であるとされていた。しかし，そうした民法の規律が債権の売買や譲渡担保による（とりわけ中小企業の）資金調達の障害になっているという批判に応えて，改正がされた。すなわち，制限違反の債権譲渡は，預貯金債権の場合を除いて（466条の5。→104頁の**コラム㉞**），債権の譲受人が譲渡制限を知っていた場合であっても有効である（466条2項）。

債務者には弁済先を固定する利益がある

　債権譲渡制限特約は，弁済先の債権者を固定しておくことについて，債務者に利益があるから使われている。具体的には，面識のない取立業者による回収を避ける，債権者変更の手続を行う債務者Bの事務の煩雑さや債権者を間違えて弁済する危険を避ける，さらには，Bからの相殺による決済を容易にする——こうした目的で，譲渡制限特約は，主に，銀行取引で広く行われてきた。これが一般の取引にも広がり，継続的な取引における売買代金債権などにもこの特約が付されることも少なくない。

弁済先を固定する債務者の利益にも配慮がされる

　民法は，こうした債務者の利益と債権の譲受人の利益のバランスを図る複数の方法を用意している。

　①抗弁の対抗と履行の催告

　譲受人が譲渡制限を知りまたは重大な過失によって知らなかった場合（悪意または重過失の譲受人と表現する），債務者は，譲受人からの履行の請求を拒絶でき，譲渡人への弁済や相殺などによる債務の消滅を抗弁として譲受人にも主張できる（466条3項）。これに対して，善意かつ無重過失の譲受人に対しては，債務者は，このような抗弁を主張できない。ここでいう重過失とは，通常人がわずかな注意を払えば気づけるのにそれを怠っていたこと，言い換えれば状況からみて譲渡制限を知らないはずはなかったことを意味する。

　また，悪意または重過失の譲受人も，債務者に対して，譲渡人に履行するよう催告することはできる（譲渡人が履行を受ければ譲渡人からその償還を受けられる）。催告後の相当期間内に債務者が履行しないときは，債務者は上記の抗弁を主張できなくなる。すなわち，この場合には，譲受人は債務者に自らへの履行を請求できるようになる（同条4項）。

　②債務者の供託権と譲受人＝債権者の供託請求権

　譲渡制限のある債権が譲渡されたときは，債務者は，譲受人の善意・悪意に関係なく，債務の全額を債務の履行地の供託所に供託することができる（466条の2第1項）。持参債務の場合，債務者は譲渡人の住所地を管轄する供託所に供託することができる。譲受人の住所地にまで持参したり，その管轄地の供託所に供託しなくてもよいのである。

譲渡人に破産手続開始決定があったときは，譲受人は，譲渡制限につき悪意または重過失であっても，債務者に債務全額の供託を請求できる（466条の3）。

　以上のいずれの場合にも，供託をした債務者は，遅滞なく，譲渡人および譲受人に，供託の通知をしなければならない（466条の2第2項）。供託金還付請求権を取得するのは，債権者である譲受人のみである（同条3項・466条の3）。

　③債務者が譲受人に対抗できる抗弁の拡大

　債務者が譲受人に対して主張できる抗弁は，債務者対抗要件が備わる前に存在していた抗弁に限られるのが原則である（後に詳しく説明する→115頁以下）。しかし，譲渡制限が付いた債権が悪意または重過失の譲受人に譲渡された場合においては，債務者の主張できる抗弁が拡張されている。すなわち，債務者は，債務者対抗要件が備えられた後にも，譲受人からの催告後に相当期間が経過する時または譲受人から供託請求がされた時までに譲渡人に対して生じた事由を譲受人に対抗できる（468条2項・469条3項）。

譲渡制限特約は譲渡人の差押債権者には主張できない

　譲渡制限特約によっても差押えのできない財産を増やすことはできないので，譲渡を制限された債権も差押えができるし，譲渡人の差押債権者の善意・悪意に関係なく，差し押さえられた債権は転付命令（→106頁の**コラム**㉟）により差押債権者に移転する（466条の4第1項。預貯金債権についても466条の5第2項）。

　このルールと間違えやすいのが，譲渡を制限された債権の譲受人の差押債権者に関するものである（→106頁の**図6-1**）。譲受人は譲渡により債権を取得しているから差押え自体は可能であるが，債務者は悪意または重過失の譲受人には抗弁を対抗できる。それゆえ，譲受人に悪意または重大な過失があるときは，譲受人以上の権利をもたない差押債権者に対しては，同人が善

★ **コラム㉟：「転付命令」による債権の移転**

　たとえば，債権者Cが債務者Aに対して500万円の債権 α を有しているがそれが弁済されない場合，Cは，AがB（第三債務者という）に対して有している債権 β を用いて債権の回収をはかることができる。この場合，Cは，AのBに対する300万円の売買代金債権 β を差し押さえて，Bから直接取り立てることができるし，さらに，申立てにより「転付命令」を受けて，債権回収をはかることもできる。差押えは第三債務者Bに送達された時点で効力を生じる。さらに差押債権者が求めた転付命令が確定すると，AのBに対する債権 β は，Cに移転し，CのAに対する債権 α は，債権 β の券面額300万円につき弁済されたものとみなされる（→46頁の**コラム⑮**）。

図6-1　2つの差押えの相違

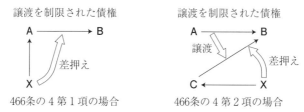

意・無重過失であっても，履行を拒絶し，譲渡人に対する債務消滅事由の抗弁を対抗することができる（466条の4第2項）。

将来発生する債権も譲渡できる

　債権譲渡は，まずは，譲渡の対象となる債権がすでに発生し存在していることを前提としており，発生していれば，履行期が到来していない債権（期限未到来債権）も譲渡の対象となることには問題がない。しかし，将来発生する債権（略して将来債権），たとえば，卸売業者Aが，継続して取引関係のある顧客Bに対して，将来の具体的な取引ごとに発生するはずの売買代金債権をも第三者Cに譲渡することができるだろうか。実務では，第三者Cが，Aへの資金供与に応じるにあたり，それを担保する目的で，AのBに対する将来発生する債権の譲渡を受けること（債権譲渡担保）は，多くみられる。

　判例は，将来債権の譲渡について，債権の発生する可能性が高いか低いか

に関係なく債権譲渡（契約）は有効であるとし，これを肯定した。これを受けて，2017年の民法改正は，将来債権の譲渡可能性を承認し（466条の6第1項），譲受人が後に発生した債権を別段の行為を要せず当然に取得することを定めた（同条2項）。もっとも，譲受人が将来債権を発生時に直接取得するのか，譲渡人にいったん発生する債権が自動的に移転する形で取得するのかには争いがあり，この点は解釈に委ねられている。

債務者が特定していない将来債権も譲渡できる

　将来債権については，さらに，たとえば商品を将来転売して得る売買代金債権のように，譲渡時点で債務者が特定していない将来債権についても，すでに，2004年改正の動産及び債権の譲渡の対抗要件に関する民法の特例等に関する法律（動産債権譲渡特例法と略称される）は，債権譲渡登記によって対抗要件が具備できるものとしていた。このことは，このような将来債権も有効に譲渡できることを当然の前提としている（→115頁）。

3　債権譲渡の成立

債権譲渡は債権者と第三者との合意で成立する

　債権譲渡によって，債権はその同一性を失わないでCに移転する（譲渡人が債権を有している必要がある→108頁の**コラム㊱**）。意思に基づく債権者の交代には更改という制度もある（515条→148頁）。しかし，更改は，旧債務を消滅させて新債務を発生させる契約であり，そこでは債権の同一性は維持されていない。債権譲渡では同一性が維持されるので，譲渡された債権の担保や抗弁事由が付いたまま債権者の交代が可能となる。同一性を絶つ形をとる更改は，債権者を交代させるためにはほとんど用いられない。

　相続や会社の合併などでも，被相続人から相続人へ，あるいは旧会社から合併した新会社へと債権は移転する。これらは，意思に基づく移転ではないので，債権譲渡には含まれない。

　たとえば，Ｃが，ＡからＢに対する300万円の売買代金債権を譲り受けたが，その売買代金債権は，ＡのＢに対する債権ではなく，Ｄ会社のＢに対する債権であり，Ａが無断で（あるいは誤って）Ｃに譲渡したとしよう。この場合，Ｃは，そのことを過失なく知らなかったとしてもこの債権を取得できない。流通を一層保護する必要のある有価証券の場合（117頁）を除いて，債権譲渡一般については，動産の即時取得（192条）に相当する規定はない。

4　債権譲渡の対抗要件(1)——債務者対抗要件

債権者による「通知」または債務者による「承諾」が必要

　債権譲渡が債務者Ｂの関与なしに債権者Ａと譲受人Ｃとの合意のみによって成立し，それによって権利移転するとしても，所有権などの物権の場合とは異なり，債権の場合には，債務者Ｂによる譲受人Ｃに対する給付があってはじめて，権利内容が実現する。そこで，債権譲渡の合意に関与していない債務者Ｂに債権譲渡の効果を及ぼすための方法が必要となる。すなわち，譲受人Ｃは，債権者（譲渡人）Ａから債務者Ｂへの通知か，Ｂによる承諾がなければ，Ｂに対抗できない，と定められている（467条1項）。

　これは債務者対抗要件とよばれ，債務者に対する権利行使の資格を付与するものである。これに対して，後述する第三者対抗要件（同条2項）では，複数の譲受人が債権の帰属を争うような場合に，この通知または承諾を確定日付のある証書によってしなければならないとして，要件が加重されている。逆に表現すれば，債務者に対して債権譲渡の効力を主張するだけであれば，確定日付によらない通知または承諾で足りる。

「通知」は，債権者から債務者にする必要がある

　債権譲渡の通知は，債権が債権者（譲渡人）Ａから譲受人Ｃに譲渡されたという事実を債務者Ｂに知らせる行為である。Ａには，当然，Ｃに対して，Ｂに通知すべき義務があり，Ｃは，Ａに対してＢに通知するよう請求することができる。

　債権者（譲渡人）による通知を要するとされるのは，もし譲受人Ｃから通

知ができるとすると，Aの意思に基づかずに譲受人だと偽って通知がなされるおそれがあるからである。もっとも，現実には，Cが，Aの委任を受けて，Aの名による通知を行うことも少なくなく，有効な委任があればCの行う通知がAによる通知と評価され有効である。

通知の時期は，債権譲渡と同時である必要はない。通知は債権譲渡後でもよい。逆に，債権譲渡する前に譲渡の予約をしてそれを通知しても，その通知は，譲渡されるか否かが明確でない時期におけるものであることから，譲渡の対抗要件にはならないと解されている。これと似ていて異なるのは，将来債権の譲渡の通知である。債権が発生前であっても債権譲渡はすでにその時点で有効に行われているので，譲渡の通知は有効である。467条1項に追加されたかっこ書はこれを明記する趣旨である。

通知の相手方は，債務者である。保証債務の場合は，譲渡人が主たる債務者に通知すれば，随伴性に基づいて，保証人には別途通知しなくても譲受人は履行請求をすることができる。

「承諾」は債務者から譲受人または債権者にされる

承諾は，債権者Aから譲受人Cに債権が譲渡されたという事実を債務者Bが知っていることを表示する行為である。ＡＣ間の譲渡はBの関与なく可能であるから，Bがこれに同意して譲渡の効力を生じさせるという許諾の意味での意思表示ではない。

承諾は，債務者Bによってされなければならないが，その相手方は，譲受人Cと債権者Aのいずれでもよいとされている。

承諾の時期については，債権譲渡のあったことを認識したという承諾の意義からすると，債権譲渡の後に行うのが原則である。もっとも，債権譲渡がされる前に債務者があらかじめ承諾した場合でも，譲渡されるか否かが明確でないことをわかって承諾しているのだから，通知の場合と異なり，譲渡される債権と譲渡人が特定していれば対抗要件になると解されている。また，

将来債権の譲渡に対する承諾も有効である（467条1項かっこ書）。

5 債権譲渡の対抗要件(2)——第三者対抗要件

「確定日付のある証書」による通知または承諾が必要

　AがCに譲渡しながら第三者Dにも，その同じ債権を譲渡するということが起こりうる。とすれば，そこでは，所有権などの物権の二重譲渡の場合と同様の問題が生じ，最終的にCとDのいずれにその債権が帰属するのかという優劣を決する方法が必要となる。譲受人Cは，債権者（譲渡人）Aから債務者Bへの確定日付のある証書による通知か，確定日付のある証書によるBの承諾がなければ，債務者以外の第三者Dに対抗できない（467条2項）。これを第三者対抗要件という。DにとってもCは第三者であり，第三者対抗要件を備えなければ，譲渡をCに対抗できない。債権の二重譲渡の場合には，先に第三者対抗要件を備えた者が勝つことになる。債権譲渡に関する債務者の認識を介し，債務者への照会によって債権の帰属や弁済等の有無を間接的に公示する仕組みはインフォメーション・センター論とよばれている。

　債務者Bが承諾する場合はもちろんのこと，譲渡人Aからの通知があれば，Bは債権譲渡がされたとの事実を認識することになる。それによって，Bは，その債権につき債権譲渡を受けあるいはその債権を差し押さえようとしている利害関係人からの照会に対して回答（表示）ができる地位におかれる。そこで，債務者対抗要件である通知または承諾を，日付の改ざんのおそれがない「確定日付のある証書」によって行うことを第三者対抗要件としたのである。

「確定日付のある証書」とは

　確定日付のある証書とは，日付がある証書で，その日までにそれが作成されたという証拠力が与えられる証書である。債権譲渡の第三者対抗要件具備のための「確定日付ある証書」としては，公証人の作成した公正証書（民施

5条1項1号），郵便認証司の認証した内容証明郵便（同項6号）が用いられることが多い。

対抗できない第三者の範囲は限られる

確定日付のある証書による通知または承諾がなければ対抗できない「第三者」とは，債権譲渡の当事者以外のすべての「第三者」ではない。判例は「譲渡された債権そのものに対し法律上の利益を有する者」に限られるとしている。ここでいう，法律上の利益を有する第三者とは，譲渡された債権そのものについて両立しない法律上の地位を取得した第三者のことである。具体的には，その債権の別の譲受人，その債権につき質権の設定を受けた者およびその債権を差し押さえた債権者などが，この第三者にあたる。

この場合，第三者の善意・悪意は問わない。すなわち，上記の例で，第三者DがCへの譲渡を知って同一の債権を重ねて譲渡を受けたり差し押さえた場合でも，Dが確定日付ある通知または承諾を得たり，差押えが効力を生じてしまえば，Cは，Dに対抗できない。CがDの後に第三者対抗要件を備えても同様である。つまり，不動産の二重譲渡などの場合の登記とは異なり，CD双方が第三者対抗要件を備える場合があるが，第三者対抗要件の具備の先後により，第三者の優劣が決まる。

優劣決定の基準は日付ではなく到達時

「確定日付のある証書」による通知の場合，内容証明郵便などでは，確定日付の通知書の発信時の日付が付されているだけであり，それは通知書の到達時を示すものではないが，到達時を確定日付で証明する必要はないと解されている。しかし，それでは，通知到達時すなわち債務者が債権譲渡の事実を認識しうる時点と証書に付された日付とが一致しないことになる。そこで，対抗要件を備えるためには「確定日付のある証書」によることが必要であるとしつつ，二重譲渡などの場合に複数の確定日付のある証書による通知や承

諾が競合した場合には，確定日付の日付順ではなく，確定日付のある通知の到達時や確定日付のある承諾時を基準とするとされている。これは，債権譲渡の対抗要件制度の構造が，通知を受けるか承諾をする債務者の認識を基点とするものであり，優劣を決定する基準時も，確定日付のある証書の日付ではなく，債務者が債権譲渡を認識した時点とするべきであるという趣旨によるものである。

　すなわち，債権者AからCとDに債権が二重譲渡された場合，両者の優劣は，まずは確定日付のある証書による通知または承諾の有無により決まる。両方の通知や承諾がともに確定日付のある証書で行われた場合には，確定日付のある通知が債務者に到達した日時と債務者が承諾をした日時の先後によって，両者の優劣が決定される。

　Aからの債権の譲受人Cと，この債権を差し押さえたAの債権者Dとの優劣は，差押命令が第三債務者Bに送達された時点（民執145条5項）と確定日付のある証書による通知または承諾がされた時点の先後によって決まる。差押えには独自の対抗要件はないので，Bが差押えを認識した差押えの効力発生時が基準となるのである。

確定日付のある通知が複数同時に到達した場合や先後が不明な場合は？

　CとDのそれぞれを譲受人とする確定日付のある通知や送達が，郵便の配達などで，複数同時に債務者Bのもとに到達することも生じうる。この場合は，CとDとは，いずれも第三者対抗要件を具備しているので，その優劣はなく同順位の譲受人ということになる。先後が不明な場合には，同時到達と同じ扱いになる（→コラム㊲・㊳）。判例によると，CとDのいずれもが，債務者Bにその全額を請求することができる。Bはいずれかに弁済すれば免責されるが，同順位の譲受人がほかに存在するからといって，弁済を拒否することはできない，とされている。

★ コラム㊲：先後関係が明らかでない場合に債務者が供託したら

たとえば，債権者Aの債務者Bに対する債権がCとDとに二重譲渡され，いずれの譲渡についても確定日付のある証書による通知がBになされたが先後関係が明らかでない場合には，Bは，債権者不確知を原因とする供託をすることができる（494条）。

この場合の供託金還付請求権については，判例は，CとDとの間では，互いに相手方に対して自己が優先的地位にあると主張することが許されない関係に立つとして，CとDの譲受債権額に応じて供託金額を按分した額の請求権をそれぞれ分割取得するとしている。

判例は，一方では，第三者対抗要件としての通知の同時到達の場合，相互に優先性を主張できないものの，CとDのいずれもが債務者Bにその全額を請求することができ，Bはいずれに対しても弁済を拒否することはできないとしている。しかし，他方で，上述のように先後不明を理由にBが供託をした場合には，このように分割取得という処理をしている。両者の関係をどう理解するのかには議論がある。

★ コラム㊳：債務者は，結局，だれに弁済すればいいのか

たとえば，債権者Aから債務者Bに対して，その債権をCに譲渡した旨の通知があり，さらに，その債権をDに譲渡した旨の通知が届いたとする。

これら2つの通知を受け取った債務者Bは，どちらに弁済すればいいのか。

① Cに対する譲渡の通知には確定日付がなく，Dに対する譲渡の通知には確定日付があった場合
 →　Bは，Dに弁済しなければならない。

② CおよびDに対するいずれの譲渡の通知にも確定日付があり，その通知がBのもとに前後して到達した場合
 →　Bは，譲渡の通知が先にBに到達した方にのみ弁済する必要がある。

③ CおよびDに対するいずれの譲渡の通知にも確定日付があったが，それらがBのもとに同時に到達した場合，あるいは，到達の先後が不明である場合
 →　Bは，請求されたらC・Dのいずれにも弁済しなければならないが，どちらかに弁済すれば免責される。供託して債務を消滅させることもできる。

④ CおよびDに対するいずれの譲渡の通知にも確定日付がなかった場合
 →　Bは，請求されたらC・Dのいずれにも弁済しなければならないという見解（③と同じ）といずれかが先に第三者対抗要件を備えるまでどちらにも弁済を拒絶できるという見解がある。この場合についての判例は明らかでない。

6 債権譲渡登記による対抗要件の具備

債権譲渡登記をすれば多数の債権につき一挙に第三者対抗要件が備わる

　たとえば，多数の顧客に対して大量の立替金債権を有している信販会社Ａが，総額約２億円の資金を調達するために，Ａの顧客Ｂらに対する各20万円前後の債権1000口をＣに買い取ってもらおう（債権の売買），あるいは，これらの債権を担保にＣから融資してもらおう（債権譲渡担保）として，Ｃへの債権譲渡を考えたとする。この場合，民法の規定では，譲渡人であるＡが債務者Ｂら各自に対して立替金債権をＣに債権譲渡した旨を確定日付のある証書で通知しないと，譲受人Ｃはこの債権譲渡につき第三者に対抗できない（467条２項）。具体的には，信販会社Ａは，内容証明郵便などによる通知1000通を作成しＢらに送付しなければならないことになる。債権の譲渡人Ａが負担しなければならないそのための費用と手間は相当なものとなり，事実上，このような債権譲渡による資金調達は不可能になる。

　そこで，1998年の「債権譲渡の対抗要件に関する民法の特例等に関する法律」（動産債権譲渡特例法の前身）は，法人が有する金銭債権に限り，多数の債権譲渡を東京法務局のコンピュータシステムに一括して登記すれば，467条２項の確定日付のある証書による通知があったものとみなす，すなわち容易に第三者対抗要件を備えることができる制度を創出した（→図6-2）。

登記事項証明書の交付によって債務者にも対抗できる

　債権譲渡登記をすれば，ＡとＣのいずれも，法務局から登記事項証明書の交付を受けることができる。それを債務者Ｂらに交付して通知をするか，または債務者の承諾を得れば，譲受人Ｃは，Ｂら債務者に対しても対抗できる。この登記事項証明書の交付による通知は，民法とは異なり，譲受人Ｃも行うことができる。これによって，Ｂに知らせない債権譲渡（業績不振などの風評被害を防ぐための「サイレントな譲渡」）を行ったうえ，Ａが債務不履行に陥れ

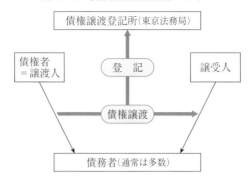

図6-2　債権譲渡登記制度のしくみ

○債権譲渡登記
　⇒　467条2項（第三者対抗要件の具備）
○登記事項証明書の債務者への交付しての通知
　または債務者の承諾
　⇒　467条1項（債務者対抗要件の具備）

ば，Cが自ら登記事項証明書をBに交付して通知をすることで，Bに債務の
履行を求めることができるのである。

債務者が確定していない段階でも対抗要件を具備できる

　動産債権譲渡特例法によれば，債務者がまだ確定していない将来発生する
債権についても，この債権譲渡登記によって，対抗要件を具備することがで
きる。

　たとえば，建設中の賃貸マンションの入居者（すなわち賃料債権の債務者）
が未定の段階でも，その賃貸人となる者Aは，将来生じる賃料債権を一括し
てCに譲渡して債権譲渡登記をすれば，Cは第三者対抗要件を備えることが
でき，債権譲渡による資金調達の道が広がることになった。

7　債権譲渡の効果

債務者は債権者に対する抗弁を主張できる

　債権譲渡によって，その債権は同一性を失わずに譲渡人Aから譲受人Cに
移転する。したがって，貸金債権の場合の利息債権はもちろんのこと，抵当
権などの担保物権や保証人に対する権利なども譲受人に移転する（担保の随
伴性）。債務者に対して権利を主張するには，先に述べたように債務者対抗

要件を備える必要があるが，これを備えれば，物上保証人や保証人に対して別途対抗要件を備える必要はない。

　また，債権譲渡は，債務者Ｂが関与することなく，債権者（譲渡人）Ａと譲受人Ｃとの合意によってその効力を生じるから，債務者Ｂは，それによる不利益を受ける理由がない。それゆえ，Ｂは，債務者対抗要件が備わるまでにＡに対して主張できたすべての抗弁を，Ｃに対しても主張することができる（468条１項。同条２項は，譲渡制限がされた債権につき，悪意または重過失の譲受人に対して，債務者の主張できる抗弁の基準時を延長する。すなわち，債務者対抗要件が備わっても，譲受人からの催告の後相当期間が経過する時または譲受人の供託請求時までに生じた抗弁を対抗できる）。

　たとえば，その債権がＢの錯誤による契約に基づいて発生していたものであったことが後に判明すれば，Ｂは，Ｃに対して，取消しによる契約の無効を主張して弁済を拒むことができる。また別の例として，すでにＢがＡに債務の一部を弁済していたとすれば，Ｂはその部分のＣへの二重の弁済を拒絶することができる。さらに別の例として，Ａの売買代金債権が譲渡された場合において，売主Ａが買主Ｂに納品していないときは，Ｂは，Ａに対する同時履行の抗弁権（533条）を主張して，ＡがＢに納品するまでＣへの弁済を拒むことができる。

債務者は債権者に対する債権で相殺できる

　債務者Ｂは，Ａに対して主張できたすべての抗弁を，譲受人Ｃに対しても主張しうるのであるから，ＢがＡに対して反対債権を有していて相殺ができる場合には，Ｃの履行請求に対して，Ｂは相殺による債権の（全部または一部の）消滅を主張することができる。

　どういう反対債権をもって相殺できるかは，少々複雑である。

　まず，原則としては，基準時点となる債権譲渡の債務者対抗要件具備時より前に取得した債権であれば，譲渡された債権と反対債権の弁済期の前後を

問わず，相殺適状になった時点で相殺ができる（469条1項）。

　つぎに，将来債権譲渡が広く認められて債権発生前に対抗要件を備えることができるようになったこととの均衡から，相殺に対して債務者が有する期待をより厚く保護する例外が追加されている。①債務者が基準時点後に反対債権を取得した場合においても，その反対債権の発生原因が基準時点より前にすでに存在した場合（同条2項1号），および，②譲渡された債権も反対債権も同一の契約から生じた場合（同項2号。債権がそれを発生させる契約の締結前に譲渡されて対抗要件を備え，その後に契約が結ばれて債権が発生した事例を念頭においている）には，なお相殺の主張が可能である。さらに，③譲渡制限のある債権の悪意または重過失の譲受人に対しては，譲受人からの催告後に相当期間が経過した時または譲受人の供託請求を受けた時までに生じた相殺の抗弁を対抗できるとの特則がある（同条3項）。

8　有価証券の譲渡等

　本章では，ここまで，売買代金債権や貸金債権のように，特定の債権者Ａが特定の債務者Ｂに履行の請求をすることを想定した一般の債権の譲渡についてのルールを説明してきた。これに対して，手形や小切手などにおいては，最初から譲渡されることを考慮した独自の制度が古くから用いられてきた。すなわち，債権の流通促進と取引の安全をはかるために，債権を証券化して，その紙に化体（かたい）された証券を債権の発生，行使，譲渡において必要とする，有価証券という法制度ないし法技術である。有価証券に関するルールは，一般の債権の譲渡のルールとは異なる。

　民法は，指図証券（520条の2〜520条の12），記名式所持人払証券（520条の13〜520条の18），その他の記名証券（520条の19），無記名証券（520条の20）の4款に分けて，有価証券一般の規律をおく（手形法・小切手法など特別法がある場合は，民法の規定は適用されない）。指図証券の規律が最も詳しく，その他の有価証券については，この規律が必要に応じて準用され，独自の規律のみ

が加えられている。

　指図証券では，対抗要件とする民法の規律に代えて，証券の裏書と交付を，記名式所持人払証券と無記名証券では，証券の交付を，譲渡（520条の2・520条の13・520条の20）や質入れ（520条の7・520条の17・520条の20）の効力要件とする。これらの証券では流通性を保護するための善意取得がある（520条の5・520条の15・520条の20）。

　これら以外の記名証券の譲渡・質入れは，債権の譲渡・質入れの方式に従う（520条の19）。この種類の証券には善意取得はない。

第2節　債務引受

1　債務引受とは

債務者追加型と債務者交代型

　たとえば，AがBに対して100万円の貸金債権を有していたとする。このBの債務を第三者Cが引き受け，C自らが債務者としての義務を負担するということも考えられる。このように，第三者による債務の履行が可能な場合，債務の同一性を保ちながら，第三者が債務としての義務を負担することを債務引受という。このような債務引受のうち，第三者Cが債務者Bの負担する債務と同一の債務をBとともに負担する場合があり，これを併存的債務引受という（470条1項）。これに対して，債務をBからCに移転させ債務者が入れ代わるものを，免責的債務引受という（472条1項）。

　債務の移転は，相続（896条）や会社の合併（会社750条など）など，法律の規定によって生じる場合もある。これに対して，債務引受は，いずれも当事者の契約によるものである。

★ **コラム㊴：「債務引受」ではなく「履行引受」の合意にすぎない場合もある**

　たとえば，買主Aに対して売主Bが負担する商品の引渡債務につき，第三者Cがそれを調達しAに納品することをBC間で合意する場合がある。この合意は，引受人Cが，Aに対するBの債務を履行し，それによってBを免責させることをBに約束するものであり，「履行引受」といわれる。

　「履行引受」はBC間の合意にとどまる。「債務引受」の場合とは異なり，CはAに対してはなんら義務を負うわけではないから，Aは，Cに対して履行を請求することができない。Aの債務者は履行引受後もBであり，CがAに対して履行すれば，それは，第三者弁済になる（474条）。CがBとの約束どおりにAに履行しない場合，Cに対する履行請求をすることができるのは，AではなくBである。

債務者追加型は「併存的債務引受」

　併存的債務引受は，債務者Bの債務が第三者Cに移転するのではなく，債務者としてCが追加される（責任財産が増加する）ので，実質的には債権担保として機能する。

　現実に行われる債務引受が，免責的債務引受か併存的債務引受かは，当事者の意思解釈に委ねられる。債権者と引受人の契約による場合は，多くは，債権者に有利な債務者追加型の併存的債務引受であろうし，明確でないときには，併存的債務引受であると推定される（債務引受でもない場合→**コラム㊴**）。

債務者交代型は「免責的債務引受」

　免責的債務引受は，たとえば，Bの債務を担保するために設定された抵当権の目的不動産をCが買い受け，そのCがBの債務を引き受け，後に自らの債務としてAに弁済して抵当権の負担をなくする，というような形で行われる。また，工事請負債務について，請負人の交代を要するような場合にも，この免責的債務引受によることがある。

　免責的債務引受は，債権関係においてその当事者が交代するという点では，債権者が交代する債権譲渡と同様であるが，債務者が交代するということは，その債権の実現を保障する責任財産の変更をもたらすことになる。すなわち，これは，債権者の利害に直接かかわることから，債務者と引受人となる者と

の合意だけでは効力が生じず，債権者の意思の関与が必要となる。

2　併存的債務引受

契約当事者と契約の結びかた

　併存的債務引受の場合は，債務者Bから引受人Cへ債務が移転するのではなく，引受人Cは債務者Bとともに債務の負担をすることになるから，Aにとっては，債権の実現に有利な状態への変更をもたらす結果となる。実質的には，連帯保証と同様に担保的な機能を有する。その契約当事者と契約形態については，次のように考えられる。

　第1に，債権者A，債務者B，引受人Cの3者によって併存的債務引受の合意がなされた場合（三面契約）の有効性には問題がない。

　第2に，債権者Aと引受人Cの2者によって併存的債務引受の合意がなされた場合は，実質的に保証と同じ機能を果たす。債務者の意思に反する保証契約も有効であることと同様，債務者Bの意思に配慮する必要はなく，その意思に反するか否かを問わず，債務引受の効力が生じる（470条2項）。

　第3に，債務者Bと引受人Cの2者によって債務引受の合意がなされた場合，契約に関与していないAにとっても，責任財産の変更による危険性が生じるわけではないから，その効力を否定する理由はない。この場合，ＢＣ間の契約でAがCに対する債権を取得することになることから，債権者の承諾時に効力を生じ（同条3項），第三者のためにする契約（537条→158頁の**コラム**㊽）に関する規定に従う（同条4項）。

債務者の債務と引受人の債務は連帯債務

　併存的債務引受の場合は，文字どおり，債務者の債務と引受人の債務が併存することになる。両者の関係には，連帯債務の規定（436条以下）が適用される（470条1項）。このため，ＢとＣには負担部分が存在するし，Ｂについて生じた一定の事由（438条～440条）はＡＣ間の債権債務にも影響する絶対

的効力を有する（**→第5章**77頁〜78頁）。たとえば，債務者Ｂが債権者Ａに対して反対債権を有する場合には，Ｂが相殺を援用するか否か未定の間は，引受人Ｃは負担部分の限度で債務の履行を拒むことができる（439条2項）。

3 免責的債務引受

契約当事者と契約の結びかた

免責的債務引受は，ＣがＢの債務を肩代わりするものであり，債務の引当てとなる責任財産もＢの財産からＣの財産へと変わる。そこで，契約の成立には，これにより影響を受ける債権者Ａの意思の関与が必要であり，その契約当事者と契約形態については，次のように考えられる。

第1に，債権者Ａ，債務者Ｂ，引受人Ｃの3者によって免責的債務引受の合意がなされた場合（三面契約）の有効性には問題がない。

第2に，債権者Ａと引受人Ｃの2者によって免責的債務引受の合意がなされた場合は，債務者の同意は不要であり，その意思に反しても有効である。ただし，効力が生じるのは，債務免除（519条）と同様，債権者が債務者に契約をした旨を通知した時である（472条2項）。

第3に，債務者Ｂと引受人Ｃの2者によって免責的債務引受の合意がなされた場合は，ＢからＣへ責任財産の変更が生じるにもかかわらず，債権者Ａの意思が関与していないから，そのままその効力を認めることはできない。そこで，このような2者による債務引受の合意の場合は，これにつき債権者Ａが引受人となる者Ｃに対して承諾をすることを要する（同条3項）。Ａによる承諾は，明示的でも，黙示的でもよく，また，契約締結後の承諾でもよい。

債務者の有した一切の抗弁を引受人は主張できる

免責的債務引受によって，債務は，引受時の状態のまま債務の同一性を失わずに，引受人Ｃに移転するから，利息債務，違約金債務など，引受債務に従属する債務は，当然にＣに移転し，他方，引受時点でその債務に付着する

一切の抗弁を，ＣはＡに対抗することができる。（472条の2第1項）。

　たとえば，債務の成立や有効性に関する抗弁事由や，一部弁済などの債務の消滅に関する抗弁事由，同時履行の抗弁権などを，引受人Ｃは債権者Ａに対して主張することができる。ただし，Ｃは，債務者ＢがＡに対して有していた反対債権をもって相殺し弁済を免れることはできない。Ｂの相殺権は，引受人に移転した債務に付着した抗弁事由ではないし，ＣにはＢに属する反対債権を処分する権限がないからである。

引受人に求償権はない

　免責的債務引受は，引受人が最終的に債務を自ら負担する意思があるから，債務を弁済しても原債務者には求償できない（472条の3）。もっとも，債務者と引受人との間で，免責的債務引受について対価を支払う旨を合意することは可能である。

設定されていた担保権は消滅するのか

　免責的債務引受がされたＢの債務につき抵当権が設定されていたり保証人がいる場合，従来の債務が消滅するので，それらの担保も付従性により消滅するのが原則である。しかし，担保がなくなるのでは債権者が免責的債務引受の合意やそれへの承諾をしてくれないおそれが高い。そこで，担保を引受人が負担する債務に移転することができるとされている（472条の4第1項本文）。物的担保を設定し直すと優先順位の基準時が新たな対抗要件具備時になってしまうので，この規定は，元の順位を保持する対抗力を備えた担保権が移転する点に意味がある。

　他方で，債務者が変わるとなると信用度も異なるので，担保を提供した人には大きな影響が生じる。そこで，引受人以外が担保設定者である場合には，その者から担保権の移転について承諾を得なければならない（同条1項ただし書。3項による準用）。引受人自身が引受前に物上保証人であった場合には，

債務引受契約にこの承諾の意思が含まれると解されるので，引受後は自己の債務につき当然に引き続き担保を負担する。

　免責的債務引受によって被担保債務が消滅するので，担保権移転の承諾は，引受前か引受と同時に得ておく必要がある（同条2項。3項による準用）。保証債務を存続させる場合には，保証債務の要式性（446条2項・3項）との均衡から，この承諾は，引受前か引受と同時に書面または電磁的記録で行う必要がある（472条の4第4項・5項）。

第3節　契約上の地位の移転

契約上の権利と義務がすべて移転する

　たとえば，Aが自分の所有物甲をBに100万円で売る契約をした場合，BはAに対する甲の引渡債権を有し，Aに対する100万円の代金債務を負う。すでに学んだように，Bは，債権譲渡や債務引受を別々に行うこともできるが，Bの買主としての地位をそのまま第三者Cに譲渡することもできる。この場合，Bの契約上の地位，具体的には，売主Aに対する買主としてのBの権利（目的物甲の引渡債権等）と義務（100万円の代金債務），さらに契約上の取消権や解除権もそっくりCに移転する。これを契約上の地位の移転とよんでいる。譲渡人は，特約がないかぎり，譲渡前の契約関係から完全に離脱し，債権者としての地位を失い，債務から解放される。

契約上の地位の移転の要件

　債務者の地位を移転する契約は，もとの契約の当事者AおよびBと譲受人Cとの3者でなされること（三面契約）が多い。この場合，その契約はもちろん有効である。これに対して，原契約の当事者の一方（たとえばB）と譲

受人Cの契約による場合は，権利・義務が一括して移転するので，免責的債務引受と同様に，原則として，もう一方の当事者Aの承諾が必要である（539条の2）。

　不動産の賃貸人の地位の譲渡については，賃借人の承諾を要しないとの特則がある（→242頁の**コラム⑭**）。

第7章 債権の消滅

　債権は，その内容が実現されて目的が達成されれば消滅する。たとえば，友人Aから5万円を借りたBがAに5万円を支払えば，AのBに対する債権は消滅する。

　もっとも，債権が消滅するのは，債権の内容が実現された場合に限らない。債権の時効消滅（166条1項）については総則で勉強したが，そのほか，たとえば，上の例で，Bが経済的に困窮しているのを知ったAが，Bに対し，「あの金は返さなくていい」と言った場合のように，免除（519条）によって債権が消滅することもある。

　本章では，まず，債権がその内容の実現によって消滅する場合として，弁済（履行）と相殺を中心に説明し，そのあとで，それ以外の債権の消滅原因について学ぶ。

第1節　弁　　済

1　弁済とは

　弁済（473条）とは，債務の本旨に従った給付をすることをいう。債務の弁済は，債務の履行と内容は同じであるが，民法は，債務の消滅という効果に着目するときに弁済という表現を用いる。

　債務が契約によって生じたものであるとき，弁済がされたといえるためには，契約で合意された内容どおりの給付がされる必要がある。たとえば，甲という種類のピザの注文を受けた宅配ピザ店が，約束の時間に，同じ値段の乙という種類のピザを届けても，債務を弁済したことにはならない。

弁済の場所

　弁済の場所は，当事者の意思表示があればそれによる。意思表示がない場合，民法は，まず，特定物の引渡債務については，債権発生時に目的物が存在した場所で弁済するものと定める。それ以外の債務は，債権者の現住所で弁済するのが原則である（484条1項。持参債務の原則。これに対して，債権者が債務者の住所に赴いて債権の弁済を受ける債務を，取立債務という）。

給付が債権全部を消滅させるのに足りないときの扱い──弁済の充当

　たとえば，親戚のAから，1年後に返済する約束で300万円を無利息で借りた（α債権）Bが，半年後に，Aから，今度は3か月後に返済する約束で，新たに500万円を年利5％で借りた（β債権）としよう。それから3か月後，BはAに600万円を弁済した。このとき，BのAに対する残債務がどれだけ

になるかは，弁済した600万円が，どちらの債務の弁済にどれだけあてられるかによって大きく異なる。

　両当事者が充当の方法について合意していればそれに従う（490条）が，そうでない場合は，次のように処理される。

　第1に，費用，利息，元本の順に充当される（489条1項）。債権が2つ以上ある場合も同じである。たとえば，α債権・β債権の両方について弁済の費用がかかったとすると，600万円は，まず，それぞれの債権を弁済する費用にあてられる。つぎに，利息はβ債権についてだけ存在するから，β債権の利息（$500 \times 0.05 \times 3/12 = 6.25$万円）に充当される。この順序は，一方当事者の指定によっては変更できない。一方当事者が指定できるのは，次の場合である。

　すなわち，第2に，複数の費用があり，弁済額が費用全部を弁済するのに十分ではない場合，債務者Bは，どの債務をどれだけ返済するか指定できる（指定充当。489条2項・488条1項）。Bが充当する債務を指定しないときは，債権者Aが充当を指定できる（488条2項本文）。ただし，Aの指定にBが反対すれば，Aによる指定は効力がなくなり，次の法定充当がされる（同項ただし書）。同じことは，複数の利息や複数の元本がある場合の，利息相互，元本相互の充当にもあてはまる（489条2項）。

　第2の場合に，AもBも充当の指定をしないときは，488条4項に定められた順に従って充当される（法定充当）。法定充当の順序は，基本的に，債務者の利益になるように定められている。たとえば，前述の例で，指定がされていないとすると，β債権はすでに弁済期にあるから，先にβ債権に充当される（同項1号）。たとえば，この例で，両債権とも弁済の費用がかからないとすると，複数の元本の間では，β債権の元本に先に充当される。その結果，$600 - 6.25$（β債権の利息）-500（β債権の元本）$= 93.75$万円が，α債権の期限前にα債権の弁済に充当されることになる。

2　第三者による弁済

債務者でなくても弁済できる

　債務を負っているのは債務者であるから，債務者が弁済をするのが原則である。また，債務者が，履行補助者を使って弁済した場合は，債務者による弁済と同視することができる。

　さらに，民法は，債務者でない者が債務を弁済すること（第三者による弁済）を認めている（474条1項）。

　もちろん，歌手がコンサートで歌う債務のように，債務の性質上，債務者が履行するのでなければ意味のない場合には，第三者による弁済はできない。債権者と債務者が，第三者による弁済を禁止する合意をしていた場合も同様である（同条4項）。

正当な利益のない者は，債務者の意思に反して弁済できない

　金銭債務のように，債務の性質上，第三者が債務を履行できる債務であっても，弁済をするについて「正当な利益」を有しない第三者は，債務者の意思に反して弁済することはできない（474条2項本文）。しかし，第三者による弁済が債務者の意思に反しているかどうかは，債権者にはわからないこともある。そこで，債権者を保護するため，債務者の意思に反することを債権者が知らなかったときは，債務者の意思に反する弁済も有効となる（同項ただし書）。

　また，正当な利益を有しない第三者は，債権者の意思に反して弁済することができない（474条3項本文）。つまり，債権者は，弁済が債務者の意思に反しない場合であっても，正当な利益を有しない第三者による弁済の受領を拒絶することができる。ただし，第三者が債務者の依頼に基づいて（＝債務者の委託を受けて）弁済していることを債権者が知っていたときは，債権者はその弁済の受領を拒絶できない（同項ただし書）。そのような場合には，弁済

を有効とする必要があるからである。

　これに対して，弁済につき正当な利益を有する第三者は，債務者や債権者の意思に反しても弁済をすることができる。たとえば，自分の土地に債権者のために抵当権を設定した物上保証人は，債務を弁済すれば抵当権を消滅させることができるという意味で，弁済につき正当な利益がある。抵当不動産の第三取得者も同様である。このほか，借地上の建物の賃借人は，敷地の地代を弁済するにつき正当な利益を有する。建物の賃借人は，建物の敷地そのものについて権利義務を有しているわけではないが，借地権が消滅すれば，借地上の建物が壊されてしまうおそれがあるからである。他方で，債務者の親戚であるというだけでは，弁済するにつき正当な利益を有することにはならない。

3　弁済による求償権の発生と代位

弁済した第三者は債務者に求償できる

　債務者のために債権を消滅させた第三者は，自らが債務者のためにした支出を償還するよう債務者に請求できる（これを「求償権」という）。

　第三者が債務者に求償できる金額の範囲は，第三者と債務者との法律関係によって決まる。

　たとえば，第三者Cが，債務者Bから，債権者Aに対する1000万円の金銭債務を弁済するよう頼まれたとする。この場合，CとBとの間で，弁済を委託する委任契約（→**第12章**第2節262頁）が結ばれたと考えることができる。そこで，Cは，Aに1000万円を弁済したときは，委任事務（ここでは，弁済がそれにあたる）を行うために支出した費用である1000万円および，その支払の日以後の利息をBに請求できる（650条1項）。

　これに対して，借地上の建物賃借人が借地人の意思と無関係に地代の弁済をする場合のように，第三者が債務者に頼まれて弁済したという関係にないときは，第三者の弁済は事務管理（→263頁の**コラム⑫**）にあたる。この場合，

第三者は，支出した費用の償還を債務者に請求できる（702条１項）。

債務者のために弁済した者は債権者に代位する

　第三者が債務者のために債務を弁済した場合，第三者は債務者に対して求償権を有するほか，弁済による代位が生じる（499条）。

　弁済による代位とは，民法が，弁済者の債務者に対する求償権を確保するために設けている特別の制度である。すなわち，第三者の弁済により消滅した債権は，求償権行使のために第三者との関係で存続しているものと扱われ，求償権の行使に必要な範囲で債権者から弁済者に移転する（501条１項・２項）。

　弁済による代位は，債務者に対する求償権の確保を目的とするから，債務者に対する求償権が生じる場合であれば，第三者として弁済をした場合に限らず，自分の債務を弁済した場合にも認められる。たとえば，保証人が弁済した場合，保証人は，自分の保証債務を弁済しているのだから，第三者による弁済にはあたらない。しかし，保証人は，債務者に対して求償することができる（459条・462条）ので，弁済による代位が生じる。同じことは，連帯債務者にもあてはまる（442条）。

弁済された債権は代位によって弁済者に移転する

　たとえば，ＡのＢに対する1000万円の金銭債権を第三者Ｃが弁済した場合，ＡのＢに対する1000万円の債権は，代位によりＣに移転する（Ｃに移転した債権は，弁済されたもとの債権，つまりＡのＢに対する債権であり，原債権とよばれる）。これにより，ＣはＢに対し，求償権と原債権の２つを行使できる（→図7-1）。そして，原債権がＣに移転すると，担保権の付従性により，原債権を被担保債権とする担保もＣに移転する。たとえば，先の例で，原債権であるＡのＢに対する金銭債権につき保証人Ｄがいた場合，ＡのＤに対する保証債権もＣに移転する。こうして，弁済者Ｃは，債務者Ｂに対する求償権を確実に回収することができる。弁済による代位の実質的な意義は，原債権とと

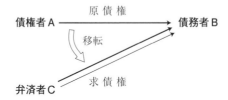
図7-1　代位による原債権の移転

もにその担保を弁済者に移転させることにより，弁済者の求償権を確保することにあるといってもよい。

　もっとも，AのBに対する原債権がCに移転するのは，あくまでCのBに対する求償権を確保するためだから，Cは，Bに対する求償権の範囲でしか，原債権を行使することはできない（501条2項）。

　弁済による代位は，債権譲渡の対抗要件を備えなければ，債務者そのほかの第三者に対抗できない（500条）。ただし，物上保証人や第三取得者など，弁済をするについて正当な利益がある者は，対抗要件がなくても代位を第三者に対抗できる（500条かっこ書）。

複数存在する代位者相互の関係

　たとえば，AのBに対する1200万円の債権を担保するために，Cが，自己所有地にAを抵当権者とする抵当権を設定し，Dがこの債権の保証人になっていた場合，CもDも，弁済による代位ができる。このとき，もし，物上保証人Cも保証人Dも原債権全額につき代位できるとすると，Bの債務1200万円を弁済した保証人Dは，Cの土地につき，Aから原債権とともに移転した抵当権を実行して，1200万円を回収できる。そうすると，今度は物上保証人Cが，Dに対してAの1200万円の保証債権を行使することになり，代位がいつまでも繰り返されてしまう。そこで，民法は，代位できる者が複数存在する場合に，各人が代位できる割合を定め，代位の循環が起きないようにして

いる（501条3項）。代位の割合は，それ以上は代位できないことを意味する。言い換えれば，代位の割合は，債務者Bに債務を支払うのに十分な財産がなくなった（無資力）場合に，CとDが引き受けるべきリスクの割合を意味する。たとえば，先の例で，Bの債務1200万円を弁済した保証人Dが物上保証人Cに対して代位できるのは，501条3項4号により，1200万円を物上保証人と保証人の人数（2人）で割った600万円である。その結果，Dは，Bが無資力の場合，残額600万円を回収できないことになる。

4　弁済の相手方

弁済は債権者にしなければならない

　弁済は，債権者または，債権者の代理人など弁済を受領する権限のある者に対してされなければ，有効ではない。たとえば，コンパで酔っぱらって，帰りの電車賃300円を友人Aから借りたBが，友人Cから借りていたと勘違いして，翌日，Cに300円を支払っても，BのAに対する債務は消滅しない。Bは，あらためてAに300円を支払わなければならない。もっとも，Bは，Cから金を借りていたわけではないから，支払った300円を，不当利得（→**第15章**）として返還するようCに求めることができる。

債権者のようにみえる別人（受領権者としての外観を有する者）に対する弁済

　しかし，民法は，例外的に，債権者ではない者に対する弁済を有効とする。すなわち，債権者ではないがいかにも債権者として受領権限をもつようにみえる者に対する弁済は，弁済者が，弁済の相手方が債権者でないことにつき善意・無過失のときは有効となる（478条）。いかにも債権者の代理人のようにみえるが実はそうではない者に対する弁済も同様に扱われる。

　たとえば，Bに対して1000万円の債権を有していたAが死亡し，Bが，Aの唯一の相続人であると考えられていたAの父親Cに1000万円を支払ったと

　本文で書いたとおり，原債権を担保する物上保証人と保証人が1人ずついる場合の代位の割合は，物上保証人と保証人の区別なしに，頭数で割って計算する（501条3項4号本文）。

　これに対し，物上保証人が2人，保証人が1人のときは，単純な頭割にはならない。頭数で割った上で，物上保証人2人の間では，頭数ではなく担保権の目的物の価格に応じて代位の割合が決まる（同号ただし書。保証人については頭数によることに変わりない）。たとえば，Bの債務1200万円につき，保証人Cがいたほか，この債務を被担保債務として，Dが甲土地（900万円）に，Eが乙土地（300万円）にそれぞれ抵当権を設定していたところ，Dが1200万円を弁済したとしよう。この場合，代位の割合は，まず，頭数により，Cが3分の1，DとEとで3分の2となる。つぎに，DとEとの間では，甲土地と乙土地の価格の割合（900：300）が代位の割合となる。したがって，Dは，Cに対して400万円（＝1200×1/3），Eに対して200万円（＝1200×2/3×300/（900＋300））について代位できる。

　では，物上保証人が同時に保証人でもある場合はどうするか。たとえば，先の例で，物上保証人Eが保証人でもあった場合，Eは，保証人かつ物上保証人として2人と計算するのか，それとも，物上保証人または保証人のどちらか1人と計算するのか。後者だとすると，物上保証人として数えるのか，保証人として数えるのか，あるいは，両方を兼ねる1人（保証人として代位されることも，物上保証人として代位されることもある）と数えるのか。この点について民法に規定はない。判例は，代位の基礎となる公平の理念を理由に，物上保証人と保証人の二重の資格を持つ者も1人と扱うべきであるとしているが，物上保証人として数えるのか，保証人として数えるのか，あるいは両方を兼ねるのかは，明言していない。

ころ，あとで，Aには婚姻外の子Dがいたことが判明したとしよう（Aに子がいれば，CはAの相続人にはならない。887条1項・889条1項参照）。このとき，Bが，CはAの相続人ではなく，したがってBの債権者でもないことを，過失なくして知らずにCに弁済をした場合，弁済は有効となる。このことは，Cが無資力の場合に重要な意味をもつ。というのも，Cへの弁済が無効であれば，Bは，真の債権者Dに1000万円を支払わなければならないが，Cが無資力であれば，Cに支払った1000万円はCから返してもらえない可能性が高いからである。

このように，あたかも債権者や債権者の代理人として弁済を受領する権限をもつようにみえる者（「受領権者としての外観を有する者」〔外観受領権者〕）に対する弁済を有効として弁済者を保護するのが，478条の趣旨である。

　外観受領権者にあたるかどうかは，「取引上の社会通念に照らして」（478条）判断される。

弁済と同視できる行為も保護される

　478条によって保護されるのは，債権者らしく見える者に対する「弁済」であるが，判例は，本条による弁済者の保護を，厳密な意味での弁済ではない場合にも認めている。たとえば，定期預金を期限前に解約して払い戻すことも，本条の弁済にあたるとされている。判例は，さらに，銀行が定期預金の預金者らしくみえる者に対して，定期預金を担保とする貸付けを行うことや，保険会社が保険契約者の代理人を詐称した者に対して，解約返戻金を担保として行った貸付けなど（→ケースのなかで8），弁済ではないが経済的にみて弁済と同視することのできる行為についても，478条を類推適用することにより，真の債権者ではない者を相手方とする行為の効力を認めている。

> **ケースのなかで 8　弁済と同視できれば，478条が類推適用される**
>
> 　Xは，Y保険会社との間で，自らを被保険者とする保険契約を結んだ。その契約には，Xは解約返戻金の9割を上限とする貸付けをYから受けることができ，貸付金は保険金または解約返戻金から差し引かれると定められていた。その後，Xの妻Aが，Xの代理人であると偽ってYから貸付けを受けた。XがYに対し，Aに対する貸付けは無権代理であって無効であると主張して訴えを提起。裁判所は，このような貸付けは，その経済的実質において，保険金または解約返戻金の前払と同視することができるとして，478条の類推適用により貸付けの効力を認めた。　　　《無権代理，外観受領権者，契約者貸付……最判平9年4月24日》

　478条により弁済が有効とされると，債務者の債務は消滅する。このとき，真の債権者は，外観受領権者に対して，その者に不法行為が成立するときは

　偽造カードや盗難カードを使って預貯金を引き出す犯罪が横行している。なかには，手元にあるカードの情報がいつの間にか盗まれ，その情報を使ってカードが偽造されて預貯金がすべて引き出されるなど，カードの所有者には被害を防ぎようのないケースもあり，一時期，カード犯罪は深刻な社会問題となった。これらの犯罪に対応するため，2006年に施行されたのが，偽造・盗難カードによる預金の払戻しから預金者を保護するための法律（「偽造カード等及び盗難カード等を用いて行われる不正な機械式預貯金払戻し等からの預貯金者の保護等に関する法律」）である。

　それによれば，偽造カードを使ってATMで払戻しがされた場合，原則として478条は適用されず，したがって金融機関は免責されない（偽造カード3条。例外については，同4条1項参照）。また，盗難カードを使ってATMで払戻しがされた場合，478条は適用されるが，それとは別に，預金者は払戻しをした金融機関に，場合に応じて損害の塡補を請求できる。たとえば，金融機関が善意無過失であり，かつ，預金者に過失があったときは，引き出された額の4分の3が塡補される（偽造カード5条2項）。預金者に過失がある例としては，誕生日など，わかりやすい暗証番号を設定して免許証をカードと一緒に携帯していたような場合などがある。

　なお，この法律は，インターネット・バンキングには適用されない。なぜなら，インターネット・バンキングでは，カードは使われないからである。インターネット・バンキングによって生じた個人預金者の被害については，全国銀行協会が，本人に過失がなければ，銀行は無過失であっても原則として補償をするとの取り決めをすることによって，インターネット・バンキングに内在するリスクの補償を図っている。

不法行為を理由とする損害賠償請求ができる。そうではない場合にも，真の債権者は，法律上の原因がないにもかかわらず弁済を受領した外観受領権者に対して，不当利得に基づく返還を請求することができる。

5　弁済の提供

弁済を提供すれば，債権者が受領しなくても債務不履行責任を免れる

　弁済により債権は消滅する。不作為債務（→14頁）のように，債権者が何もしなくても弁済できる債務もあるが，ほとんどの債務は，弁済するために，債権者の受領または協力を必要とする。そのような債務については，債権者

　債権者が弁済を受領しない場合，債務者は，弁済の提供をすれば債務不履行責任を負うことはないとはいえ，債務は消滅しない。そこで，このような場合に，債務を消滅させるために用いられるのが，弁済の供託である（494条）。たとえば，債務者が債務の本旨に従って弁済を提供したのに債権者がその受領を拒絶した場合，債務者は，供託所に弁済の目的物を供託することができる（494条1項1号・495条）。とはいっても，供託所という名前の場所があるわけではなく，目的物が金銭や有価証券のときは，履行地の法務局等（供託1条）が，そのほかの物については，法務大臣の指定する倉庫営業者または銀行（同5条）などが供託所と定められている。生鮮食料品など供託に適さない物や，家畜など保存に費用がかかりすぎる物については，債務者は，裁判所の許可を得て目的物を競売し，代金を供託することができる（497条）。

　弁済の供託ができるのは，そのほか，債権者が不在などの理由で，債務者が弁済をできない場合（494条1項2号）や，たとえば，同じ債権が多重に譲渡された結果，だれが債権者かが，債務者にわからなくなってしまったときのように，債務者の過失なくして債権者を知ることができない場合である（同条2項）。

　弁済の目的物が供託されると，債権は消滅する（494条1項柱書後段）。と同時に，債権者は，供託所に対し，供託された物を引き渡すよう請求することができる（＝供託物〔供託金〕還付請求権）。

が給付を受け取れなかったり，受取りを拒んだりすると，債務者は債務を消滅させることはできない。

　そこで，債権者が給付を受領しなかったために，債務の本旨に従った給付をしようとした債務者が債務を弁済できず，債務不履行責任を負うことを回避するためにあるのが，弁済の提供である。

　弁済の提供とは，債務者が，債務の本旨に従った給付をするために，自らできるだけのことをすることをいう。債務者は，弁済の提供をすれば，弁済はできなくても，債務不履行責任を負うことはない（492条。弁済の提供と受領遅滞との関係については，→38頁～39頁）。

何をすれば弁済の提供にあたるか

　弁済の提供があったというためには，債務者は，債務の本旨に従った給付をするために自分ができることはすべて行い，債権者が給付を受領しさえす

ればよい状態にしなければならない（現実の提供。493条本文）のが原則である。たとえば，Ｂが，Ａに対し家庭教師をする債務を負っていた場合，Ｂは，教える準備をして約束の日時にＡの家に行けば，現実の提供をしたといえる。したがって，かりに，Ａが家にいなくても，Ｂは債務不履行にはならない。

　ただし，例外として，①債権者があらかじめ弁済の受領を拒絶しているとき，または，②債務を履行するために債権者の行為が必要なときには，債務者は，弁済の準備を完了し，そのことを債権者に通知して債権者に受領を促せば，弁済の提供になる（口頭の提供。同条ただし書）。②の例として，たとえば，ＡがＢからある商品を買い，その際，売主Ｂは，その商品を，買主Ａが後日指定する場所に届ける債務を負ったとする。この場合，Ｂは，その商品を届ける準備をしたうえで，Ａに対し，届け先を教えてくれるよう連絡すれば，口頭の提供をしたといえる。

　これら２つの場合に口頭の提供で足りるのは，②の場合には，そもそも，債務者だけで現実の提供をすることができないからであり，また，①の場合，債権者が受領を拒絶している以上，現実の提供をすることに意味はないからである。

6　代物弁済

　債務者が本来するべき給付と異なる給付であっても，それを給付とすることにつき債権者と債務者が合意すれば，弁済の効力を生じさせることができる。たとえば，Ａから3000万円を借りているＢが，Ａとの契約（代物弁済契約）により，3000万円をＡに支払う代わりに，Ｂが所有する時価4000万円の甲土地をＡに給付することにしたとしよう。この場合，Ｂは，代物弁済契約により，甲土地の所有権を移転してＡに引き渡す債務を負う。

　代物弁済契約は，弁済する者と債権者との間で代わりの給付をすることの合意があれば効力が生じる。しかし，本来の給付に代えてされた他の給付が弁済の効力を生じるためには，弁済する者と債権者との間で代わりの給付を

することが合意されただけでは足りず，給付が現実になされることが必要である（482条）。たとえば，甲土地のように不動産を代物弁済として給付する場合，その所有権は代物弁済契約時に移転するが（176条），給付が現実にされるのは対抗要件である登記を債権者に移転したときであると解されている。したがって，先の例では，甲土地のAへの所有権移転登記がされた時に，BのAに対する3000万円の債務は消滅する。

　代わりの給付は，本来の給付と経済的な価値が同じである必要はない。もっとも，BがAから3000万円を借りた時に，あらかじめ，その弁済ができないときは甲土地で代物弁済することが定められていた場合のように，代物弁済が実質的に担保の機能を果たしているときは，Aは，差額の1000万円をBに返還する義務を負う（仮登記担保3条1項参照）。

第2節　相　　殺

1　相殺とは

　たとえば，AはBに100万円を貸していたが，BもAに80万円を貸していて，両方の債権の弁済期（履行期）が到来したとしよう。このとき，普通は，AがBに80万円を支払ってBがAに100万円を支払うなどという面倒なことはせず，80万円に相当する債権は互いに打ち消しあったものとして，Bが差額20万円をAに支払うことですませるだろう。

　このように，互いの債権を対当額で消滅させる（帳消しにする）のが相殺である。相殺は，当事者の合意によってもできるが，民法は，一定の要件をみたす場合に，一方当事者の意思表示による相殺を認めている（505条・506条）。このとき，相殺の意思表示をする者が相手方に対して有する債権を自

働債権（自動ではない！），相手方の債権を受働債権という。たとえば，Aが
相殺の意思表示をしたとすると，AのBに対する債権が自働債権，BのAに
対する債権が受働債権である。

　以下では，主として，民法に定められた相殺（合意による相殺と区別して法
定相殺という）について説明する。

相殺は，簡便・公平な決済を実現する

　相殺には，弁済の手間を省いて簡便に債権を消滅させるだけでなく，当事
者の公平を実現する機能がある。というのは，相殺をすれば，先の例で，A
はBに債務を弁済したのに，BはAに弁済していない，という事態は起こら
ないからである。

相殺ができるのはどのような場合か

　相殺ができるのは，次の要件が揃っている場合である。第1に，当事者間
に相対立する債権が存在すること。第2に，相対立する債権が，同じ種類の
給付を内容としていること。相殺が使われる債権は，実際には，ほとんどが
金銭債権である。第3に，両債権の弁済期が到来していること。弁済期が到
来していない債権の相殺を許すと，相手方の期限の利益（136条）を奪うこと
になるからである。これに対し，受働債権については，弁済期が到来してい
なくても相殺することができる。それは，期限の利益は，債務者のためにあ
るのが原則（136条1項）であり，債務者は，期限の利益を放棄することがで
きるからである。

　これらの要件が揃い，相殺ができる状態を，相殺適状という。

　相殺適状後，相殺の意思表示をするまでに債権の一方が弁済などにより消
滅してしまえば，相殺はできない。ただし，債権が時効により消滅した場合
は，相殺が認められる（508条）。相殺適状が生じたことにより，両債権は当
然に帳消しになったと考えるのはもっともなことであり，その後の時効消滅

を理由に相殺を許さないのでは，相殺に対する正当な期待と利益を奪うことになるからである。

　もっとも，これらの要件が備わっても，法律によって相殺が禁止されている場合（悪意による不法行為に基づく損害賠償債権を受働債権とする相殺（509条）など→**コラム㊹**）や，債権の性質上，現実に履行しなければ意味のない場合には，相殺することはできない（505条1項ただし書）。たとえば，隣どうしに住むAとBが，互いに，夜10時以降はピアノを弾かないことに合意していた場合，2人がそれぞれ負う不作為債務を相殺したのでは意味がないから，相殺はできない。

債権は，相殺できる状態になった時に遡って消滅する

　相殺の意思表示がされると（506条1項），自働債権と受働債権とが，対当額で，相殺できる状態になった時（相殺適状時）に遡って消滅する（506条2項）。たとえば，AのBに対する100万円の貸金債権の弁済期が3月，BのAに対する80万円の貸金債権の弁済期が同じ年の10月であったところ，Aが相殺の意思表示をその年の12月にしたとしよう。このとき，AとBの債権は，両債権について弁済期が到来した10月に相殺適状になるから，その時に遡って80万円ずつ消滅する。相殺した時ではなく相殺適状時に遡って債権が消滅するのは，当事者は，債権は相殺適状時にすでに決済されたものと考えるのが通常であり，また，そのように扱うのが公平だからである。

2　相殺の担保的機能

　たとえば，A銀行に500万円の定期預金をもつBが，Aから300万円を借りたとする。Bは，すでにCやDからもお金を借りていたが，めぼしい財産はこの定期預金だけであった。もし，相殺という制度がなかったならば，Aは，Bが債務を弁済しないときは，債権者平等の原則に従って，CおよびDとともに，この定期預金から債権額を回収するしかない。これに対し，相殺をす

★ コラム㊹：薬代とは相殺できない

　民法は，生命・身体の侵害による損害賠償債権を受働債権とする相殺を禁止している（509条2号）。たとえば，大学の構内で自転車を運転していたAが，誤って，歩いていた同級生Bに接触し，負傷させてしまったとする。ところが，BはAに5万円を借りていた。このとき，かりに，Bがこのケガを理由としてAに10万円の損害賠償債権を得たとすると，Aは，Bに対する5万円の債権とBに対する10万円の損害賠償債務を相殺することはできない。

　この規定の主たる目的は，賠償金が被害者に現実に支払われるようにすることを通じて，被害者の保護をはかることにある。もし，Aが相殺できるとすると，Bは，ケガの治療を十分に受けられなくなる可能性があるからである。このことを指して，かつては，「薬代は現金で」と言われていた。

　もっとも，509条は，加害者が損害賠償債権を受働債権とする相殺を禁止するにとどまるから，被害者が損害賠償債権を自働債権として相殺することはできるし，当事者が合意によって相殺することも可能である。

　また，先の例で，Bにケガはなかったが，Bが持っていたパソコンが破損し，BがAに対して5万円の損害賠償債権を得たとしよう。この場合，Bの損害賠償債権は財産侵害によるものであって身体の侵害は生じていないから，509条2号は適用されず，Aは，損害賠償債権を受働債権としてBに対する貸金債権と相殺できる。

　このほか，509条1号は，悪意による不法行為に基づく損害賠償債権を受働債権として相殺することを禁止している。たとえば，BがAに対する5万円の借金を返さないのに腹を立ててたAが，仕返しにBのパソコンを放り投げて破損した場合，Aは，BのAに対する損害賠償債権を受働債権として，AのBに対する貸金債権と相殺することはできない。このような相殺が禁止されているのは，債権者がAのように悪意による不法行為をするのを抑止するためであるとされている。

ることができれば，Aは，BのAに対する債権を消滅させることにより，Bに対する債権300万円を全額，CやDに優先して回収することができる。

　このように，相殺は，Aが，BのAに対する債権をAのBに対する債権の弁済に優先的にあてることを可能にするという意味で，担保として機能する。

差押え前に自働債権を取得していれば相殺できる

　先述の例で，Bの債権者Cが，A銀行に対するBの預金債権（日常生活で

は「預金」というが，法的には，預金も債権である）を差し押さえたとしよう。Aは，AのBに対する貸金債権を自働債権として，Cに差し押さえられた預金債権と相殺することができるだろうか。

　Aが，差し押さえられた預金債権を受働債権とする相殺をすることができるかどうかは，AのBに対する貸金債権（自働債権）を取得したのが，Cによる預金債権の差押えより前かどうかによる。

　まず，Aが，Bに対する貸金債権を，CがBの預金債権を差し押さえるより前に取得していた場合，Aには，相殺に対する合理的な期待があるといえる。したがって，この場合，Aは，Bに対する貸金債権とBのAに対する預金債権とを相殺することができる。もちろん，Aの貸金債権（自働債権）とBの預金債権（受働債権）とが相殺適状になければ相殺はできない。したがって，AのBに対する貸金債権の弁済期が，CによるBの預金債権の差押え時に到来していなかった場合，Aは，その貸金債権の弁済期が到来するのを待って相殺することになる。

　これに対して，Aは，Cが，BのAに対する預金債権を差し押さえた後に，Bに対する貸金債権（自働債権）を取得した場合，Bの預金債権を受働債権として相殺することはできない（511条1項）。相殺を許せば，Aが，Bの預金債権がCによって差し押さえられた後に，Bを債務者とする金銭債権をどこからか安く譲り受けて（金銭債権の額面が300万円であっても，Bからその債権を回収する見込みが低ければ，その市場価格は300万円よりはるかに安くなる），Bの預金債権と相殺することにより，差押債権者Cの利益を害する可能性があるからである。Aは，BのAに対する債権が差し押さえられた時にはBに対して債権を有していなかったのだから，相殺の合理的期待はなく，Aを保護する必要もない。

差押え後に取得した自働債権の「原因」が差押え前にあれば相殺できる

　もっとも，差押え後に自働債権を取得した場合であっても，自働債権の

「原因」が差押え前にあれば，相殺ができる。

　それは，たとえば，つぎのような場合である。Aは，Aに対して100万円の貸金債権（a債権）を有するBから，DのBに対する200万円の債権の保証人になってほしいと頼まれた。そこで，Aは，Dとの間で，DのBに対するこの債権を保証する契約を結んだ。このとき，Aは，かりに，Aが保証人としてDに弁済しなければならなくなっても，主たる債務者であるBに求償できるから，Bに対する求償債権（459条）をa債権と相殺すればよいと考えていた（保証人の求償権については，→90頁～91頁）。

　さて，Bは，Dに対する債務を弁済せず，Aは，Dに200万円の保証債務を弁済した。ところが，Aがこの保証債務を弁済する前に，a債権はBの債権者Cによって差し押さえられていた。

　この例で，AがBに対する求償債権（自働債権）を取得したのは，AがBに代わってDに200万円を弁済した時，つまり，a債権（受働債権）がCによって差し押さえられた後である。したがって，511条1項によれば，Aは相殺することはできない。

しかし，Ａの求償債権は，Ｂの委託に基づくＤとの保証契約によって生じたものである。そして，保証契約成立時に，Ａが，将来発生するかもしれないＢに対する求償債権と，α債権との相殺を期待するのは当然といえる。511条2項は，このように，自働債権を取得したのが差押え後であっても，自働債権が差押え前の「原因」（この例では保証委託契約）に基づいて生じたときには，相殺ができると定めている。したがって，Ａは，Ｂに対する求償債権を自働債権としてα債権と100万円の限度で相殺することができる。

　同じことは，α債権がＡＢ間の保証委託契約成立後に発生し，それがＣによって差し押さえられた場合にもあてはまる。

債権譲渡の対抗要件具備時までに取得した自働債権で相殺できる

　相殺の担保的機能をどの程度認めるかは，債権が譲渡された場合にも問題になる。たとえば，Ａから300万円の事業資金を借りていた建築業者Ｂが，Ａの自宅の改装工事を請け負って，Ａに対し100万円の請負報酬債権を取得したとする。その後，ＢがＡに対するこの報酬債権をＤに譲渡した場合，Ａは，Ｂに対する貸金債権を自働債権として，Ｄに譲渡された報酬債権と相殺することができるか。

　債権譲渡がされた場合，譲渡された債権の債務者は，債権の譲受人が債権譲渡の対抗要件を備えた時より前に，譲渡人を債務者とする債権を取得したときは，譲渡人に対する債権を自働債権として，相殺をすることができる（469条1項）。相殺に対する合理的な期待を有していた債務者が，債権譲渡によって不利益を受けるべきではないからである。先の例では，譲渡された報酬債権の債務者Ａは，債権譲渡より前に（したがって譲受人Ｄが債権譲渡の対抗要件を具備するより前に）譲渡人Ｂに対して貸金債権を取得していたから，この債権を自働債権として，譲渡された報酬債権と相殺することができる。この場合，債権譲渡によって「2人が互いに」債務を負担する（505条1項）状態ではなくなっているが，債権譲渡がされなければＡとＢは互いに債務を

負担していたのであり，債務者Aの相殺に対する正当な期待を，債権譲渡によって奪うべきではない。そこで，民法は，このような場合に，AがBに対する債権で相殺することを認めている。

さらに，自働債権を債権譲渡の対抗要件具備後に取得したとしても，相殺ができる例外的な場合がある。それは，つぎの2つの場合である。

債権譲渡の対抗要件具備より前に自働債権の「原因」があれば相殺できる

第1に，債権譲渡の対抗要件具備より前に自働債権の「原因」が存在していた場合，対抗要件具備後に発生した自働債権で，相殺することができる（469条2項1号）。

たとえば，つぎのような場合がそれにあたる。Aは，Aに対して100万円の貸金債権（α債権）を有するBから，CのBに対する200万円の債権の保証人になってほしいと頼まれた。そこで，Aは，Cとの間でCのBに対するこの債権を保証する契約を結んだ。その後，Bはα債権をDに譲渡してその旨Aに通知した。それから，CのBに対する債権の履行期が到来し，Aは保証人としてCに200万円を弁済したとする。この場合，AのBに対する求償債権は，AがCに200万円を弁済した時，つまり，α債権についてDへの債権譲渡の対抗要件を具備した後に発生している。したがって，469条1項によれば，Aは，この求償債権を自働債権としてα債権と相殺することはできない。しかし，Aの求償債権は，債権譲渡の対抗要件が具備される前の「原因」（Bとの保証委託契約）に基づいて生じている。そして，α債権の債権譲渡について対抗要件が具備される前に保証委託契約を結んだAは，将来生じるかもしれない求償債権とα債権を相殺することについて合理的な期待を有していたといえる。このように，債権譲渡の対抗要件具備より前に，自働債権の「原因」が発生していた場合には，自働債権が対抗要件具備後に生じた場合であっても，相殺することが認められている。

同じ契約から生じた債権であれば，契約締結前に譲渡されていても相殺できる

第2に，つぎのような場合にも，相殺が認められる。たとえば，製造業者Bが，取引先である小売業者Aとの間で，継続的な取引関係にあったとする。あるとき，Bは，向こう1年間にAとの間で締結される売買契約に基づくAに対する代金債権をDに譲渡し（将来債権の譲渡。→106頁），その旨Aに通知した。1か月後，Bは，Aとの間で商品甲の売買契約を結び，Dは，BD間の債権譲渡に基づき，Aに対して甲の代金債権50万円を得た。ところが，BからAに引き渡された商品甲に契約不適合があったため，Aは，Bに対して20万円の損害賠償債権（*a*債権）を取得した。

この場合，BからDへの将来債権の譲渡は，AB間でされた商品甲の売買契約が成立する前に，債権譲渡の対抗要件を備えている。したがって，Aが*a*債権を取得したのは債権譲渡の対抗要件具備後であるのみならず，その原因である商品甲の売買契約が成立したのも，対抗要件具備後である。

しかしながら，Dに譲渡された代金債権と，AのBに対する損害賠償債権とは，どちらも，同一の売買契約から生じている。このような場合に，Aが，商品甲の契約不適合による損害賠償債権と甲の代金債権とは相殺できると考えることには合理性がある。また，もし，Aが，Dへの債権譲渡の対抗要件具備後は，同じ契約から生じるかもしれないBに対する債権を，Bに対する代金債務と相殺できなくなるとしたら，Aは，Bと安心して取引を続けることができないだろう。

そこで，民法は，譲渡された債権（BのAに対する代金債権）の発生原因である契約（AB間の商品甲の売買契約）から生じた債権（AのBに対する損害賠償債権）は，債権譲渡の対抗要件具備後に発生した場合であっても，これを自働債権として，譲渡された債権と相殺できることとした（469条2項2号）。これは，Aの相殺に対する合理的な期待を保護し，Aが，将来債権を譲渡したBと安心して取引を継続できるようにするためである。

したがって，前述の例では，Aは，Bに対する20万円の損害賠償債権を自
働債権として，DのAに対する50万円の代金債権と相殺することができる。

第3節　そのほかの消滅原因

民法には，債権の消滅原因として，このほか，更改（513条），免除（519
条），混同（520条）が定められている。

1　更　　　改

更改とは

　更改とは，当事者の合意によって，給付の内容または債権債務関係の当事
者を変更して，当事者間に新しい債務を発生させると同時に，もとの債務
（旧債務）を消滅させることをいう（513条）。

　たとえば，友人Aに3万円を借りていたBにお金がないことを知ったAが，
Bとの合意により，Bの債務の内容を，Aの下宿の引っ越し作業を数日間手
伝うことに変更し，Aに対する3万円の支払はしなくてよいと定めたとしよ
う。このとき，BのAに対する3万円の金銭債務は更改により消滅し，Bは，
Aに対して，引っ越し作業を手伝うという内容の新しい債務を負う。旧債務
と新債務には同一性はない。

　このように，更改は，それまでに存在していた債務を消滅させるという重
大な効果を生じさせるので，給付の変更が更改にあたるためには，給付の内
容に「重要な変更」がされたことが必要である（同条1号）。たとえば，Aか
ら10万円を借りたBが，この債務（a債務）の担保として，自分の高級腕時
計甲を質物としてAに渡したとしよう。その後，AとBとの合意により，B
の債務の返済期限を1か月延ばしたとする。この例では，給付の内容に重要

な変更はないから，更改にあたらない。かりに，この場合に更改があったとすると，ＢはＡに対して新たに10万円を返済する債務（β債務）を負うと同時に，旧債務（α債務）は消滅する。そうすると，担保権の付従性により，α債務を担保していたＡの質権も消滅してしまい，Ａに不当な不利益が生じてしまう。

更改によって債権者や債務者を変更することもできる（同条2号・3号）。実際には，債権債務関係の当事者の変更のために更改が用いられることは少ないといわれている。先に述べたように，更改は旧債務といっしょに，旧債務を被担保債務とする抵当権や保証などの担保も消滅させてしまうが，それでは，債権の同一性を保ったまま当事者だけを変更させたいと考える多くの当事者にとって不都合だからである。そこで，そのような当事者は，更改ではなく債権譲渡や債務引受（→118頁）を用いることになる。

代物弁済と更改の違い

更改は，代物弁済と似ているが，代物弁済はあくまで弁済の1つである。したがって，代物弁済では，債務者が代わりの給付をして初めて本来の債務が消滅する（482条）。これに対し，更改は，新しい債務を発生させる合意であり，新しい債務が履行されるかどうかとは関係なしに，更改の合意が成立した時に旧債務が消滅する点に特徴がある。

たとえば，ＢのＡに対する3万円の債務の代物弁済として，ＢがＡの引っ越し作業を手伝うことが合意された場合，Ｂが引っ越し作業を手伝わなければその3万円の債務は消滅しない。また，Ｂは，3万円の債務を弁済すれば，引っ越しの手伝いには行かなくてよい。

これに対して，ＡＢ間のこの合意が更改であれば，合意の時にＢの3万円の債務は消滅してしまう。もしＢが引っ越し作業を手伝わないときは，Ａは，その債務不履行責任をＢに問うしかない。

　毎年，秋になるとプロ野球選手の契約更改が話題になる。同じ「更改」という言葉が使われているので，これも513条の更改かな，と思った人もいるかもしれない。しかし，プロ野球選手の契約更改は，契約期間が満了するのに伴い，新たに別の契約を結ぶことであって，意味がまったく異なる。

　たとえば，契約期間がその年の元旦から大晦日と定められていた場合に，11月頃，次の年の元旦からの契約を締結したからといって，その年の年末までに両当事者が負う債務（たとえば，球団が選手に支払う年俸を分割して毎月月末に支払うことになっていた場合の，11月分と12月分の報酬支払債務など）は消滅しない。

2　免　　　除

　免除は，債権者の一方的な意思表示により，債権消滅の効果を生じさせる（519条）。債務者の同意は必要でない。

　債務の免除は，たとえば，3万円の貸金債権のうち1万円だけ免除するように，債権の一部について行うこともできる。

3　混　　　同

　たとえば，Bがその父Aに10万円を借りていたところ，Aの死亡によりBがAのBに対する10万円の債権を相続したとしよう。このとき，債権者と債務者とが同一人になることにより，債権は消滅する（520条本文）。権利を存続させる必要がないからである。これを債権の混同という。物権にも，同様の規定がある（179条）。

　混同による消滅は，権利を存続させる必要がないことを理由とするから，その必要があるつぎの2つの場合には，例外として，債権者と債務者が同一人になっても債権は消滅しない。

　第1に，たとえば，BがAから相続した，AのBに対する10万円の貸金債権に，Cのために質権が設定されていた場合など，債権が第三者の権利の目的となっているとき。このときは，債権者と債務者が同一人になっても債権は消滅しない（520条ただし書）。このような場合に，混同によって債権が消滅してしまうと，第三者の権利（この例ではCの質権）を不当に害することに

なるからである。

　第2に，債権者と債務者が同一人になったとしても，債権の消滅を認めるべきでないとき。たとえば，債権が，手形や小切手などに証券化されたり，あるいは電子化されて，流通性をもつときには，一時的に債権者と債務者とが同一人になったとしても，再び債権が譲渡されて債権者と債務者が別々になることが予定されている。このような場合には，混同による債権の消滅は生じない（手形11条3項，小切手14条3項，電子記録債権22条1項参照）。

第2編

契　約

第**8**章　契約とは

契約とは

　契約とは，伝統的には，２人以上の者の意思表示の合致，すなわち合意をいうとされてきた。たとえば，売買契約であれば，売主がある物をある価格で売るという意思表示をし，買主がその物をその価格で買うという意思表示をする場合である。これは，１人の者の意思表示だけで効力を生じる法律行為である単独行為との違いを強調した外形的な定義である。

　他方，実質的に考えれば，契約とは約束であるということができる。ただし，旅行先で友人がある時刻に駅まで車で迎えにきてくれる約束のように，守らないと今後の友人関係にひびが入るかもしれないが，法律的な制裁は予定されていないものは契約とはいわない。これと異なって，タクシー会社に駅まで迎えにきてくれるように予約していた場合は，タクシー会社の約束違反に対して，旅行者は損害賠償を請求することができるだろう。これは，旅行者とタクシー会社との間の契約だからである。このように，契約とは，その約束違反に対して法律が一定の制裁を用意している，法律的に意味のある約束をいう。

契約の締結と内容は自由に決定することができる

　当事者は，法令に特別の定めがある場合を除き，契約を締結するかどうかを自由に決定することができる（521条１項）。法令によって契約の締結が義務づけられている場合もある（→154頁のケースのなかで９）。

　また，当事者は，法令の制限内において，契約の内容についても自由に決定することができる（同条２項）。もっとも，実際には，消費者取引の多くにおいては，事業者があらかじめ定めた契約条件について協議による変更の余

地がなく，契約を締結するかどうかの決定のみしかできない場合が多い（→コラム㊼）。

ケースのなかで 9　NHK との受信契約は締結が強制される

放送法64条1項は，日本放送協会（NHK）と視聴者との放送受信契約について，「協会の放送を受信することのできる受信設備を設置した者は，協会とその放送の受信についての契約をしなければならない」と定めている。X（NHK）は，受信設備を設置したYに対して受信契約の申込みをしたのにYが承諾をしなかったので，主位的に受信料の支払請求，予備的に締結義務の履行遅滞による損害賠償請求，承諾の意思表示と受信料の請求，または受信料額相当の不当利得の返還請求をそれぞれ行った。

裁判所は，Xからの申込みの到達による契約成立という主位的主張は認めなかったが，XはYに対して承諾の意思表示を命ずる判決を求め，その判決の確定によって契約が成立するとした。そして，このようにして契約が成立した場合，成立した受信契約に基づき受信設備の設置の月以降の分の受信料債権が発生するが，受信料債権の消滅時効は契約成立時から進行するとした。

《放送法，締約強制，消滅時効……最大判平29年12月6日》

民法の典型契約は何のためにあるのか

現実社会には多様な契約があるが，民法は，契約各則において，それらを13の契約類型に整理している。すなわち，贈与，売買，交換，消費貸借，使用貸借，賃貸借，雇用，請負，委任，寄託，組合，終身定期金，和解である。これらの契約を典型契約，または民法上名前が付されていることから有名契約とよぶ。現実には，たとえば，リース契約，クレジット契約，フランチャイズ契約，知的財産のライセンス契約などのように，13の典型契約のいずれにも属さない重要な契約類型も多い。これらは，非典型契約とか，無名契約（実際には名前が付いているが，民法にはないので）とよばれる。

典型契約の規定は，ほとんどがそれと異なった特約を当事者間ですることが許される任意規定であるから，当事者間に特約がある場合には，その特約

事業者が不特定多数の相手方と取引をするために，あらかじめ定めている契約条項のセットを約款という。約款は，それを作成する事業者側に一方的に有利な内容になりがちなので，その効力等について学説上議論がされてきたが，民法は，そのうちの「定型約款」について規定している。

相手方は定型約款の内容を見る機会が事前に与えられていなくても，定型約款を契約内容とする旨を合意した場合，または定型約款を準備した事業者（定型約款準備者）があらかじめその定型約款を契約内容とする旨を相手方に表示していた場合には，定型約款の個別の条項についても合意したものとみなされ（548条の2第1項），定型約款準備者が事前の開示を求められたのに開示を拒否した場合にのみ，定型約款は契約合意の内容とならない（548条の3第2項）。

さらに，事前開示の拒否がなくても，相手方の権利を制限し，または相手方の義務を加重する条項であって，取引の態様や実情，取引上の社会通念に照らして信義誠実の原則に反して相手方の利益を一方的に害すると認められるものについては，合意をしなかったものとみなされる（548条の2第2項）。

また，料金や役務の内容の変更を含む定型約款の条項の変更について，その変更が，相手方の一般の利益に適合する場合に加えて，契約をした目的に反せず，かつ変更の必要性，変更後の内容の相当性，変更の定めの有無と内容等に照らして合理的なものである場合には，相手方の同意がなくても一方的に変更できる（548条の4第1項）。

このような法的効果を伴う定型約款とは，①不特定多数を相手方とする取引であること，②内容が画一的であることが双方にとって合理的である取引であること，③そのような取引（定型取引）の契約の内容とすることを目的として準備された条項であること，という3つの要件をすべて満たすものをいうとされている（548条の2第1項柱書）。電気・ガス供給，電気通信，公共交通機関の運送に関する取引などがその典型であるが，具体的に現在用いられているどの約款が定型約款に該当するかは，今後の判例の積み重ねを待つしかない。

が適用される。しかし，たとえば，売買契約をするにあたって，詳細まで当事者間で取り決めておくことはまれである。典型契約の規定は，長年の歴史的経験から妥当と考えられるルールをセット化したものであり，特約がない場合に補充的に適用される。極端な話，売買であれば，当事者は目的物と価格だけを確認しておけば，あとは民法が決めてくれるのである。

典型契約の規定には，さらに，契約交渉をする当事者や契約に関する紛争を処理しようとする裁判官に，典型契約を道標として利用させるというガイ

ドラインのような役割もある。消費者契約においては，法令中の公の秩序に関しない規定（すなわち，任意規定や一般的な法理）と比べて消費者の権利を制限したり，消費者の義務を加重することによって，信義誠実の原則に反して消費者の利益を一方的に侵害する特約は，無効とされる（消費契約10条）。ここでは，民法の任意規定が契約条項の不当性を判断する要素の1つとなっている。

民法の典型契約はいろいろに分類される

契約には，双方が対価的な財産上の支出を負担する有償契約と，一方のみが支出を負担する無償契約がある。13の典型契約のうち，売買，交換，賃貸借，雇用，請負，組合，和解が有償契約であり，贈与と使用貸借が無償契約であり，消費貸借，委任，寄託，終身定期金には両方の場合がある。

契約の成立のために，当事者の意思の合致のみがあればよいものは諾成契約とよばれる。民法は諾成契約の原則をとっており，典型契約は，消費貸借を除き，すべて諾成契約である。消費貸借は原則として目的物の引渡しが契約の成立要件とされており（587条），このようなタイプの契約を要物契約とよぶ。また，契約の成立に書面の作成などの一定の方式を必要とする契約を要式契約とよぶ。民法は，一定の方式を必要としないことを原則としている（522条2項）。書面でする消費貸借（諾成的消費貸借。587条の2第1項）は，この意味で要式契約ということになる。典型契約ではないが，保証契約も要式契約である（446条2項）。

契約が成立することにより，当事者双方が対価関係にある一定の債務を負担するタイプの契約を双務契約，一方のみが債務を負担したり，双方が対価関係にない債務を負担したりするタイプの契約を片務契約という。もっとも，片務契約という概念には，双務契約ではないという以上の積極的な意味はない。契約総則中の同時履行の抗弁および危険負担の規定は，双務契約にのみ適用される。使用貸借と負担付きでない贈与は無償契約であり，かつ片務契

約である。使用貸借の貸主は借用物を引き渡す債務を負い，借主は契約が終了したときに目的物を返還する債務を負っているが（593条），これら 2 つの債務は対価関係に立たないので，双務契約とはよばない。また，消費貸借が，書面によらないために要物契約である場合は，利息の定めがあって有償契約であっても，なお民法上は片務契約であるとされている。これは，有償契約・無償契約は経済的な意味での両当事者の対価性のある負担の有無を問題とする分類であるが，消費貸借が要物契約である場合には，貸主からの財産上の出捐行為である貸付けは契約成立時点ですでに終わっており，成立後は借主の元本返還債務と利息支払債務しか残らないためである。

13の典型契約については，贈与，売買，交換を権利移転型契約，消費貸借を信用供与型契約，使用貸借，賃貸借を貸借型契約，雇用，請負，委任を役務提供型契約とグルーピングすることもある。本書では，このようなグルーピングに従って，以下で解説する。

なお，民法では，契約に共通に適用されるルールは，典型契約に関する規定とは別に契約総則として規定されているが，本書では，契約総則については，もっとも日常的な典型契約である売買に即して解説する。

★ コラム㊽：第三者のためにする契約も可能

契約は契約の当事者のみに権利を与え，義務を負わせるのが原則であるが，たとえば，ＡＢ間の売買契約において，当事者以外の第三者Ｃに対して買主Ｂが代金を支払う義務を負うと定める場合のように，契約の相手方に対してではなく，第三者に対して給付をすることを約束することもできる（537条1項）。これを，第三者のためにする契約とよぶ。第三者が未だ存在していなかったり，特定していない場合でもよい（537条2項）。上記のようなケースでは，ＡがＣに対して代金相当額を贈与する趣旨の場合や，Ｃに対して負担している貸金債務の返済の趣旨でされるのが普通であろう。第三者を受取人とする生命保険契約は第三者のためにする契約の一種であるが，保険法に特別の規定がおかれている（保険8条・42条・71条）。

第三者のためにする契約においては，第三者が債務者に対して，その契約の利益を享受する意思を表示した時点で，債務者に対して直接に給付を請求する権利を当該第三者が取得することとなる（537条3項）。そして，第三者が受益の意思を表示した時点以降は，契約の当事者は，第三者の取得した権利を変更したり，消滅させたりすることができなくなる（538条1項）。ただし，債務者Ｂが第三者Ｃに対する債務を履行しない場合，債務不履行を理由に契約を解除できるのは，Ｃではなく，当初の契約の当事者である相手方Ａのみであるが，Ａは解除について受益の意思を表示したＣの承諾を得ておく必要がある（538条2項）。他方，債務者は，当事者間の契約に基づく抗弁を第三者に主張することができる（539条）。上記の例でいえば，代金債務の債務者Ｂは，売主Ａが売買目的物をＢに引き渡していない場合には，同時履行の抗弁権を理由に，Ｃに対して代金債務の履行を拒むことができる。

第9章　権利移転型契約

　売買とは，当事者の一方（売主）がある財産権を相手方（買主）に移転することを約束し，これに対して相手方が代金を支払うことを約束する契約である（555条）。金銭を支払って物を購入するという契約であり，人類の歴史において貨幣が発生して以来，市民生活にとっても，企業間取引にとっても，もっとも身近な契約である。互いに移転される財産権と金銭とは対価関係にあるから，売買は有償契約である。しかも，有償契約の典型とされ，売買に関する規定は，性質の許すかぎり，広く他の有償契約にも準用される（559条）。

　売買は，財産権と金銭との交換であるともいえるが，金銭以外の財産権を互いに移転する民法の典型契約としての交換（586条）と区別される。他方，財産を当事者の一方のみが相手方に無償で与える契約が贈与である。これらの3つのタイプの契約は，いずれも，物の所有権等の財産上の権利が当事者の一方から相手方に究極的に移転するという点に共通性がある。そのため，これらの3つのタイプの契約をまとめて，権利移転型契約とよぶことがある。

　売買契約は，市場経済の基本となる取引類型であり，契約に関するルールが売買契約をモデルに発展してきたことから，本書では，民法の契約総則（521条以下）に定めのある契約の成立，契約の効力，契約の解除の問題についても，売買契約に即して，売買の節で解説する。

第1節　売　　　買

1　売買契約の成立

1 – I　申込みと承諾

申込みと承諾が合致することによって契約が成立する

　売買契約は，売主Aがある画家の絵を100万円で売るという意思表示を行い，それに対して買主Bがその絵をその価格で購入しようという意思表示を行う場合のように，申込みに対して相手方が承諾をしたときに成立する（522条1項）。コンビニの商品を購入するときのように取引条件が単純で値引きの余地のない場合は，申込みと承諾の区別は単純であるが，複雑な契約条件について長期間の交渉が行われる取引の場合には，どれが申込みでどれが承諾かの区別は困難であるし，とくに区別する必要もない。民法の契約成立に関する規定は，前者のような単純なタイプをモデルとしている。

　申込みは，それに対して承諾がされれば契約が成立するだけの具体的な内容を伴ったものでなければならない。売買であれば，目的物が特定しているか，あるいは特定可能（型番や色で）であることが必要である。代金額については多くの場合には契約の時点で確定しているが，契約時点では確定していなくても，契約締結時以降の特定の日の取引所での相場価格によるというように，確定可能であればよい。履行期や履行場所は契約の付随的な事項であるから，決めておかなくても売買の成立に影響はない。合意がなければ，412条3項・484条・573条・574条等の任意規定が適用される。

　分譲住宅のチラシが新聞に折り込んである場合，チラシには目的物件も特

　インターネット上の通信販売で価格を1桁間違えて異常に安く表示してしまった場合，消費者の意思表示を申込みとみれば，販売業者が承諾の意思表示を発信する前に誤表示に気づいたときは，承諾の意思表示をしなければよい。しかし，消費者の意思表示を承諾とみれば，表示価格で販売する契約がいったん成立した後に錯誤取消しが認められるかどうかという問題になる。この点で，通信販売においては，在庫がなくなってしまった場合には契約の締結を断ることもあることから，消費者からの意思表示は申込みであるとされる。

　ただし，消費者からの意思表示は申込みであるとしても，申込みを受け付けた時点で申込者の見ている画面に，申込みを承諾したかのような表示がされていると，承諾の意思表示ではないとの錯誤の主張は事業者であることから重大な過失によるものと評価されるので，誤表示された価格で契約が成立したことになる。トラブル防止のために，「申込みを受け付けたが，承諾メールは追って送る」趣旨の画面表示にしている例もある。

定されているし，分譲価格も記載してある。しかし，このチラシを見て，分譲業者のところにでかけて行って，その価格で購入したいと言っても，それで契約が成立するわけではない。分譲業者としては，買主がどれだけ本気で契約しようとしているのか，代金の支払のめどはあるのか等を判断してから，契約をするかどうかを決めるのが普通であろう。このような場合のチラシに記載された表示は，まだ申込みではなく，「申込みの誘引」であるにすぎないとされる。チラシを見て行う買主の購入の意思表示が申込みであり，売主には承諾するかどうかの自由がまだ残されている（→**コラム㊾**）。

黙示の承諾の意思表示でもよい

　承諾の意思表示は，明示のものであっても，黙示のものであってもよい。明示の承諾の意思表示とは，言葉で承諾の意思があらわされる場合である。黙示の承諾の意思表示とは，行為や態度から承諾の意思が表明されているとみられる場合である。

　離れた場所にいる当事者間において，手紙でやりとりしているような場合を隔地者間の契約といい，対面あるいは電話でやりとりしている場合を対話者間の契約という。黙示の承諾の意思表示には，対話者間の取引で，うなず

★ コラム㊿：申込みの意思表示と意思実現によっても契約は成立する

　527条は，申込者の意思表示または取引慣習上，承諾の通知を必要としない場合は，承諾の意思表示と認めることのできる事実があった時点で，契約が成立するとしている。これが「意思実現による契約の成立」とよばれるものである。

　意思実現の典型的な場合として挙げられるのは，顧客から郵便で宿泊の予約（これは，法律的には契約の申込み）を受けたホテルが顧客の名前を予約簿に記入する行為や，販売の申込書を同封して送付されてきた商品を受取人が消費したり，使用したりする行為である（ただし，消費者に対して送り付けられてきた場合について，→コラム㊶）。いずれも，申込者に向けてされた行為ではないので，承諾の通知が欠けている。

　すなわち，意思実現による契約の成立とは，申込者に対して向けられたものではないので，意思表示ではないが，被申込者の効果意思が対外的に表示されたに等しいと評価できる事実があれば，その事実の時点で契約が成立するというものである。

くとか，黙って品物をわたすとかいった場合のほか，隔地者間の取引では，申込みに応じて注文された商品を発送するとか，申込書を同封して送られてきた商品の代金を払い込むという場合などが該当する。商品の発送や代金の払込みによって黙示の承諾がされるときは，商品や代金が申込者に到達した時点で，黙示の承諾の意思表示（通知）が到達し，同時に承諾者からの契約債務の履行（商品引渡しまたは代金支払）がされたということになる。実際，通信販売では，通販事業者が，消費者からある商品の購入の申込みを郵便で受けた場合には，注文を受けた旨の返事を別途出さないで，商品を発送するのが通例である（なお，意思表示を伴わない意思実現による契約の成立について，→コラム㊿）。

　単なる沈黙も，その場の状況や当事者間の取引慣行によっては，承諾の黙示の意思表示と認定されることがある。

　なお，商法では，商人が平常取引を行っている者から，その商人の営業の部類に属する契約の申込みを受けたときは，遅滞なく諾否を通知しなければならず，そうしないと申込みを承諾したものとみなされる（商509条。→コラム㊶）。

★ コラム(51)：ネガティブ・オプションで契約は成立しない

注文もしていないのに，一方的に商品を送り付けてきて，「不要な方は○○日以内に返送してください。返送しない場合は，購入されたものとして扱います」といった文書が同封されている場合がある。契約の申込みにおいて，一定期間内に承諾しない旨の意思表示をしないかぎり，承諾したことになるという条件を一方的に付してある場合をネガティブ・オプションとよぶ。ちょうど承諾期間の定めのある場合の逆であるが，商法509条の適用される場合のような商人が平常取引をする者でないかぎり，このような条件の効力は認められない。

したがって，指定の期間を経過しても契約が成立するものではないが，商品を一方的に送ってきている場合には，購入しないかぎり，当該商品の所有権は申込者の側にあるから，捨てるわけにもいかず，保管義務を負わされることになる。そこで，特定商取引法59条（2021年改正）は，このような場合に，申込者は返還を請求することができないと定めた。したがって，一方的な送付を受けた者は，当該商品を自分のものとして使用しても，またゴミとして処分してもよい。

1－Ⅱ　契約の成立時期

承諾通知の到達時に契約が成立する

隔地者間の契約の場合，当事者が意思表示の通知を発信したとしても，それが相手方に到達するまでに一定の期間が必要である。意思表示は，その通知が相手方に到達した時から効力が生じる（97条1項）から，対話者間では承諾の意思表示と同時に，また隔地者間では承諾の通知が申込者に到達した時に成立する。

また，意思表示は，表意者が通知を発した後に死亡したり，意思能力を喪失したり，行為能力の制限を受けたとしても，効力は変わらないのが原則であるが（97条3項），申込みについては，申込者がその事実が生じたとすれば申込みは効力を生じない旨の意思を表示していた場合や相手方が承諾の通知を発するまでにその事実を知った場合は，効力がなくなる（526条）。

承諾期間の定めのある場合は期間内の承諾通知の到達が必要

申込みに承諾期間の定めのある場合には，その期間内に承諾の通知が申込者に到達しなければ，申込みは効力を失う（523条2項）。したがって，申込

　インターネット・オークションの場合，出品者と落札者との間での売買契約がオークションのどの段階で成立するか。落札の瞬間に契約が成立して，その価格で商品を引き渡す義務や代金を支払う義務が発生するのだろうか。出品者と入札参加者があらかじめこの点についての合意をしていれば，それに従うことになるし，また，もしオークションサイト運営事業者の利用規約や会員規約が，この点を明確にしているならば，それが出品者と落札者との間でも一種の基本契約の約款として機能することになるが，利用規約・会員規約では必ずしも明確に規定されていない。

　契約成立の詳細についてまで利用規約・会員規約で規定すると，トラブルが生じた場合の民事責任を運営事業者が負担させられる可能性があるので，契約の成否は当事者間の問題であることを運営事業者は強調している。運営事業者の見解によると，オークションサイトは広告掲載サービスによる取引の機会を提供しているにすぎないのであり，オークションでの落札は交渉権の取得にすぎず，落札後の取引当事者間での売買契約の締結とその履行は，当事者間で自主的に行われることになるとされている。

者としては，承諾期間経過後に到達した承諾を無視してもよいが，相手方からの新たな申込みとみなして，それに対して承諾することによって契約を成立させることもできる（524条）。

　なお，申込みに承諾期間の定めのある場合には，申込者が撤回権を留保している場合を除き，その期間内は申込みを撤回することができない（523条1項）。

承諾期間の定めのない場合はどうなるか

　対話者間で承諾期間の定めのない申込みがされた場合は，対話が継続している間はいつでもその申込みを撤回することができ（525条2項），その対話の間に承諾がされないと契約は成立しないのが原則である（525条3項）。これに対して，隔地者間で承諾期間の定めのない申込みがされた場合は，申込みの撤回は承諾の通知を受けるために相当な期間内はできないとの規定（525条1項本文）はあるが，525条3項に対応した規定がない。そこで，承諾の返事を受けるために相当な期間を経過した後に到達した承諾であっても，

申込みが撤回されていないかぎり，有効であると解されている。

　とはいえ，申込みの効力が永遠に存続するというのは，申込者の予期に反する。この点で，商法は，商人である隔地者間の場合，相当期間内に承諾の通知が発信されないときは，申込みの効力がなくなるとしている（商508条1項）。そこで，商人間でない場合についても，同条を類推適用して，取引の慣行や当事者間の過去の経緯からみて相当の期間内に承諾の通知を発しなかったときは，申込みの効力がなくなると解されている。同じ相当期間という用語を使うが，商法508条1項の承諾によって契約を成立させることのできる期間は，民法525条1項の申込みを撤回できない期間よりは長い。というのも，前者は，申込みを受けた者の契約の成立に向けた利益を最大限保護しようとするものであるのに対して，後者は最小限の保護であるからである。

1 - Ⅲ　契　約　書

　契約の成立には，法令に特別の定めのある場合を除き，書面の作成その他の方式を備える必要はない（522条2項）。民法では，契約の成立に書面を要求する規定はほとんどない。唯一の例外が保証契約の場合（446条2項）である。書面によらない贈与で，未履行の部分は，いつでも解除できるとの550条も，書面によらない贈与契約の拘束力をかなり弱いものとしているが，書面がなくても贈与契約自体は成立している。消費貸借は原則として金銭その他の物の受取りによって成立する要物契約であるが（587条），書面でする場合は受取りがなくても契約は成立する（587条の2）。

　売買契約も不要式の諾成契約であり，売買契約書の作成は契約の成立要件ではないが，契約書は後に契約の成立や内容について争いが生じた場合の有力な証拠として機能する。さらに，証拠となるだけではなく，代金債務や貸金債務などの金銭債務を発生させる契約については，強制執行認諾文言のついた公正証書（執行証書）を作成しておくと，裁判所に訴えて給付判決を取得しなくても代金債権や貸金債権の回収のための強制執行ができる（民執22

条5号）。企業間取引では，書面による基本契約を結んだ上で，個々の売買については，発注者からの注文書と受注者からの注文請書の交換でされることが多い。

1 - Ⅳ　予約と手付

民法の規定する予約は一方の予約

　民法の規定する予約とは，相手方から本契約の成立を求める意思表示（予約完結の意思表示）があれば，予約者の承諾を待たずに本契約成立の効果を生ずる場合を意味し，「一方の予約」とよばれる（556条1項）。すなわち，予約完結の一方的意思表示によって，ただちに本契約が有効となり，それに基づいて債務の履行（目的物の引渡しなど）を請求できるのである。この条文は，「予約完結権を与える契約」という意味で，予約完結権をもつ者を「相手方」，予約完結権者の相手方を「予約者」とよんでいることに注意しよう。

　不動産に関する予約完結権者の権利は仮登記によってあらかじめ保全しておくことが可能であることから，代物弁済予約（→本シリーズ物権〔第2版〕189頁）に典型的にみられるように，予約は担保の目的で利用されることがある。これに対して，チケットの予約や本の予約販売という場合の予約は，民法上の予約ではなく，将来において履行期が到来する本契約そのものである。

手付はなんのために交付されるのか

　手付とは，契約締結の際または締結後に，当事者の一方から他方へ交付される一定額の金銭である。売買では，通常，買主から交付されるが，手付以外の名称で交付される場合もあり，代金額との割合もさまざまである。内金とよばれる場合は，代金の一部支払を意味するが，手付金も契約が履行される場合には代金の一部に充当されるのが原則である。内金も手付の性質を兼ねる場合がある。

手付には，契約締結の証拠としての役割が必ずあるほか，解約手付や違約手付の場合がある。

　解約手付とは，解除権の留保の対価として授受される手付であり，相手方の債務不履行がなくても，手付交付者は手付を放棄することによって，また手付受領者は手付の倍額を償還することによって，契約を解除することができる。手付の交付者からの解除は意思表示のみで足りるが，受領者からの解除は，手付の倍額の提供（現実の提供）が必要である（557条1項）。解約手付による解除も遡及効をもつが，債務不履行によるものではないから，損害賠償の問題は生じない（同条2項）。

　違約手付とは，債務不履行の場合に没収または倍戻しされる趣旨の手付である。これには，債務不履行による損害賠償の請求とは別に，手付金没収または倍戻しを求めることができるいわゆる違約罰にあたる場合と，手付金没収または倍戻し以外に損害賠償を請求しえないとする損害賠償額の予定（420条1項）にあたる場合とがある。

手付は解約手付と推定される

　民法は，手付は解約手付と推定する旨の規定をおいている（557条1項）。そのため，契約の拘束力を弱める解約手付と拘束力を強める違約手付が，1つの契約のなかで両立しうるかという点が問題となる。債務不履行状態にある側からは，違約手付であれば，相手方があくまで本来の債務の履行を請求してくるかぎり，履行義務を免れることはできないが，解約手付の性質も帯びているということであれば，解除により履行義務を免れることができるからである。判例は，両者は十分に両立しうるとする（→168頁の**ケースのなかで10**）。

　他方，日本では，手付を打たない契約は，契約としての拘束力が弱いという意識があり，その点からは，解約手付ですら，手付を打たない場合よりは，契約の拘束力を強めるとの見方もある。

ケースのなかで 10　　違約手付の条項だけでは解約手付でないとはいえない

　XはY所有の家屋を1万500円で買い受ける契約を締結し，手付金1050円を交
付した。売買契約書には，買主の不履行のときは売主において手付金を没収し，
売主の不履行のときは手付金を返還するとともに手付金と同額を違約金として支
払う旨の条項が含まれていた。契約から1年半後に，Yは，手付金の倍戻しをし
て売買契約を解除する旨を申し入れた。裁判所は，解約手付と違約手付は相容れ
ないものではなく，解除権留保とあわせて違約の場合の損害賠償の予定をし，そ
の額を手付の額によると定めることは少しも差し支えないことであるから，本件
のような契約条項があるだけで，557条の適用が排除されたものとは認められな
いとして，Yを勝訴させた。

　　　　　　　　　　　《解約手付，違約手付，契約の解釈……最判昭24年10月4日》

履行の着手後は解除できない

　解約手付が交付されている場合，当事者の一方は，相手方が契約の履行に
着手するまでは，契約を解除できる（557条1項）。「履行の着手」とは，たと
えば，他人の不動産の売主がその他人から売主への所有権移転登記をした場
合のように，客観的に外部から認識できる形で履行行為の一部を行ったり，
履行の提供をするために不可欠の前提となる行為をした場合をいう。したが
って，履行期前でも，履行の着手は認められる。

　履行の着手後は解除できないことの趣旨は，履行に着手した側が解除によ
り不測の損害を被ることを防止するためであるから，自らが履行に着手した
当事者も，相手方が履行に着手するまでは解除できるとするのが判例である

（→**ケースのなかで**11）。

ケースのなかで 11　履行に着手した当事者からも解除できる

　YはXとの間で，Yが大阪府から不動産の払下げを受けたうえで，これをXに
220万円で売り渡す契約を締結し，Xから手付金として40万円の交付を受けた。
大阪府からYへの不動産の払下げがされ，Y名義の所有権移転登記がされたが，
不動産の価格が急騰したために，Yは，80万円をXに提供してYX間の売買契約
の解除の意思表示をした。裁判所は，Xに譲渡する前提としてY名義の移転登記
をしたことは単なる履行の準備行為にとどまらず，履行の着手にあたるが，履行
に着手した当事者が未だ履行に着手していない相手方に対して解除権を行使する
ことは禁止されていないとした。

《手付，解除，履行の着手……最大判昭40年11月24日》

1‐Ⅴ　契約の締結プロセス

　契約は，一連の交渉のプロセスを経て締結されることも多い。このような
場合には，契約の成立時点を境に，両当事者がなんらの義務も負わないとい
う段階から，債務履行の義務を負うという段階に転ずるという白か黒かとい
う思考は適切ではない。たとえば，不動産の売買契約において，当事者間の
接触・交渉の進展に応じて，契約の成熟度が高まり，当事者の義務や責任が
変わっていくとの考え方が主張されている。

　すなわち，第1段階は，当事者の接触はあるが，具体的な商談は始まって
いない段階であり，この段階では，不法行為法上の注意義務を除き，両当事
者に特段の義務は生じない。

　第2段階は，契約準備段階であり，判例は，信義則上の注意義務を根拠に
重要事項の開示義務や情報提供義務等を認め，契約交渉を挫折させた当事者
に損害賠償責任を負わせている（→170頁の**ケースのなかで**12）。これらの義務
は，相手方を誤らせないための義務であり，相手方を誤らせなければ，自己

都合で契約交渉を打ち切っても責任を問われない。

　第3段階は，代金等を含む契約内容についてほぼ合意に達し，後は契約書の正式調印を待つに至った場合である。この段階では，誠実に交渉し，契約の成立に努めるべき信義則上の義務が課されるに至り，契約締結の拒否には正当の理由が必要ということになる。

ケースのなかで 12　契約準備段階において信義則上の注意義務を負う

　Xが分譲マンションの買受人の募集をしたところ，Yが買受けを希望し，交渉の結果，Yはなお検討を要するので結論を待ってもらいたいと述べ，Xに10万円を支払った。その後，Yから歯科医院を開業するために電気を大量に使用するが，マンションの電気容量はどうなっているかとの問い合わせがあったので，XはYの意向を確かめないまま，変電室の設計を変え，電気容量変更の契約をした。Xはこれらに伴う出費を代金額に上乗せするとYに告げたが，Yはとくに異議を述べなかった。その後，Yがマンションの購入を断ったために，Xが変更に要した費用の損害賠償を請求した。裁判所は，Yの契約準備段階における信義則上の注意義務違反を理由とする損害賠償責任を認め，XYの過失割合を5割ずつとした原審の判断を是認した。

《契約締結上の過失，契約準備段階，契約交渉の挫折……最判昭59年9月18日》

2 売買契約の効力

2 - I 買主の義務と売主の義務

売主の主たる義務は財産権を買主に移転する義務

売主は，目的物の所有権を買主に移転する義務があるが（555条），売買契約の効果として所有権は移転するとされているので，所有権の移転についての特別の手続は不要である。ただし，所有権の移転の時期については，いろいろ議論がある（→本シリーズ物権〔第2版〕46頁～48頁）。農業委員会または知事の許可の必要な農地の売買（農地3条・5条）のように，合意のみによっては権利が移転しない場合は，売主は権利移転に必要な手続に協力する義務を負う。

他人の有する権利の売買も契約としては有効であり，その場合，売主は，権利者である他人からこの権利を取得して，買主に移転する義務を負う（561条）。

さらに，売主は，買主の対抗要件の具備に必要な行為，すなわち，不動産であれば登記（177条）の手続への協力，動産であれば引渡し（178条），債権であれば債務者への譲渡の通知（467条）を行う義務を負う（560条）。

売主は目的物引渡義務を負う

通常，有体物の売主は，目的物を買主に引き渡す義務も負う。

特定物の売買においては，売主は，特約のないかぎり，引渡しまで目的物について善管注意義務を負う（400条）。特約がなければ，引渡しは売買契約締結時の目的物の所在地で行う（484条1項，商516条）。売主は，契約その他の債権の発生原因および取引上の社会通念に照らしてその引渡しをすべき時の品質を定めることができるときは，その品質で目的物を引き渡さなければならず，定めることができないときは，引渡しをすべき時の現状のままで目

的物を引き渡せばよい（483条）。言い換えれば，特定物についても品質の面などで契約内容に適合していないとして売主の担保責任（→180頁）を問われることがあるということである。

不特定物の売買で品質についての特約がない場合は，売主は中等品を引き渡すべきであり（401条1項），売主が引渡しに必要な行為を完了し，または買主の同意を得て引き渡すべき物を指定したときは，以後その物が特定物となる（同条2項）。特約がなければ，引渡しは買主の現在の住所または営業所で行う（484条1項，商516条）。

従物は主物の処分に従うから（87条2項），売主は，従物についても引き渡す必要がある。従たる権利についても同様であり，土地賃借人が借地上の建物を売り渡した場合には，特段の事情のないかぎり，敷地賃借権も買主に移転し，それに伴い，売主は賃借権譲渡についての賃貸人の承諾（612条1項）を得る義務を負う。

買主の主たる義務は代金支払義務

買主は売買契約の効果として代金を支払う義務を負う（555条）。さらに，土地の売買等では，一定期間内は転売してはいけない義務や，一定期間内に建物を建てる義務が特約によって課されることもある。

支払うべき代金の額は一定額に定められていなくてもよいが，少なくとも決定方法が定められていなければならない。時価または相当の対価という決め方でもよい。一定額に定められていても，極端なインフレが起きた場合などのように，契約締結の基礎となった事情が，当事者に予見不可能な事実が生じたことによって変化してしまったような場合には，契約内容の改訂や契約の解除を求めることができるとする事情変更の法理の適用によって変更されることもありうる。

代金支払時期の約定がない場合には，目的物の引渡しについて期限が定めてあれば，代金の支払についても同じ期限が定められたものと推定される

（573条）。特約がなければ，同時履行（533条）が原則ということである。不動産売買の場合には，第三者との関係で，引渡しよりは登記のほうが重要なので，通常は，所有権移転登記の時に代金が支払われる。

　代金支払場所の約定がない場合において，目的物の引渡しと同時に支払うべきときは，その引渡しの場所で支払うことを要する（574条）。しかし，同時履行の関係にあるにもかかわらず，目的物の引渡しのみが行われたり，あるいは，初めからいずれかが先履行義務を負う旨の特約のあったときは，民法484条1項の原則に戻り，売主（債権者）の現在の住所で支払うべきこととなる。

目的物の引渡時まで果実は売主のもの

　売買の目的物から生じた果実を収取する権利（果実収取権）は，目的物が引き渡されるまでは買主に移転しない（575条1項）。果実には，植物の果実のような天然果実のほかに，賃料等の法定果実も含まれる。

　この規定は，買主は引渡しの日から遅延損害金として代金の利息を支払う義務を負うこと（575条2項）と対応している。その趣旨は，特定物について

売買契約の成立時点での所有権移転を前提として，引渡しまでの売主の果実収取を含む目的物使用の利益と，買主の負担すべき管理費用および代金の利息の和が等しいものとみなして，画一的処理をはかるものであるとされる。

売主は，目的物の引渡しを遅滞している場合でも，代金の支払を受けるまでは，果実を収取できる（→ケースのなかで13）。買主は，代金の支払を遅滞している場合でも，引渡しを受けないかぎり，利息を支払う義務はない。他方，引渡し前であっても，代金の支払を受けた後は，果実収取権は買主に移転する。

代金の支払時期が定められている場合は，引渡しを受けても代金支払期限の到来までは利息を支払う義務はない（575条2項ただし書）。

ケースのなかで 13　引渡しを遅滞している売主も果実を収取できる

XはYに土地を売り渡し，Yから内金を受領したが，Xが履行しなかったので，Yが別件訴訟を提起して勝訴し，Yへの土地の引渡しと移転登記手続が行われた。ところが，Yが残代金の支払をしなかったので，Xが本件訴訟を提起してその支払を請求したところ，Yは，本件土地は小作に出されており，Xが履行遅滞中に受け取った小作料は，悪意の占有者による果実収取であるから，190条により，Yに返還する義務があると主張し，残代金との相殺の意思表示をした。裁判所は，売主は，目的物の引渡しについて遅滞に陥っている場合であっても，代金の支払を受けるまでは，果実を収取できるとした。

《売買，履行遅滞，果実収取権……大判大13年9月24日》

売買の費用は折半が原則

目的物の評価や売買契約書作成のための費用，印紙代などの売買契約締結のために必要な費用は，特約のないかぎり，当事者が半分ずつ負担する（558条）。

売買の目的物の引渡しに必要な費用は，特約がなければ，売主の負担となる（485条）。不動産登記に必要な費用も，売主の債務の弁済のための費用として売主の負担となるが，実際は特約や慣習で買主の負担とされることが多

い。また，引渡し時までの固定資産税等の目的物の公租公課も，特約がなければ，売主の負担となる。

2 – Ⅱ　同時履行の抗弁権

双務契約の両当事者の債務は同時に履行するのが原則

売買契約のように，契約の両当事者が対価関係にある債務を相互に負担している場合において，一方の債務の履行を先にし，他方の債務の履行をそれより遅くするという特約のないかぎり，当事者の一方は，相手方がその債務の履行を提供するまでは，自己の債務の履行を拒むことができる（533条）。このような履行拒絶権を同時履行の抗弁権とよぶ。

同時履行の抗弁権は，公平の観点から認められている。すなわち，買主から請求されて売主が売買目的物を引き渡した後も，買主が代金を支払おうとしない場合には，売主として支払を求める訴訟をわざわざ起こす手間をかけなければならないし，また，買主の資力が悪化した場合には，訴訟をしても無意味になる危険性もあるからである。

同時履行の抗弁権が認められると債務不履行の責任を問われない

同時履行の抗弁権を主張できる場合は，履行をしなくても履行遅滞の責任を問われることはない。たとえば，Aを売主，Bを買主とする売買において，Aが同時履行の抗弁権を主張している場合には，売主Aの目的物引渡債務の履行期が到来したのにAが債務を履行しないという事実だけでは，Aの債務の履行遅滞とはならない。買主Bが自己の債務である代金支払の提供をすることによって，売主Aの同時履行の抗弁権を喪失させることができ，これによってはじめてAの債務は履行遅滞となって，Bは損害賠償請求や解除をすることができる。

BがAを相手に履行請求の訴えを提起した場合に，Aから同時履行の抗弁権が主張されると，Bからの代金支払と引換えにAは目的物を引き渡すよう

　413条，533条および567条には「履行の提供」についての条文がおかれており，492条～494条には「弁済の提供」についての条文がおかれている。「履行」は履行する債務者の行為に着目した表現であり，「弁済」は債権の満足による消滅に着目した表現であり，ほぼ同じことを意味している。ただし，492条は，債務者が債務不履行の責任を免れるためには，何をすればよいのかという防御的な観点からの規定である。これに対して，413条は，特定物の引渡債務について，債権者が債務の履行を受けることを拒み，または受けることができないときは，債務者は自己の財産に対するのと同一の注意をもって目的物を保存すればよいとする。また，533条では，「履行の提供」によって相手方の同時履行の抗弁権を失わせて債務不履行状態に陥らせ，損害賠償や解除ができる。567条でも，「履行の提供」により危険が移転する。このように，「履行の提供」は，攻撃的な観点からの表現であるという点で，「弁済の提供」との違いがある。

にとの引換給付判決が下される。この判決に基づいて強制執行を行うためには，債権者である買主Ｂの側で反対給付である代金の支払またはその履行の提供をしたことを証明しなければならない（民執31条１項）。

先履行義務者にも履行拒絶が認められる場合がある

　売買契約において，目的物の引渡時期が定められ，その１か月後に代金を支払うという取り決めをしている場合のように，一方が先に履行すべき特約がある場合，先履行義務者はその履行期において同時履行の抗弁権を主張して履行を拒むことはできない。しかし，先履行義務者が履行を遅滞しているうちに，後履行義務者の債務の履行期が到来したときは，先履行に特別の意味がなければ，同時履行の関係になるとの考え方が一般的である。

　また，契約締結後，先履行義務者である売主の債務の履行期までの間に，後履行義務者である買主の資産状態が悪化して，履行期に代金の支払を受けられないおそれが生じた場合には，売主は，買主が担保の提供など債務の履行を確実にする措置をとるか，あるいは履行の提供をするまで，先履行義務の履行を拒むことができる場合があると解されている。このような履行拒絶権は，不安の抗弁権とよばれている。

さらに，継続的供給契約で代金の後払の特約がある場合に，たとえば，前回納入分の商品の代金の支払が約束の期日までにされないときは，その期日以降の注文について商品の引渡しを拒むということが認められる場合もある。この場合は，時間差のある同時履行の抗弁権であると説明する立場もあるが，同時履行の抗弁権と不安の抗弁権との中間的形態である。

買主が代金の支払を拒絶できる他の場合もある

　買主は，上述の同時履行の抗弁権および不安の抗弁権が認められる場合のほか，相手方の反対給付との公平の見地から，売買の目的物について権利主張者のある場合および担保権の登記のある場合に，代金の支払を拒絶することができる（576条・577条）。これらの場合において，売主は代金の支払を拒絶した買主に対して代金の供託を請求することができる（578条）。

　まず，売買の目的物について，それは自分の物だと主張する第三者がいて，買主が買い受けた権利の全部または一部を取得することができず，または失うおそれがあるときは，買主はその危険の程度に応じて代金の全部または一部の支払を拒むことができる（576条本文）。買主は，目的物の受領と引換えに代金を支払っておいて，実際に権利が取得できなくなった後に，契約を解除して売主に対して代金返還を請求することもできるが，売主が代金受領後に無資力になっていると代金を取り返すことができないというリスクを負うことになるからである。そこで，売主が相当の担保を提供したときは，買主は代金の支払を拒めない（576条ただし書）。

　つぎに，買い受けた不動産に契約の内容に適合しない抵当権の登記がある場合，買主は抵当権消滅請求（379条以下）の手続を終えるまで代金の支払を拒むことができる（577条1項前段）。ただし，売主は，買主に遅滞なくこの手続をすることを請求でき（同条1項後段），この場合に，買主はこの手続をしないと代金の支払を拒絶できなくなる。買い受けた不動産に契約の内容に適合しない質権や先取特権の登記がある場合も同様である（同条2項）。

2 - Ⅲ　危険負担

危険負担とは

　たとえば，建物の売買契約締結後，買主への引渡しがされるまでの間に，震度７の地震によって建物が全壊してしまった場合のように，建物の引渡債務の債務者である売主の責めに帰することができない事由（免責事由）によって，債務の履行が不可能になった場合，売主は履行不能による損害賠償義務を負わないから，売主の債務は完全に消滅する。このような場合に，買主は建物の代金を支払う義務があるかが，危険負担とよばれる問題である。一般化すると，双務契約における一方の債務が債務者に免責事由のある履行不能により消滅した場合に，相手方の債務がどうなるのかという問題（消滅上の牽連関係といわれる問題）である。

　買主が目的物の引渡しを受けることができない場合，あるいは損傷した物しか受け取ることができない場合であっても，代金全額の支払義務を免れることができないときは，買主が危険を負担するといい，支払義務を免れるときは，売主が危険を負担するという。

　民法は，双方の免責事由で債務が履行不能となったときは，債権者（買主）は反対給付（代金債務）の履行を拒むことができるとして，代金債務の消滅ではなく履行拒絶権の限度ではあるが，債務者危険負担主義の原則をとっている（536条１項）。債権者の責めに帰すべき事由（帰責事由）によって履行不能となったときは，債権者は反対給付の履行を拒めないから（同条２項），債権者が危険を負担することになる。

目的物の引渡しによって危険が移転する

　前の項目で説明した売主が負担する危険は，代金債権を行使できなくなるという意味での危険であり，「対価危険」とよばれる。売主の負う危険には，もう１つ，給付義務を免れることができるかできないかという意味での危険

売買のように所有権の移転を目的とする契約以外でも，たとえば，交通事故によって鉄道が止まり，労働者が出勤できなくなった場合のように，債務者の免責事由により，債務の履行が不能になる場合がある。このような場合には，労働者は債務不履行による損害賠償義務を負うことはないが，ノーワーク・ノーペイの原則（624条）から労働協約に特別の規定がなければ，使用者も賃金支払を拒むことができる（536条1項）。

他方，工場が外部からの火災による延焼で操業できなくなった場合の扱いについては，危険負担の規定の適用の前提となる債務者の履行不能か，それとも債権者の受領不能（413条参照）かという点で争いがある。最近の学説では，工場被災による操業不能は，労働者の労働債務についての使用者の受領不能であり，同時に労働債務の履行不能になるが，この場合は債権者の帰責事由（536条2項）に準じたものと考えて，地震等の不可抗力によるときを除き，賃金請求権を認める説が有力である。

なお，労働基準法26条は，使用者の責に帰すべき事由による休業の場合には，平均賃金の6割以上の休業手当の支払義務を定めており，ここでの「使用者の責に帰すべき事由」は，民法における場合よりも広く，不可抗力の場合を除いて，使用者側に起因する経営，管理上の障害も含まれると解されている。

もあり，こちらは「給付危険」とよばれ，種類物の場合に問題になる。というのも，特定物の場合は，引渡し前の滅失によって履行は不能となって給付義務を免れるが，種類物の場合は引渡し前に滅失しても，再調達して引き渡すことは可能だからである。536条は，前者の対価危険という意味での危険負担のルールを定めているのである。

地震による自動車の損壊が買主への自動車の引渡しの後であった場合のように，目的物の引渡しの時以後に目的物が当事者双方の免責事由によって滅失・損傷したときは，買主は，追完請求，代金減額請求，損害賠償請求，契約の解除をすることができず，代金の支払を拒むこともできない（567条1項）。すなわち，引渡しによって目的物の滅失等についての対価危険も給付危険もともに売主から買主に移転する。

売主が契約内容に適合する目的物をもって引渡債務の履行を提供したにもかかわらず，買主が受領を拒絶し，または受領不能である場合も，履行の提供によって同様に両方の危険が買主に移転する（567条2項）。

種類物売買で目的物が滅失すればどうなるか

　Ａという銘柄の瓶ビール１ダースの売買のような種類物の売買の場合，特定されるまでは危険負担の問題は生じない（401条２項）。特定前に売主の準備した瓶ビールが地震で割れてしまったとしても，売主は他から同じ銘柄の瓶ビールを仕入れて買主に引き渡す義務を免れることができない。したがって，買主の代金債務が消滅することもない。しかし，特定後，引渡し前に地震で割れてしまった場合については，再調達義務という意味での給付危険は，売主がなお負うとの説（買主の代金支払義務も存続）と負わないとの説（対価危険は移転していないから買主は代金支払義務を拒める）が対立している。

2 – Ⅳ　売主の担保責任

売主の担保責任とは何か

　引き渡された売買の目的物が，実は他人の所有物であったり，数量が不足していたり，備えているべき品質・性能を欠いているなど契約の内容に適合しない場合，これは売主が債務の本旨に従った履行をしていないことになるから，買主は，債務不履行一般の効果である損害賠償請求や契約の解除ができるが，さらに追完請求（562条）と代金減額請求（563条）をすることができる。このような目的物の引渡し後の買主の救済策あるいは売主が負う責任を担保責任あるいは契約不適合責任という。買主は，追完請求権や代金減額請求権があるからといって，損害賠償請求権や解除権が行使できなくなるわけではない（564条）。

目的物に契約不適合があれば追完請求や代金減額請求ができる

　引き渡された目的物が種類，品質または数量に関して契約の内容に適合しないものである場合，買主は，売主に対して，目的物の修補，代替物の引渡しまたは不足分の引渡しによる履行の追完を請求することができる（562条１項本文）。品質に関する契約適合性は，売主が示した見本や広告で表示され

た性能が当事者間での取引の前提とされた場合など，その契約において当事者が予定していた品質・性能（主観的適合性）を中心としつつ，一般取引観念上その種類の物として通常有しているべき品質・性能（客観的適合性）を加味して判断される。

　追完の請求を受けた売主は，買主に不相当な負担を課すものでない場合には，買主が請求した方法と異なる方法によって履行の追完をしてもよいから（同項ただし書），新品との交換を求められても，修理ですますこともできる。

　買主が相当の期間を定めて追完の催告をしたのに，その期間内に追完されない場合，買主は，その不適合の程度に応じて代金の減額を請求することができる（563条1項）。追完が不能である場合や売主が追完を拒絶する意思を明確に表示した場合等には，追完の催告なしに代金減額を請求することができる（563条2項）。これは，催告によらない解除ができる場合（542条）と類似しており，代金減額は一部解除の実質をもっているともいえる。

　ただし，契約不適合が買主の帰責事由によるものであるときは，買主は，追完請求も代金額請求もすることができない（562条2項・563条3項）。

土地の面積が登記簿上の面積よりも小さかった場合にどうなるか

　土地の売買で契約書に記載された登記簿上の面積と実際に測量した面積に差があったとしても，ただちに目的物に関する数量不足にあたるわけではな

いとされる（→**ケースのなかで14**）。これは，登記簿上の表示面積と実測面積とが一致しないことはよくあることだからである。実測面積を基準に代金額を算定したい場合には，その旨の合意をするとともに，契約書に明記しておくなどの必要がある。

> **ケースのなかで 14　土地の売買で表示された面積に不足があっても契約不適合ではない**
>
> 　XはYから土地を購入するにあたり，隣接地との境界について，Yの作成した実測図に記載された基点を探し出すことができなかったので，代金額を実測図記載の面積に従って算定することに合意した。その後，Xが隣地所有者と境界を確認したうえで作成した実測図によると，Yの実測図より面積が小さいことが判明した。そこで，XはYに対して，数量不足であった土地の部分について値上がりによる利益の損害賠償を求めた。裁判所は，土地の売買契約で，土地の面積が表示された場合でも，その表示が代金額決定の基礎としてされたにとどまり，契約目的の達成のために特段の意味をもたないときは，売主は，その土地が表示どおりの面積を有していたとすれば買主が得たであろう利益についての賠償責任を負わないとした。　《売買，土地，数量不足，履行利益……最判昭57年1月21日》

移転した権利に契約不適合がある場合も追完請求や代金減額請求ができる

　引き渡された土地の一部が第三者の所有物であったり，第三者の地上権が存在していたなど，買主に移転した権利が契約の内容に適合しない場合も，引き渡された目的物に契約不適合があった場合と同様に，買主は，第三者の地上権を消滅させることを売主に求めるなどの追完請求や代金減額請求をすることができる（562条・563条。565条で準用。なお，→**ケースのなかで15**）。買主がそのような第三者の権利の存在を知らなかった場合のみならず，存在を知っていたけれども，売主が第三者から権利を譲り受け，あるいは第三者の権利を消滅させることが契約内容となっていた場合にも，買主は追完請求権や代金減額請求権を行使することができる。存在するとされていた隣接地上の地役権が存在しなかったような場合も同様である。

債権の売買によって，債権の譲渡（466条以下）が生じる。債権の売主も，目的たる債権が無効であった場合や債権者に対抗できる抗弁の存在を失念していた場合のように，移転した権利が契約の内容に適合しない場合には，担保責任を負う。他方，売主は，債務者が弁済期にきちんと弁済することについてまで当然に担保責任を負うわけではない。しかし，売主が債務者の資力を担保することもでき，その場合は，債権の売買の時点での資力を担保したものと推定され，その後のなんらかの事情による債務者の資力の減少の責任を負わない（569条1項）。また，弁済期未到来の債権の売主が債務者の将来の資力を担保したときは，弁済期日の資力を担保したものと推定される（同条2項）。

> **ケースのなかで 15　借地の物理的欠陥は借地権の売買契約の不適合ではない**
>
> 　Xは建物を土地賃借権付きでYから買い受け，土地所有者Aと賃貸借契約を締結した。土地は一方が崖に面しており，擁壁が設けられていたが，1年後の台風による大雨で，擁壁に傾斜，亀裂が発生した。Xは，Aに対して，擁壁の新規築造または改修補強を求めたが，Aがなんらの措置もとらなかったので，倒壊による危険を避けるために，建物を取り壊し，建物売買契約を解除する意思表示をした。裁判所は，賃貸人の修繕義務の履行によって補完されるべき敷地の欠陥をもって賃貸人に対する債権としての賃借権の契約不適合ということはできないとして売買契約の解除を認めなかった。
>
> 《売買，建物，借地の物理的欠陥……最判平3年4月2日》

担保権がある場合の費用償還請求権

　売買の目的である不動産上の抵当権，質権または先取特権が実行されて買主が所有権を失った場合は，買主は権利に関する契約不適合を理由に契約を解除することができる（564条。565条で準用）。また，買主は，代価弁済（378条），抵当権消滅請求（379条），第三者弁済（474条），競売における買受け等の買主の出捐によってこれらの担保権を消滅させ，または所有権を保存した場合は，売主にその出捐の償還を請求できる（570条）。

　実際の取引で担保権付きの不動産を買い受ける場合は，支払われる代金か
ら被担保債権を弁済して抵当権を消滅させたうえで所有権移転登記がされる
か，あるいは，不動産の時価から被担保債権額を控除した額を代金額とする
ことが多い。後者の場合には，買主による債務引受の特約および売主の担保
責任を追及しない旨の特約があったものとみなされ，570条は適用されない。

種類・品質に関する不適合は知った時から1年以内に売主に通知する必要がある

　種類または品質に関する契約不適合の場合，買主は，その不適合を知った
時から1年以内にその旨を売主に通知しないと，追完請求，代金減額請求，
損害賠償請求，契約解除のいずれもできなくなる（566条本文）。これらの権
利を1年以内に行使することまでは求められていない。ただし，売主が引渡
しの時にその不適合を知っていたか，知らなかったことに重大な過失があっ
た場合は，買主は1年以内に通知していなくてもよい（同条ただし書）。

　なお，商人間の売買においては，買主は，目的物受領後，遅滞なく検査し
なければならず（商526条1項），検査により目的物の種類，品質または数量
に関して契約不適合を発見したときはただちに売主に通知をしないと，売主
に対して契約不適合責任を追及できず，また，ただちに発見できない契約不
適合であっても，6か月以内に発見し通知しないと契約不適合について善意
の売主の責任を問うことができない（同条2項・3項）。

法律的な制約がある場合は権利の契約不適合か目的物の契約不適合か

たとえば，宅地の売買でその土地が都市計画街路の境域内にあるため建物を建ててもいずれ撤去せざるをえない場合のように，目的物に法律的な制約がかけられているために契約の内容に適合しない場合は，権利に関する契約不適合ではなく，目的物の種類・品質に関する契約不適合になるとした判例がある。しかし，種類・品質に関する契約不適合ということになると，競売の場合には売主の契約不適合責任を追及できないという不都合があることから，権利の契約不適合とする説も有力である。

担保責任と錯誤による取消権は併存するか

売買の目的物が種類，品質または数量に関して契約適合性を欠く場合にせよ，移転した権利が契約適合性を欠く場合にせよ，買主の購入の判断が，買主が売買契約の基礎とした事情についての認識の錯誤に基づくものであり，その錯誤が契約の目的および取引上の社会通念に照らして重要なものである場合には，錯誤による取消しが可能なことも多い（95条1項2号）。両方の要件をみたしている場合には，買主はいずれの救済も求めることができると考えられる。

契約不適合責任に関する特約は有効である

民法の担保責任に関する規定は任意規定であるから，当事者の特約によって，それを軽減したり，免除したり，あるいは逆に加重したり，責任の内容を変更したりすることも有効である。

しかし，詐欺的行為は許されるべきではないので，担保責任を免除する特約がされていても，売主が目的物の種類・品質・数量が契約の内容に適合しないことについて知っていて買主に告げなかった場合，および目的物の全部または一部を売主自らが第三者に譲渡したり，制限物権を設定したりした場合は，売主は責任を免れることができない（572条）。さらに，消費者契約で

は，目的物の種類または品質が契約内容に適合しない場合の売主の損害賠償責任のすべてを免除する特約および売主が契約不適合を知り，または知らなかったことに重大な過失がある場合に損害賠償責任の一部を免除する特約は，メーカーが保証書に基づいて修理の責任を負うようなときを除いて，無効とされる（消費契約8条2項）。

3　売買契約の解除

3-Ⅰ　解除の機能

解除とは

　解除とは，有効に成立した契約を，契約の当事者の一方の意思表示によって解消し，解除者を契約の拘束力から解放し，契約関係を清算する制度である。解除には，法律が解除権行使の要件を定めている法定解除と，契約の当事者間であらかじめ一定の場合に解除権の行使を認める合意がされている約定解除とがある。法定解除にも，個々の契約類型において特別に定められている解除権と，541条以下で定められている債務不履行の場合の解除権とがある。解除でもっとも重要なのは，債務不履行の場合の解除権である。そこで，以下では，債務不履行，とりわけ，履行遅滞の場合の催告による解除を中心に解除の制度を解説する。

　債務不履行解除の主たる機能は，債務不履行をした契約の当事者Aの相手方Bを契約の拘束力から解放することによって，Bの利益を保護することにある。したがって，債務不履行による損害賠償を請求する場合と異なり，債務者の免責事由の有無は問題にならない。逆に，債権者の帰責事由によって債務不履行が生じた場合は，債権者は解除することができない（543条）。

　同時履行関係にある場合は，Aが履行するまでBは自己の債務の履行を拒めるが，これではBはいつまでもAから履行を受けることができず，また自己の債務を負担したままの状態が続く。たとえば，売主が引渡義務を履行し

ない場合，買主として売主の債務の履行の強制を求めることも可能であるが，売買の目的物が代替物であれば，長期間かけて裁判を行うよりは，第三者から調達して，調達コストと当初の代金額との差額を損害として売主に賠償請求する方が簡単である。ただし，第三者からの調達に切り替える場合に，解除によってもとの契約の拘束力をなくしておかないと，将来，もとの売主から売買の目的物の給付と引換えに代金を請求されるリスクがある。また，売主であれ，買主であれ，先履行をした当事者の場合は，相手方が無資力になると相手方の債務の履行を受けられなくなるおそれがあるので，契約を解除してできるだけ早く給付した物や金銭を取り戻しておく必要がある。

3-Ⅱ　催告による解除

履行遅滞の場合に解除するには

契約の当事者の一方が，債務を履行しない場合，相手方は相当の期間を定めて履行の催告をし，その期間内に履行がされないときは，契約を解除することができる（541条本文）。この条文は，履行遅滞の場合の解除の要件を定めたものと解されている。解除の効果の発生のためには，債務不履行としての履行遅滞の要件（412条）に加えて，解除特有の要件である，①相当の期間を定めてする催告，②催告期間内の不履行，③解除の意思表示という要件が加わる。ただし，相当期間を経過した時点における債務不履行がその契約および取引上の社会通念に照らして軽微であるときは，解除することはできない（541条ただし書）。

相当期間を定めた催告が必要

催告とは，債務の履行の督促であり，履行にあたって相当の猶予期間を定めるものでなければならない。相当の期間とは，すでに履行期を徒過しているにもかかわらず，もう一度履行の機会を与えようとの趣旨であるから，たとえば，売主が目的物を入手済みであるが，発送手続が遅れている場合のよ

★ コラム⑥：解除と類似した制度

○取消し　制限行為能力や錯誤・詐欺・強迫等，契約締結時の法律行為に瑕疵がある場合に取消権者の一方的意思表示によって法律行為の効力を遡及的になくしてしまう制度。

○撤回　いったん効力が発生した意思表示について，その意思表示をした者が将来に向かってその効力を失わせること。契約の申込みの撤回（523条1項・525条）や解除の意思表示の撤回（540条2項）など。

○解除条件　一定の条件が成就したときに，当事者の意思表示を必要とすることなしに，契約が自動的に効力を失う旨の特約。解除条件成就の効果は遡及しないのが原則（127条2項）。

○失権約款　一定の事由が発生したときには，解除の意思表示がなくても当然に解除されたものとみなされる旨の特約。催告と意思表示が不要であり，遡及効をもつ。

○クーリングオフ　契約の申込みをしたり，契約を締結した消費者に，一定期間内であれば，無条件で申込みの撤回または契約の解除を許す制度。消費者保護を目的とした多くの特別法（特定商取引9条等）で規定されている。

○告知　解除のなかで，継続的契約の解除が告知（または解約告知）とよばれて通常の解除から区別されることがある。通常の解除との違いは，遡及効がなく，将来に向けてのみ効力が生ずること（620条・630条・652条）にある。

○解約申入れ　期間の定めのない継続的契約を終了させる意思表示（617条・627条）。期間の定めのない継続的契約は一定の予告期間をおけば，特別の理由なしに，いつでも一方から契約を終了させることができるのが原則である。

○合意解除　契約が成立した後に，当事者間の合意でその契約を解消して，契約がなかったことにする新たな契約。解除契約ともよばれる。

うに，一応の履行の準備は済んでいるものとして，現実の履行をするのに必要な猶予期間であればよいとされている。催告にあたって，履行しない場合は契約が解除される旨の警告まで付ける必要はない。

　催告において，本来は，一定の期日または一定の期間内に履行するようにとの指示がされなければならないが，期間や期日の定めのない催告も無効となるわけではなく，相当期間が経過した後には解除権が生じるものとされている。また，催告で指定された期間が短すぎる場合であっても，相当期間が

経過した時点で解除権が発生する。

　期限の定めのない債務の場合，債務者が履行遅滞に陥るのは，債権者から
履行の請求を受けた時点である（412条3項）。ここでいう「履行の請求」は
「履行の催告」と同義であるから，期限の定めのない債務の履行遅滞を理由
に契約を解除するためには，履行遅滞を生じさせる412条3項の催告と解除
の要件としての541条の催告と二度の催告が必要であるかのようにみえるが，
一度の催告で両者の機能を兼ねることができるものとされている。

解除の意思表示が必要

　解除権は形成権であり，解除は相手方に対する一方的意思表示（単独行
為）によってされ（540条1項），相手方に到達した時から解除の効果が生じ
る（97条1項）。解除の意思表示がされる前であれば，債務者は本来の債務の
弁済と遅延賠償の弁済の提供をすることによって債務不履行の責任を免れる
ことができる。この場合，もはや解除はできなくなる。

　意思表示の方法は，とくに限定されておらず，解除の事由を明らかにする
必要もない。相当期間の経過後にあらためて解除の意思表示をしてもよいが，
通常は，催告と同時に相当期間内に履行がない場合には解除する旨の意思表
示がされる。実務では，後に紛争になったときに備えて証拠を残す意味から，
これを内容証明郵便ですることが多い。

　いったんされた解除の意思表示を解除権者が任意に撤回することはできな
い（540条2項）。ただし，解除が相手方の詐欺によってされた場合や，制限

行為能力者が解除の意思表示をした場合は，詐欺や制限行為能力の規定に基づいて取り消すことができる。

解除の効果は原状回復

契約が解除されると，各当事者は相手方を原状に回復させる義務を負う（原状回復義務。545条1項本文）。すなわち，すでに履行のされた債務については，売買であれば，受け取った現物や金銭を返還する義務が発生し，未履行の債務については履行義務を免れる。

解除により契約上の債権・債務は契約成立時に遡って消滅するという考え方が一般的である。未履行の債務は最初から発生しなかったものとなり，履行済みの債務は法律上の原因なくして給付されたことになり，不当利得の返還債務が発生することになる。民法545条の原状回復請求権は，一般の不当利得返還請求権（703条・704条）の特則の位置にあり，一般の不当利得では現存利得の返還が原則とされている（703条）のに対して，解除の場合は，意思表示の無効の場合（121条の2第1項）と同様に，返還義務の範囲が原状回復にまで広げられている（545条1項本文）ことに加え，一定の第三者が保護されている（同項ただし書）。

売買契約の解除の場合，契約の効力は遡及的に消滅するが，物権変動としては，売買契約の効果として売主から買主にいったん移転した所有権が，解除によって売主に復帰するものと解されている。

解除しても損害賠償請求は妨げられない

たとえば，売主の履行遅滞を理由に売買契約を解除して，他から同種商品を調達しようとしても，価格が上昇していて，余分な出費を強いられた場合のように，解除してもなお損害が残るときは，損害賠償を請求することができる（545条4項）。契約は遡及的に消滅しても債務不履行という事実は残るからである。ただし，損害賠償は，解除の効果ではなく，債務不履行の効果

であるから，不履行が債務者の免責事由によるものであるときは請求できない（415条1項ただし書）。

原状回復義務の履行はどのようにされるか

解除された契約に基づいて取得していた物，権利，利益を相互に相手方に返還しなければならない。解除によって両当事者が負担する原状回復義務は同時履行の関係に立つ（546条）。

特定物の売買の場合，買主は，現物が存在すればその物を売主に返還しなければならず，現物返還ができないときは，それを金銭に評価した価額を償還しなければならない。種類物の売買の場合，引き渡された物の現物返還が原則であるが，現物返還ができないときは，その価額を償還するか，または同種・同等・同量の物を返還しなければならない。売買ではなく，労務その他無形の給付がされている場合も，価額で償還することになる。

売主が代金を受領している場合には，受領の時からの利息を付けて買主に返還しなければならず（545条2項），金銭以外の物を受領している場合には，受領の時以後に生じた果実も返還しなければならない（同条3項）。果実の返還義務との関係から，金銭以外の物，たとえば自動車を受領して使用した場合，解除されるまでにその自動車を使用した利益は不当利得として売主に償還しなければならないとされている。

目的物が受領者のところで滅失・損傷したことについて，いずれの当事者にも帰責事由がないときは，滅失の場合には返還義務を免れ，損傷の場合は損傷したままで返還すればよく，これに対して相手方は受領した全部を返還しなければならないとするのが従来の通説であった。しかし，最近では，解除による双務契約の清算にあっては，危険負担の規定（536条1項）を類推して，一方の返還義務の縮減にあわせて相手方も履行を拒むことができるとの説や，逆に，帰責事由の有無を問わず，滅失する前の価額での償還義務を負うとする説など，両当事者の経済的均衡を重視する考え方が有力である。

解除によって第三者の権利を害することができない

　解除によって第三者の権利を害することができない（545条1項ただし書）。これは，たとえば，AからB，ついでBからCへと不動産が売買された後に，AB間の売買契約が解除された場合のように，解除された契約に基づいて給付された目的物に第三者が新たな権利を取得した場合，契約の遡及効を貫くと，Bが解除により無権利者となることによって第三者Cもまた無権利者になってしまう。そこで，このような第三者を保護するために遡及効を制限したのが，545条1項ただし書の趣旨であるとされている。したがって，ここでいう「第三者」とは，解除される前に目的物について新たな権利を取得した者に限られる。94条2項や95条4項，96条3項の第三者保護規定と同趣旨であるが，解除の場合は第三者の主観的要件としての善意や無過失は要求されていない。

　不動産の場合，545条1項ただし書によって保護されるためには，第三者は，その登記を取得していなければならないとするのが判例である。

　他方，解除後にあらわれた第三者との関係は，取消後の第三者との関係と同様，どちらが先に対抗要件を取得したかによるとするのが判例である（→本シリーズ物権〔第2版〕65頁）。

解除権が消滅する場合

　541条の催告による解除権の場合のように，解除権の行使について期間の定めのないときは，相手方は解除権者に対して相当の期間を定めてその期間内に解除するかどうかの確答をするように催告することができ，その期間内に解除の通知がされないときは，解除権は消滅する（547条）。解除権が消滅しても，本来の債務の履行請求権や損害賠償請求権は存続する。

　また，解除権者が受領した契約の目的物を故意または過失によって著しく損傷したり，返還できなくしたときや，目的物を加工したり，改造したりして他の種類の物に変えてしまったときは，解除権は消滅する（548条本文）。

　履行不能で債務者に免責事由が存在しない場合，債権者は履行に代わる損害賠償（塡補賠償）を請求することができる（415条2項1号）。また，債権者は契約を解除することができ（542条1項1号），契約解除権が発生したときは履行に代わる損害賠償を請求することができる（415条2項3号）。その結果，以下にみるように，解除をしてもしなくても買主が損害賠償として請求できる額は同じである。

　　解除しない場合の損害賠償請求額

　　　1200万円（Bの塡補賠償請求権）－500万円（Bの残債務額を相殺）＝700万円

　　解除した場合の損害賠償請求額

　　　1200万円（Bの塡補賠償請求権）－1000万円（Bが約定債務額を免れたことの損益相殺）＋500万円（支払済み代金の原状回復）＝700万円

　また，履行遅滞の場合に債権者からの催告により解除権が発生しているときも，解除しなくても履行に代わる損害賠償の請求が可能であるから（415条2項3号），履行の強制にこだわらないときは上と同じになる。

　ただし，解除権者が，解除権を有していることを知らなかったときは，解除権は消滅しない（同条ただし書）。

　解除権が発生しても解除をするかどうかは解除権者の自由であるから，履行不能でなければ，解除せずに本来の債務の履行を求めることもできる。本来の債務の履行の請求がされた場合，解除権は放棄されたとみなされる。

3 - Ⅲ　催告によらない解除

履行不能の場合は催告が不要

　建物の売買契約で，引渡し前に失火で建物が全焼した場合のように，全部の履行が不能になった場合には，買主は，催告をすることなくただちに契約を解除することができる（542条1項1号）。催告しても無意味だからである。ただし，失火が買主の帰責事由によるときは解除できない（543条）。

　債務者が債務の全部の履行を拒絶する意思を明確に表示した場合も同様で

ある（542条1項2号・543条）。

契約の目的を達成できない場合

　誕生日にバースデーケーキを配達する債務のように，一定時期に履行しないと契約をした目的を達成できないような債務（定期行為）の場合には，履行期が徒過すれば無催告で契約を解除することができる（542条1項4号）。履行期後の履行が無意味であるからであり，とりわけ特定の日に特定の行為をする債務などは，時間的・相対的な不能と考えることもできるが，債権者が選択すれば本来の履行を請求することもできる。

　催告は不要としても民法上はなお解除の意思表示が必要であるが，商人間の定期行為である売買（定期売買）では，履行期徒過後，債権者がただちに履行を請求しないかぎり，契約は解除されたものとみなされる（商525条）。

　なお，契約の中心的な債務（主たる給付義務。売買契約であれば，買主の代金支払債務と売主の所有権移転・契約適合物引渡債務）以外の付随的債務・義務の違反があったにすぎない場合には，一般的には解除が否定されるが，それが履行されないと契約をした目的が達成できなくなるような場合には解除が認められる。たとえば，土地の売買契約において，所有権移転登記手続は代金完済と同時に行い，それまでは買主は土地上に建物等を築造しない旨の特約は，契約締結の目的には必要不可欠のものではないが，判例は，売主にとっ

ては代金の完全な支払の確保のために重要な意義をもち，その不履行は契約をした目的の達成に重大な影響を与えるものであるから，その違反を理由に契約を解除できるとする（関連条文として542条1項5号参照）。

債務の一部の履行不能・履行拒絶の場合に契約全部を解除できるか

契約上の債務の一部のみが履行不能あるいは履行拒絶された場合，可分債務であるときは無催告で債務の一部解除が認められ（542条2項），不可分債務のときや，可分債務でも残部だけの履行では契約をした目的を達成できないときは，契約全体を解除することができる（同条1項3号）。ただし，いずれの場合も，不履行の部分が軽微な場合は解除が許されない（541条ただし書）。

ケースのなかで 16　プールができなければマンション売買も解除できる

XはYとの間でリゾートマンションの売買契約を締結すると同時に，Yが所有・運営するスポーツクラブの会員権契約を締結した。ところが，クラブ施設として完成予定とされていた屋内プールの完成が遅延したことを理由に，XはYに対して，リゾートマンションの売買契約の解除の意思表示をした。裁判所は，同一当事者間での2つの契約の目的が相互に密接に関連づけられていて，社会通念上，いずれかが履行されるだけでは契約の目的が達成されない場合には，一方の契約債務の不履行を理由に，全体を解除することができるとして，Xからの解除を認めた。　　　　　《複数契約，解除，契約の牽連性……最判平8年11月12日》

無催告で解除できる特約の効力は

債務不履行があれば，無催告で契約を解除できる旨の特約（無催告解除特約）も，原則として有効であるが，消費者契約では，催告を必要とする民法541条の原則と比べて消費者に不利な内容であることから無効とされる可能性がある（消費契約10条）。また，賃貸借契約では，判例は，無催告解除特約は，無催告解除が不合理とは認められない事情がある場合に無催告解除が許

される旨の特約であるとしている。

3 - Ⅳ　債務不履行以外による解除

契約であらかじめ解除権を与えておくことができる

　当事者間の契約において，法律上の解除事由が存在しなくても一方または
双方に契約を解除する権利が与えられている場合がある。このような場合を，
解除権の留保特約があるとか，約定解除権が設定されているという。

　一定の場合には，法律上，約定解除権の合意が推定される。たとえば，売
買契約において手付が交付されたときは，売主・買主の双方に解除権が留保
されたものと推定される（557条1項の文面からは推定の趣旨には読めないが，こ
のように解釈されている）。買戻しの特約（579条）も，約定解除権の設定とさ
れている。

　約定解除は，解除権の発生原因が法定解除と異なるだけであるから，行使
方法や効果について特約がない場合は，540条以下の規定のうち，法定解除
の要件を定めた規定（541条～543条）以外は，約定解除にも適用される。

合意で契約を解除することができる

　契約の当事者が契約締結後に，締結した契約を解消して契約のなかった状
態に戻す合意をすることを合意解除という。これは，解除する旨の新たな契
約なので，解除契約ともよばれる。契約自由の原則によって，解除契約の内
容も自由に決めることができるから，たとえば，契約の一部のみを合意解除
することもできるし，支払済みの代金は返還しないが，残代金の支払義務は
消滅させるというように，法定解除の場合の原状回復義務とは異なる効果を
発生させることもできる。

　合意解除は，契約締結後になんらかのトラブルが生じたときに，それが法
定解除や約定解除の要件をみたさない場合や，また客観的にはこれらの要件
をみたす場合であっても，当事者間で合意した違約金や補償金の支払を条件

にされることが多い。一種の示談あるいは和解契約の性質をもっているといえる。

4　売買類型ごとの特殊ルール

4-Ⅰ　不動産売買

農地の売買は農地法で規制されている

農地の売買は，農地保護，農業保護のために，農地法によってさまざまに制約されている。まず，農地の売買には，原則として，農業委員会の許可が必要である（農地3条）。買主またはその世帯員が購入後にその農地全部を耕作すると認められない場合は，許可を取得できない。許可は契約の成立要件ではなく，効力発生要件，そのなかでも所有権移転の効力を発生させるための要件である。

宅地転用目的での農地の売買については，知事の許可が必要である（農地5条。4 ha を超える場合は農林水産大臣との事前協議も必要。同附則2項）。

なお，農地の場合に限られるわけではないが，国土利用計画法の規制区域内の土地の場合は，同法に基づく知事の許可が必要であり，事前に知事の許可を受けずに締結された売買契約は無効とされる（国土利用14条）。規制区域外でも一定面積以上の場合は，知事への事後の届出が必要である（同23条）。

宅地建物の売買は宅地建物取引業法で規制されている

宅地建物取引業者が売主となる宅地建物の売買については，購入者保護の観点から宅地建物取引業法によって規制されている。まず，業者が自己の所有物でない宅地建物の売主となることは，前主との売買契約締結済みの場合または宅地造成や建物完成前の売買で買主が受け取る手付金について保証措置が講じられている場合を除き，禁止されている（宅建業33条の2）。

また，業者の事務所以外の場所において売買契約の申込みや締結がされた

場合には，8日以内であれば，書面によって申込みの撤回または契約の解除ができる（クーリングオフ。同37条の2）。

買主の債務不履行による損害賠償額の予定と違約金の定めの合算額が代金額の2割を超える部分については無効であり（同38条），契約締結の際の手付の額も代金の2割以下に制限され，解約手付であるとされる（同39条）。

目的物の種類または品質に関する担保責任を負う期間について，引渡しの日から2年以上とする場合を除いて，民法566条の規定より買主を不利にする特約は無効である（同40条）。

さらに，業者が割賦販売を行う場合，代金の3割の支払を受ける時までに，買主に所有権移転登記をしなければならず，代金債権を担保するために目的物件を所有権留保または譲渡担保とすることは禁止されている（同43条）。

住宅品質確保促進法が特別の担保責任を定めている

民法では，売買における目的物の種類または品質に関する契約不適合責任は任意規定であるが，新築住宅の売買については，「住宅の品質確保の促進等に関する法律」によって，構造耐力上の主要部分または雨水の浸入を防止する部分に契約不適合があった場合，売主は修補義務を含む担保責任を引渡しから10年間負う（住宅品質確保95条1項）。この期間を合意により20年まで延長することは可能であるが（同97条），10年よりも短縮することはできない（同95条2項。なお，欠陥住宅問題への反省から1999年に制定された，この「住宅の品質確保の促進等に関する法律」（品確法と略称されることもある）では，2017年民法改正後も，民法では「契約不適合」に置き換えられた「瑕疵担保」という用語が今なお使われ続けている）。

新築住宅の売主に重い担保責任が課されているということと，問題が生じたときに実際に損害賠償や修理を受けられるかということとは別の問題である。そこで，「特定住宅瑕疵担保責任の履行の確保等に関する法律」が制定され，上記のような契約不適合について，保証金の供託または責任保険への

加入等が，自ら売主となる宅地建築物取引業者に義務づけられている。

4‑Ⅱ　消費者売買

消費者売買には消費者契約法，特定商取引法，割賦販売法等が適用される
事業者と消費者の間の取引である消費者契約に関しては，消費者契約法や
「電子消費者契約に関する民法の特例に関する法律」が適用されるほか，消
費者売買については，それが無店舗販売である場合には「特定商取引に関す
る法律」（特定商取引法）が適用され，また，信用販売である場合には割賦販
売法が適用される。割賦販売法については，**第10章**第3節「三者間信用取
引」に委ね，以下では，消費者契約法の概要と特定商取引法における訪問販
売と通信販売についての法規制の概要を紹介する。

このうち，消費者契約法は，消費者が誤認して契約した場合の取消権，困
惑して契約した場合の取消権，過量契約の取消権，不当条項の無効を定めて
いる。

まず，事業者が勧誘に際し，重要事項について，事実と異なることを告知
したり，消費者に有利な事実のみを告げて不利な事実を故意または重大な過
失によって告げなかったり，将来の価額や消費者の受取額が不確実な商品に
ついて断定的判断を提供することによって，消費者を誤認させて契約の申込
みまたは承諾の意思表示をさせた場合には，消費者はその意思表示を取り消
すことができる（消費契約4条1項・2項）。

民法上の詐欺の取消しが，不実の告知によるものであっても，事実の不告
知によるものであっても，事業者が消費者を故意に欺罔する意図があったこ
とが立証された場合にのみ，可能であったのに対して，消費者契約法におい
ては，不実告知の場合と断定的判断の提供の場合には，故意も過失も必要と
しないという点で，民法よりも消費者に有利なルールとなっている。

つぎに，事業者が勧誘に際し，次のような一定の行為を行うことによって
消費者を困惑させて契約の申込みまたは承諾の意思表示をさせた場合には，

消費者はその意思表示を取り消すことができる（同4条3項）。取消事由に該当する行為として，不退去（同項1号），退去妨害（同項2号），退去困難な場所での勧誘（同項3号），第三者への相談の妨害（同項4号），不安をあおる告知（同項5号），人間関係の濫用（同項6号），判断力低下の不当な利用（同項7号），霊感等による知見を用いた告知（同項8号），契約締結前の債務の内容の実施等（同項9号・10号）が列挙されている。これらもまた，民法の強迫による意思表示の取消しの場合の要件を若干消費者に有利に緩和したものである。

　さらに，事業者が勧誘に際し，契約の目的となるものの分量・回数・期間が当該消費者にとって通常想定される分量等を著しく超えるものであると知っていた場合に，消費者はその意思表示を取り消すことができる（消費契約4条4項）。これは，後述の訪問販売における過量販売の解除権（特定商取引9条の2）を一般化したものである。

　これらの取消権の行使期間は，追認可能時，すなわち誤認の事実を知った時や困惑状態から脱した時から1年，または契約締結時から5年とされ（消費契約7条1項），民法126条の期間よりは短縮されている。

　また，事業者の損害賠償責任を免除しまたは責任の有無や限度の決定権を事業者に与える4つのタイプの契約条項（消費契約8条1項），事業者の免責の範囲が不明確な契約条項（同8条3項），消費者の解除権を放棄させ，または事業者に解除権の有無を決定させる契約条項（同8条の2），事業者に対し後見開始の審判等による解除権を付与する契約条項（同8条の3）がそれぞれ無効とされるとともに，消費者の支払うべき損害賠償額の予定または違約金に関する2つのタイプの契約条項について，法律の定める額を超える部分が無効とされる（同9条）。さらに，民法・商法の任意規定や確立した裁判例に比べて，消費者の権利を制限し，また義務を加重する特約で，その程度が信義則に反するほど消費者の利益を一方的に害するものである場合は，無効とされる（同10条）。

表 9－1　特定商取引法と割賦販売法の規制対象取引

	規制対象		別称・例	備　考
特定商取引法	訪問販売		アポイントメントセールスなどを含む	
	通信販売		インターネットによる販売を含む	
	電話勧誘販売			業者から勧誘の電話をかけてくる場合をいう
	連鎖販売取引		マルチ商法，MLM，ネットワークビジネス	商品・役務を伴わない場合は無限連鎖講（ネズミ講）
	特定継続的役務提供		エステティックサロン，外国語会話教室ほか	
	業務提供誘引販売取引		内職商法ほか	
	訪問購入		貴金属などの押し買い	
	ネガティブ・オプション		送り付け商法	
割賦販売法	割賦販売		自社割賦	2か月以上かつ3回以上に分割して返済
		リボルビング払い		
		前払式割賦販売	ミシンの積立販売ほか	
	ローン提携販売			消費者と金融機関との間で金銭消費貸借契約が結ばれ，消費者の返還債務について販売業者が保証
		リボルビング払い		
	信用購入あっせん	包括信用購入あっせん	クレジット・カード	2か月以内に返済が終わる場合を除く
		リボルビング払い		
		個別信用購入あっせん	クレジット販売	2か月以内に返済が終わる場合を除く
	前払式特定取引		互助会，友の会	

訪問販売における消費者保護

　訪問販売の場合の不意打ち性を少しでも緩和するために，訪問販売業者は，訪問販売をしようとするときは，業者の名称や売買契約の勧誘目的であること，商品の種類を消費者に告げ（特定商取引3条），勧誘を受ける意思が消費者にあるかどうかを確認するように努め，契約を締結しない旨の意思を表示した消費者に再勧誘をしてはならない（同3条の2）。販売業者は，契約の申込みを受け，または契約を締結したときは，申込み内容または契約内容を記載した書面を交付しなければならない（同4条・5条）。消費者は，法定事項

　クーリングオフの制度の趣旨としては，訪問販売の場合のように不意打ちでかつ密室的な状態で冷静さを失って契約をしてしまった消費者に考え直す機会を与えるという意味と，実際には事業者の詐欺まがいや強迫まがいの販売手法がとられていてもそれを消費者の側で立証することが困難であることに鑑みて，意思表示の取消しのための条件を緩和するという意味がある。

　2021年の特定商取引法の改正で，クーリングオフの期間の起算点となる書面の交付について，消費者が承諾すれば電子メールの送付などの電磁的方法でもよいものとされた。しかし，不意打ちかつ密室的勧誘で契約を申込みあるいは締結した者が，電子メール送付の点だけ拒否することはあまり考えられない。クーリングオフ期間には本人に書面を見て考え直す機会を与えることに加えて，周辺の家族や介護の担い手が当該契約の締結に気づきやすくするという役割もある。インターネット上のどこかに記録されているだけだと，このような役割を果たすことができず，被害防止に逆効果となることが危惧されている。

の記載された書面の交付を受けてから8日間は無条件で申込みの撤回または契約の解除をすることができる（同9条。いわゆるクーリングオフ→**コラム㉔**）。この場合には，たとえ販売業者に損失が生じていても，消費者は賠償する必要はない（同条3項）。逆に，不要な設置工事がされてしまったような場合は，その撤去を請求することができる（同条7項）。

　また，一定の事項についての不実告知や表示が義務づけられている事項についての故意の不告知が原因で消費者が誤認して契約を締結した場合には，消費者は，意思表示を取り消すことができる（特定商取引9条の3）。

　住宅リフォームと称して床下換気扇を10台も20台も買わされたり，着物を次々に何百万円も買わされるというような被害が生じている。そこで，日常生活において通常必要とされる分量（回数，期間）を著しく超えた過量販売の場合には，消費者は，契約締結から1年以内であれば，契約を解除することができる（特定商取引9条の2第1項1号）。同一業者が次々と買わせた場合だけではなく，A社が高額な羽毛ふとんを買わせて，つぎにB社が乗り込んできて買わせ，さらにC社も買わせるという場合も，過量になった段階以降の業者との契約を解除できる（同項2号）。ただし，後続の販売業者が過量販売となることを知らずに販売した場合は除外される。

通信販売における消費者保護

　通信販売業者が広告をする場合には，価格，代金支払時期，商品引渡時期，申込みの撤回や契約解除に関する事項（いわゆる返品特約）等の一定事項を表示しなければならない（特定商取引11条）。返品特約について広告に記載がない場合には，消費者は，商品の引渡しを受けた日から8日間は，申込みの撤回または契約の解除をすることができる（同15条の3）。前払式通信販売では，申込みを受けた後にただちに商品を発送する場合を除いて，遅滞なく申込みを承認するか否かを申込者に通知しなければならない（同13条）。

　インターネット上の通信販売のように，通信販売業者またはその委託を受けた者が用意した申込み画面が消費者のPCやスマートフォンに表示され，そこで消費者が申込みを行う場合（特定申込み）については，広告中に記載すべき事項に加えて，販売する商品の分量も申込み画面に表示しなければならない（特定商取引12条の6。いわゆる「詐欺的定期購入商法」対策）ほか，誤認させられて申込みをした場合の消費者の取消権（同15条の4）など，訪問販売の場合に近い規制がされている。

4-Ⅲ　継続的売買

継続的供給契約

　電気，ガス，新聞，工業原料などのように一定の種類・品質のものを，継続的に購入する売買契約がある。このような契約を継続的供給契約という。この契約においては，一定期間ごとの給付と代金の支払とは一応対応しているが，全体として1個の売買であると理解されている。たとえば，新聞の戸別配達契約の場合では，1日分の朝刊や夕刊1部ずつの新聞の売買契約の集合というよりは，1か月分の新聞について1つの売買契約が締結され，債務の履行のみが毎日分割してされているという分割給付関係にあるとみることが素直である。

　このような場合，売主は商品の引渡しの先履行義務を負うのが普通である

が，買主が前期の代金を支払わない場合には，売主は今期の供給を拒むことができる。また，一部の履行がされた後の債務不履行による解除は，原則として将来に向かってのみ効力をもつ。

基本契約と個別契約からなる継続的取引もある

これに対して，メーカー系列の特約店契約・代理店契約や，あるいは下請業者と親事業者との間の部品納入契約においては，基本契約と個別契約との二重構造になっている。基本契約とは，売主・買主の両当事者間で今後継続的な取引を行うとの合意であり，取引についての基本的条件や債権担保について定められている。前者だけでは，売買契約はまだ成立したことにならず，契約の枠を定めるだけなので枠契約とよばれることもある。後者の個別契約は，各回の発注と受注により成立する特定の商品の特定量についての売買契約である。受発注の証拠として買主からの注文書と売主からの注文請書が交わされることもある。

それでは，基本契約を締結したことによって，個別契約を結ぶ義務，具体的には，「買う義務」や「売る義務」が発生するだろうか。発注しないことや，発注に応じて出荷しないことは債務不履行になるだろうか。これは，基本契約の趣旨による。特段の事由のないかぎり，交渉経過や過去の取引経過から想定される合理的数量の発注がされない場合は，債務不履行になりうる。また，特段の事由のないかぎり，売主は買主の注文に応じる義務があるとされる。

継続的取引の解除には正当事由が要求される

継続的取引の場合には，取引関係の解消をめぐって争いとなることが多いが，民法における売買に関する規定は，1回限りの取引をモデルとしており，継続的取引については，取引社会におけるその比重が高まっているにもかかわらず，適切な規定が存在しない。そのため，同じ継続的契約ということで，

　田植機の独占的販売権を与える総代理店契約中に，基本契約の有効期間は１年で，期間満了の３か月前までにいずれかから契約内容の変更または契約を継続しない旨の申出のないときは，同一条件でさらに１年ずつ自動更新されるとの条項があった。基本契約が16年間更新されてきた後に，メーカーがこの条項を根拠に更新を拒絶したのに対して，裁判所は，メーカーによる他の販売業者への田植機等の販売を１年間禁止する仮処分を命じた。これは，実質的には，契約関係の終了までに１年間の猶予期間を与えたのに等しい。別の実際的な解決方法としては，代理店の１年分の逸失利益の金銭補償と引換えに更新拒絶を認めるという方策が考えられる。賃貸借契約の更新拒絶が認められるための正当事由の判断にあたって，立退料等の金銭給付がされたことが考慮される場合と類似している。

賃貸借契約の法理が適用されることが多い。

　たとえば，基本契約である販売代理店契約の解除については，賃貸借契約の解除や解約申入れ法理の影響を受けており，信義則上代理店に著しい不信行為がある等の契約の継続をしがたい特別の事情が存しないかぎり，解除して商品供給を停止することはできないとされる（→**コラム㉕**）。基本契約のなかに，契約の有効期間中といえども両当事者は一定の予告期間をおけばいつでも中途解約できるとの条項が存在していた場合でも，同様に，取引関係を継続しがたいような不信行為の存在等のやむをえない事由が必要であるとされる。

5　担保としての売買

売買という法形式が担保目的で利用されることもある

　民法の売買の節のなかの「買戻し」（第３款）は，不動産売買と同時に行う，買主が支払った代金または合意により定めた金額および契約費用を売主が返還して売買契約を解除することができるとの特約であり（579条），売主の買戻権は付記登記によって公示される。買戻しの特約は，土地の売買で買主が一定期間内に住宅を建築しないと売主は買戻権を行使できるというような目的物の使途を限定する目的で付される場合のほか，債権担保目的の場合があ

る。債権担保目的の場合，実質的には，売買代金の形で融資がされ，担保として所有権が移転し，融資金および利息の返済と引換えの担保の解放が，代金または合意により定めた金額の返還と売買契約解除という形で行われているとみることができる。合意により定めた金額が買主の支払った代金額を上回る場合には，その差額は利息に相当することになるので，利息制限法の制限利率を実質的に超過する場合には利息制限法の適用を受け，減額されることになると解される。

　再売買予約は，いったん売却された不動産について，当事者間で売主のために締結される再売買の一方の予約（556条）である。当初の売主の再売買予約完結権は，仮登記によって公示される。売買代金が融資金に相当し，再売買代金との差額が利息に相当することになる。

　譲渡担保は，担保目的で設定される点は買戻しや再売買予約と同じであるが，被担保債権である金銭消費貸借契約上の債務が外形的にも存続する点で異なる。譲渡担保の公示は，譲渡担保を原因とする所有権移転登記によるほか，売買を原因とする所有権移転登記によって行うこともできる。

第2節　交　　　換

交換は特殊な場合に用いられる

　交換は，当事者が互いに金銭の所有権以外の財産権を移転する契約である（586条1項）。第2次世界大戦終了後のような極端なインフレと物資欠乏の時期においては，都市住民が農村に出かけて行って着物と米を交換するというように，食糧の入手のための重要な手段となっていた。現代社会では，たとえば，暗号資産での支払を選択すれば，交換になる。

　ただし，土地については，土地改良法による換地（農地の場合），土地区画

整理法による換地（宅地の場合），土地収用法による金銭による補償に代えての替地の提供などにおいて，公法的な手続が前提となっているが，交換が一定の役割を果たしている。

交換には売買の規定が準用される

交換は有償契約であるから売買の規定が準用される（559条）。準用にあたっては，交換は両当事者が売主の立場に立つ売買と考えることができるから，もっぱら売買の売主の義務や責任に関する規定が準用されることになる。両当事者の交換する財産権の価額に差があり，それを補うために金銭が付加的に給付される場合には，この金銭については売買の代金に関する規定が準用される（586条2項）。たとえば，冷蔵庫を新たに購入する場合に従来使っていた冷蔵庫を下取りしてもらうことがあるが，この下取りは，交換というよりは，下取品の売買代金を新品の売買代金の一部として充当しているとか，あるいは単に下取りを理由に新品の代金を減額しているにすぎないと考えられる。

なお，金銭の所有権を相互に交付し合う両替は，交換とは別の一種の無名有償契約と考えられているが，売買および交換の規定が類推される。

第3節　贈　　　与

贈与には多様な機能がある

贈与は，片務無償契約である。しかし，慈善事業への寄付に典型的にみられるような特段の見返りをいっさい求めないものもあれば，お歳暮やお中元を相互に贈答し合うときのように背後に互酬の社会関係がある場合やまわりまわって元を取っていると評価できる場合もある。入学時点での大学への寄

付には，今後受ける教育の対価の意味合いも否定しきれない。未開社会では，交換は互酬的な贈与の形で行われているといわれている。中国の歴代王朝が周辺諸国と行っていた朝貢貿易も，朝貢国から送られてくる貢物（贈与）に対して，数倍の価値のある回賜（贈与）が与えられた。

　親子・夫婦間で行われる生前贈与には，相続財産の先取りという機能がある。そのため，婚姻や生計の資本としての贈与は特別受益の対象となる（903条1項）。ただし，20年以上の婚姻期間を経た夫婦の一方が他方に対して，その居住用の建物またはその敷地を贈与した場合は，特別受益の持戻し免除の意思を表示したものと推定される（同条4項）。遺産の形成に関する配偶者の貢献を配慮したものである。また，一定範囲の相続人が最低限取得できる遺産の割合である遺留分の算定にあたっては，相続人以外の者への贈与と異なり，相続人への贈与については，相続開始前10年内に婚姻や生計の資本として贈与した財産の価額を相続開始時の財産に加えて計算される（1044条3項）。

　老後扶養を契約によって実現するための手段として，民法は，終身定期金という典型契約（689条～694条）を用意しているが，これはほとんど利用されておらず，親の面倒をみるという条件で財産を特定の子どもに贈与するという負担付贈与（553条）が代わりに利用されている。負担付贈与の場合には，双務契約に関する規定が適用され，負担の履行がされないと，解除も可能である。また，扶養が定期的な金銭の贈与として行われるという定期贈与の場合，贈与者または受贈者が死亡すると，効力がなくなる（552条）。

書面によらない贈与は解除できる

　贈与は諾成契約であり，当事者の一方がある財産を無償で相手方に与える意思を表示し，相手方が受諾をすることによって効力を生じる（549条）。ただし，書面によらない贈与は，履行が終わっていない部分に限って，贈与者からでも受贈者からでも解除することができる（550条）。

　このように，書面によらないかぎり，履行前であれば，自由に解除できるということは，贈与は，諾成契約でありながら，実質的に要式契約や要物契約に近い扱いとなっているものと評価できる。これは，無償契約について，合意のみによる強い拘束力を認めないという趣旨である。

　履行済みの贈与についても，将来面倒をみてもらえることを期待して，養子に財産を贈与したところ，後に虐待されたというような場合，忘恩行為を理由に，信義則を適用して解除が認められるかどうかについては争いがある。判例は，負担付贈与と構成することが可能であれば，負担の不履行を理由とした解除を認めている。

贈与者の担保責任は軽い

　贈与者の義務や責任は売主のそれに比べて軽く，贈与の目的である物や権利を，贈与の目的として特定した時の状態で引き渡し，または移転することを約したものと推定される（551条1項）。ただし，負担付贈与の場合，贈与者は，負担の限度において売主と同様の担保責任を負う（同条2項）。

第10章　信用供与型契約

　だれかにお金を貸した貸主は，その履行期までお金を返してもらうのをひたすら待っているほかない。それでも貸主がお金を貸すのは，借主が履行期に借りたお金を返してくれることを信用するからである。貸主は，借主に，履行期まで信用を与えているのである。

　同じことは，顧客に商品を売った売主が，商品を買主に渡し，代金は後払としたり分割払としたりする場合にもあてはまる。この場合，売主は，買主が履行期に代金を支払ってくれることを信用するからこそ，商品を先に渡すからである。さらに，クレジット・カードを使った買い物のように，買主に信用を与えるのが売主ではなく，カード会社という第三者の場合もある。

　本章では，相手方に信用を与える類型の契約について，まず，民法の典型契約である消費貸借をとりあげ，準消費貸借にも触れる。つづけて，クレジット販売などにみられるように，複数の契約が組み合わされて信用が供与されるタイプの契約について説明する。

第1節　消費貸借

1　消費貸借とは

　たとえば，Aが，飲み会の費用3000円を持ち合わせていなかった友人Bに3000円を貸す場合，当たり前のことだが，Bは，Aから受け取った3000円は飲み会の支払に使ってしまう。このように，借主が，貸主から受け取った物を消費することを前提に，それと種類，品質，数量が同じ物を返還する債務を負うのが，消費貸借である（587条）。昔は，急な来客のためにお米が足りなくなったときなどに，隣の家からお米を借りたというが，これも消費貸借にあたる。代替物であれば，消費貸借の目的とすることができるが，ほとんどの消費貸借は金銭を目的とする。

**　消費貸借は，合意だけでは成立しない**
　消費貸借契約は，「貸してください」「貸しましょう」という合意だけでは成立しない。消費貸借契約が成立するためには，借主が，その合意に基づいて「金銭その他の物を受け取る」（587条）必要があるのが原則である。このように，合意のみでは成立せず，目的物を交付してはじめて成立する契約を「要物契約」という。
　もっとも，消費貸借の合意が，書面によって示された場合には，借主が目的物を受け取らなくても消費貸借が成立する（587条の2。「書面でする消費貸借」とよばれる）。しかし，この場合にも，消費貸借の合意だけで契約が成立するわけではない。消費貸借契約が成立するためには，その合意が，書面のなかで示される必要がある。このように，特定の形式を備えることが契約の

ローマ法では，消費貸借は，無利息の消費貸借のことを指した。消費貸借が要物契約とされた理由は，消費貸借の無償性に関係する。というのも，貸主が借主に金銭を貸す約束をしたにもかかわらず，実際にお金を渡してくれない場合に，消費貸借が諾成契約であるとすると，借主は，裁判で貸主に「貸す」約束の履行を強制できることになる。しかし，無利息の消費貸借について，そこまでする必要はないと考えられたのである。

このような由来から，民法587条については，かねてから，利息付消費貸借について要物契約とする必要はないとの指摘がされている。

587条の2の消費貸借は，「諾成的消費貸借」，または，「書面でする諾成的消費貸借」とよばれることがある。合意だけでは成立しない契約なのに，「諾成契約」とは変だ，と思う読者もいるだろう。

実は，書面でする消費貸借が「諾成的消費貸借」といわれるとき，「諾成的」という言葉は，合意のみで契約が成立する，という意味では使われていない。書面でする消費貸借が「諾成的」であるのは，目的物を交付しなくても成立する，つまり，要物契約との対比で「諾成契約」とされていることに注意が必要だ。つまり，合意のみによって成立するという本来の意味での諾成契約とは，言葉の使い方が異なっている。

成立要件である契約を，「要式契約」という。目的物が交付されなくても消費貸借契約が成立するための要件として，書面の作成が必要とされたのは，目的物を受け取っていないにもかかわらず契約が成立したことを，書面によって明確にしておくためである。

「書面」は，契約書である必要はない。インターネットを通じて消費貸借契約を締結する場合，ウェブサイトへの入力もここでいう「書面」によるものと扱われる（587条の2第4項。ウェブサイト上の記録や電子メールは，「電磁的記録」にあたる）。したがって，ウェブサイト上で，「10万円を貸してください」「10万円を貸しましょう」という消費貸借の合意がされれば，その合意は書面でされたことになり，目的物が交付されなくても消費貸借契約は成立する。

ところで，民法が制定された当時，消費貸借は，書面を作成すると否とを問わず要物契約とされていた。それは，ローマ法以来，ヨーロッパでは消費貸借契約が要物契約とされていたこと，また，日本でも，民法施行前から消費貸借契約は要物契約であったためとされている。

　しかし，ローマ法では，消費貸借は無利息の消費貸借を指していたところ（→213頁の**コラム㊹**），現代社会で締結される消費貸借のほとんどは利息付消費貸借契約であって，事情は異なる。実際にも，金銭の消費貸借では，銀行振込などを利用することにより，借主に現金を手渡さないことも多い。にもかかわらず，現金を借主に交付するまで消費貸借が成立しないのでは，取引上不都合である（→**コラム㊺**）。そこで，2017年の民法改正時に，消費貸借の合意が書面によって示されている場合には，目的物の交付をまつことなく消費貸借契約が成立することが定められた。

書面でされた消費貸借の貸主は，借主に目的物を引き渡す債務を負う

　たとえば，友人Bから「3000円貸してくれないか」といわれたAが，「いいよ」と答えたとしても，それだけでは消費貸借は成立せず，AはBに3000円を渡す債務を負わない。消費貸借は，書面でされない限り，AがBに3000円を交付した時に成立する（要物契約）。このとき，目的物を引き渡す債務は問題にならない。

　これに対して，消費貸借が書面でされたときは，貸主は借主に目的物を引き渡す債務を負う。たとえば，Aが，Bに3000円を貸す消費貸借を書面でしたときは，Aは，書面により合意した後に3000円を持ち合わせていないことに気づいても，貸主として，3000円をBに渡さなければならない。

2　利息の特約

　貸主は，借主との間で，利息をつける旨の特約（合意）をしていなければ，借主に利息を請求することはできない（589条1項）。たとえば，AがBに

> 　書面によらない金銭の消費貸借は，消費貸借の要物性（要物契約としての性質）により，借主が金銭を受け取るまで成立しないことは，本文で述べたとおりである。
>
> 　しかし，消費貸借の要物性を厳格に解すると，現代の取引社会では不都合なことも多い。実際，判例は，現金を交付しなくても，たとえば，指定された口座に振り込む，預金通帳と印鑑を受け取るなど，現金を受け取ったのと同一の経済的利益を借主が受ければ，要物性の要件はみたされて契約は成立すると判断している。

3000円を貸した場合，利息をつける特約がなければ，Bは利息を支払う必要はない。実際には，家族や友人に貸す場合は別として，そうでなければ，利息をつける特約をして貸すのが普通だろう。

　Bが，Aとの間で，借りた3000円に利息をつけて返す特約をしたが，利率を定めていなかった場合，利率は法定利率による（404条1項）。

単利が原則

　たとえば，Bが，Aから，3年後に年利3％の利息をつけて返す約束で100万円を借り，利息は毎年支払うと定めたとする。このとき，Bは，1年後と2年後に，利息として3万円，3年後には元本100万円と3年目の利息として3万円を支払わなければならない。このように，利息は元本を基準に計算され，利息に利息はつかない（単利）のが原則である。

　もっとも，AとBが合意すれば，利息を元本に組み入れることができる。この場合，上の例では，1年後に，発生した利息3万円が元本に組み入れられて元本は103万円となり，Bが2年後に支払う利息は，103万円を基準にその3％である3万900円となる。そして，2年後には，元本は106万900円となるので，3年後の利息は，この金額を基準に計算される。このように，利息を元本に組み入れて利息を付すことを複利（または重利）という。

　複利は，原則として，当事者間で特約があった場合にのみ認められる。したがって，特約のないときは，利息は単利となる。ただし，特約がなくても，利息の支払が1年以上遅れており，かつ，債権者が催告をしても債務者が利

息を払わないときは，債権者は，未払の利息を元本に組み入れることができる（405条）。

利息は元本を使うことの対価である

利息は，元本をその返還時期まで使うことの対価である。したがって，元本の返還時期到来後は，利息は発生しない。返還時期に元本を返さない場合，借主は貸主に対し，一般原則に従い，債務不履行に基づく損害賠償義務を負う。利息を返さない場合も同様である。

金銭消費貸借の借主が損害賠償として支払う金銭は，遅延損害金とよばれる。金銭消費貸借によって生じるのは金銭債権だから，遅延損害金の額は，419条によって定まる（→13頁～14頁）。

3 消費貸借の効力

消費貸借の借主は，借りた物と種類，品質，数量が同じ物を返還する義務を負う（587条，587条の2第1項）。もっとも，借主は，目的物である「金銭その他の物」を受け取るまでは，返還義務を負わない。要物契約としての消費貸借は，借主が目的物を受け取るまで，そもそも契約が成立しない（587条）。また，書面でする消費貸借についても，借主は，目的物を受け取るまでは，それと種類，品質，数量が同じ物を返還する義務を負うことはない（587条の2第1項は，「受け取った物と」種類，品質，数量が同じ物を返還する義務を負う，と定める）。

利息の特約がされたときは，借主は利息を支払う義務も負う。これを貸主の側からみると，貸主は，借主に対し，元本の返還を求める債権（元本債権）と，利息の支払を求める債権（利息債権）を有する。

借りた物の返還時期が定められている場合，借主はその時に返還する義務を負う。もっとも，利息付消費貸借の場合，利息債権の履行期は，元本債権の履行期と同じとは限らない。たとえば，Bが，3年後に返還する約束のも

と年利３％で100万円をＡから借りるとき，利息は毎年支払うと定められることもある。この場合，１年後に，利息債権の履行期が到来する。また，Ａは，履行期の到来した利息債権だけを第三者Ｃに譲渡することができる。しかし，Ａは，利息債権のうち履行期が到来していない部分については，利息債権だけをＣに譲渡することはできない。たとえば，この例では，Ａは，１年後に，３万円の利息債権をＣに譲渡することはできるが，９万円の利息債権を譲渡することはできない。履行期が未到来の間，利息債権は元本債権に付従すると考えられているからである。したがって，Ａが元本債権をＣに譲渡すれば，履行期が未到来の利息債権もＣに移転する。

　借主は，いつでも返還することができる（591条２項）。返還時期が定められている場合も同じである。返還時期が定められた利息付消費貸借について，返還時期より前に返還するときは，実際に返還した時までの利息を払えば足りる。利息は，元本を使用する対価だからである。ただし，返還時期が定められている場合に，借主が返還時期より前に返還することによって，貸主に損害が生じるときは，借主はその損害を賠償しなければならない（同条３項）。とはいえ，たとえば，貸金業者Ａが，１年後に返還する約束で，Ｂに50万円を利息付消費貸借として貸した場合，半年後に，Ｂが元本50万円と半年分の利息をＡに返還したからといって，Ｂが１年後に返還したならばＡが得られたはずの利息につき，Ａに当然に損害が生じるわけではない。Ａは，Ｂから返還された50万円をすぐ他の顧客に貸すことができることが多いからである。そのような場合には，Ａに損害は生じない。

　返還時期の定めがない場合，貸主は，相当の期間を定めて返還の催告をすることができる（591条１項）。言い換えると，貸主が借主に「返せ」と言ってから，相当期間が経過した時に債権の履行期は到来する（その意味で，本条は412条３項の特則である）。

4 利息の制限

利息には，利息制限法による上限がある。契約自由の原則によれば，利率も当事者が自由に決定できるはずだが，お金を借りる必要がある人に，利率について貸主との対等な交渉を期待することはできないことが多い。そのような場合，契約自由の原則は，利率の合意について実質的に機能しないからである。

利息制限法は，利息の上限を次のように定めている（利息制限1条）。

元本が10万円未満のとき	年20％
元本が10万円以上100万円未満のとき	年18％
元本が100万円以上のとき	年15％

たとえば，AがBに100万円を貸すとき，年15％を超える利息を定めても，利息制限法の制限を超える部分の合意は無効である。Aは，制限超過利息をBに請求することはできない。AB間の消費貸借において年利20％の利息が合意されても，Bは，年利15％で計算した利息を支払えば足りる。

利息制限法は，利息が天引きされた場合の制限利息の計算方法についても定めている。たとえば，Aが，2年後に年利15％の利息をつけて返還する約束で，Bに100万円を貸し，2年分の利息として30万円をあらかじめ差し引いて（これを，「天引き」という），Bに70万円を渡したとする。この場合，利息の上限は，現実にBが受領した70万円を基準に計算される（同2条）。元本が70万円の利息の上限は年利18％であるから，Aが2年分の利息として受け取ることができるのは，25万2千円である。その結果，Aは，はじめから利息制限法による制限を超える利息をBから受け取っていたことになる。このように，天引きされた利息が，債務者の受領した金額を元本として計算した上限利息を超える場合，制限超過利息（この例では4万8千円）は，元本の支

払にあてられたものとみなされる（同2条）。したがって，Bは，2年後に元本として95万2千円をAに返還すればよい。

制限を超える利息を支払ってしまったときは

では，債務者が利息制限法の制限利息を超える利息を債権者に支払ってしまったときはどうなるか。たとえば，Bが，Aから，10年後に年利30％の利息をつけて返す約束で100万円を借り，利息は毎年支払うと決められたとする。Bは，1年後に，契約に従って年利30％で計算した利息30万円をAに支払った。利息制限法によれば，元本が100万円の場合の上限利息は15％だから，Bが支払った利息のうち15万円は，無効な合意に基づいて支払ったことになる。

判例は，このような場合に，元本が残っていれば，制限超過利息は元本の支払に充当されるとした。先の例では，30万円を支払ったBの超過利息15万円は元本の支払にあてられ，元本債権は85万円になる。したがって，Bは，2年後には，85万円に上限利率である年利18％で計算した利息をAに支払えばよい。

では，Bが，翌年も次の年も，100万円の元本を基準に年利30％の計算で30万円を利息として支払い続けたらどうなるか。この場合，毎年，制限超過利息が元本に充当されて，6年後には，元本もなくなってしまう。このように，制限超過利息を元本すべてに充当しても払いすぎとなる場合，Bは，払いすぎた利息の返還をAに請求することができる。Bが，元本の返還と同時に制限利息を超える利息をまとめて支払った場合も同じである。

第2節　準消費貸借

準消費貸借とは

　たとえば，卸売店Aが小売店Bに毎日のように卸している商品につき，B
は毎月月末にまとめて代金をAに支払う約束がされていたとしよう。事情に
より，Bは，3月分の商品代金500万円と，4月分の代金300万円を払えなく
なった。このとき，Bが，Aに，代金の支払を年末まで待ってもらうための
方法の1つとして，これらの代金債権800万円をAから借りたことにして，
たとえば，履行期を年末まで延ばす代わりに，年利8％の利息を付けてAに
返済するということが考えられる。

　このように，当事者の一方が相手方に対して，金銭その他の物の給付を行
う債務をすでに負っている場合に，その物を消費貸借の目的とする（その物
を借りたことにする）契約が，準消費貸借契約である（588条）。準消費貸借で
は，すでに発生している債権に基づいて債務者が給付すべき物を目的とする
ため，あらためて物を交付する必要がない。準消費貸借は，書面を作成する
かどうかに関係なく，要物契約ではないのである。

　金銭その他の物を給付する義務が発生する場合であれば，それが，契約に
よって生じたかどうかを問わず，その物を準消費貸借の目的とすることがで
きる。また，消費貸借によって債務者が給付すべき物を準消費貸借の目的と
することもできる。たとえば，A銀行がBに対し，履行期の異なる100万円，
200万円，500万円の3つの債権を有している場合，これらをまとめて800万
円を貸していることにしたほうが，債権管理の点で簡便であろう。このよう
なとき，AとBは，800万円を目的として，あらためて返還時期と利率を定
めて準消費貸借を締結することができる。

準消費貸借によって生じる債務は，旧債務と同一性を維持する

　たとえば，Ａ銀行のＢに対する100万円，200万円，500万円の債権をまとめて，800万円を目的として準消費貸借が締結されたとする。この準消費貸借が締結される前に，Ｂは，Ａ銀行に対して負担していたこれら３つの債務を担保するため，所有する甲土地上に極度額1000万円の根抵当権を設定していた。この場合に，準消費貸借によってＢがＡに対して負担する800万円の債務は，Ａの根抵当権の被担保債権となるだろうか。

　判例は，準消費貸借によって生じた債務（新債務）は，当事者の反対の意思が明らかでないかぎり，既存債務と同一性を維持するとしている。当事者は，とくに意思を明示していなくても，債務の同一性を維持して，旧債務の担保を新債務の担保として存続させようと考えるのが通常だからである。したがって，先の例では，新債務はその根抵当権によって担保されないというＡとＢの意思（反対の意思）が明らかでないかぎり，根抵当権は新債務を被担保債権として存続する。同様に，たとえば，先の例で，準消費貸借が締結される前に，保証人Ｃが，ＡのＢに対する100万円の債権のみを保証する契約をＡとしていた場合，ＡとＢの反対の意思が明らかでなければ，準消費貸借によって生じた800万円の債権のうち，100万円についてＣは保証債務を負う。

第３節　三者間信用取引

１　第三者による信用供与

　たとえば，Ｂが，Ａの店で買いたい物があるが，買うお金がないとしよう。このとき，Ａが，Ｂを信用して，分割払に応じてくれる場合もあるだろう。

そうでない場合でも，Bは，第三者から信用を得ることができれば，その物を買うことができる。

それを可能にする方法の1つが，クレジット・カード取引（包括信用購入あっせん）である。具体的には，Bは，まず，クレジット・カード会社Cの信用調査を受けた上でCの会員となり，BC間で，Bが，Cの発行したクレジット・カードを使ってCの加盟店で買った物の代金につき，定められた限度額の範囲で，Cが売主に立替払する契約を締結する。そのうえで，Bが，Cと加盟店契約を締結しているAから物を買うと，Cが，代金をAに立替払する。そして，Bは，Cが立て替えた金額にCの手数料や利息を加えた金額をCに支払う（→**図10-1**）。Bは，Cとの契約により，これらの金額を分割払とすることも，ボーナス時などの一括払とすることもできる。翌月の一括払とすることも行われるが，このときは，CがBから手数料や利息を取らない契約となっていることが多い。その場合のクレジット・カード取引は，買主が信用を得る手段というより，現金の代わりの支払手段の性格が強い。

最近では，有体物としてのカードは発行せず，IDとパスワードのみを発行する，いわばカードレスのクレジット・カード取引も増えている。

同様の信用供与取引は，クレジット・カードを用いずに行うこともできる。Bが，Cの加盟店であるAから品物を買うときに，個別に，Cに立替払を依頼する契約をCとの間で締結する方法（個別信用購入あっせん）がそれにあたる。この場合，買主Bの信用調査は，BがCの加盟店と取引をする度にCによって行われる。

これらの例ではいずれも，AB間の売買契約とは別に，BC間で，CがBに信用を供与する契約（与信契約ともいう）が締結される点に特徴がある。

信用取引によって，Bは，代金全額をただちに支払うことが難しい商品の購入が可能になる。それはBにとって大変便利であると同時に，つい，多額の買い物をしてしまう危険もはらんでいる。実際，信用取引により，買主が支払能力を超える債務を抱え込んでしまう例は少なくない。このような問題

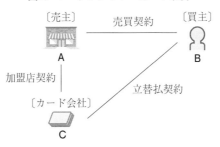

図10-1　クレジット・カード取引

は，CがBの支払能力を超える信用を供与しないことによって防ぐことができる。そこで，割賦販売法は，クレジット・カード取引などについて，Cに，Bの支払能力について調査する義務を課すと同時に，支払能力を超える信用の供与を禁止している（割賦販売30条の2・30条の2の2・35条の3の3・35条の3の4）。

2　抗弁の対抗

買主Bが売主A以外の第三者から信用を得る場合，AB間の売買契約とは別に，BC間で立替払契約が締結される。では，Bは，Aに対して主張できる事由を，Cに対しても主張できるのだろうか。たとえば，Bが，クレジット・カード取引により，Aからソファを5万円で購入し，1週間後に配送されることが合意されたとする。しかし，いつまで経ってもソファが配送されない。この場合，Bは，立替金の支払を請求してきたCに対し，商品が届いていないことを理由にその支払を拒むことはできるだろうか。

形式的には，BC間の立替払契約は，AB間の売買契約とは当事者も異なる別の契約である。そして，互いに別個独立の契約相互の間では，1つの契約について生じた事由は他の契約に影響を与えないのが原則である。したがって，この原則をそのままあてはめれば，Bは，Aには同時履行の抗弁を主張できるが，売買契約の相手方ではないCに対しては，Aに対する抗弁を主張できない。

しかしながら，クレジット・カード取引において，A・B・C三者の間にそれぞれ結ばれる契約は互いに密接不可分な関係にあり，全体として1つの取引のしくみを構成している。BC間の与信契約は，AB間の売買が契約ど

おり履行されることを前提に結ばれている。にもかかわらず，形式的には別の契約であることを理由に，Bが受け取っていない商品の立替金を払わなければならないという結果は，不当である。

そこで，割賦販売法は，クレジット・カード取引などのうち一定の取引について，Bは，同時履行の抗弁やAB間の契約の取消し・解除など，Aからの請求に対する抗弁として主張できる事由を，Cにも主張できる（抗弁の対抗。抗弁の接続ともいう）と定めている（割賦販売30条の4・29条の4第2項・35条の3の19）。

では，割賦販売法で定められた抗弁の対抗は，割賦販売法が適用される契約についてのみあてはまるのだろうか。抗弁の対抗は，互いに密接不可分な関係にある契約に当然に認められることを割賦販売法の規定が確認したにすぎないのであれば，ファイナンス・リース（→233頁の**コラム⑫**）など，これらの規定が直接適用されない契約であっても，互いに密接不可分な関係にある契約の間では，抗弁の対抗を認める余地がある。しかし，この点について，判例は，抗弁の対抗は，本来は認められない権利を割賦販売法30条の4によって特別に認められたものであると解して，抗弁の対抗が認められる場合を，同条が適用される場合に限定している（→**ケースのなかで17**）。

ケースのなかで 17　抗弁の対抗は当然に認められるものではない

　X（信販会社）は，1982年に，YがAから呉服を買った際，Yとの間で，XがAに代金を立替払し，YはXに立替金と手数料を分割払する内容の契約を結んだ。しかし，AがYに呉服を引き渡さなかったため，YはAとの契約を合意解除した。その後，Xは，Yに立替金残額の支払を求める訴えを提起。裁判では，1984年に割賦販売法30条の4が定められる前に締結された契約についても，YがAに対する抗弁事由をXに対抗できるかが争われた。裁判所は，抗弁の対抗は，法が，買主保護の観点から新たに認めたものであるから，同条が定められる前の契約については，特段の事情のないかぎり，Yは，Aとの契約解除を理由にXとの契約の履行を拒むことはできないと判断した。

《抗弁の対抗，三者間信用取引……最判平 2 年 2 月20日》

　抗弁は，あくまで，CからBが請求を受けたときに，Bが防御手段として用いることができるものである。したがって，Bは，たとえば，クレジット・カードを使ってAから買ったソファが届かないので，Aとの売買契約を解除したとしても，Cに，すでに支払った立替金の返還を求めることはできない。BがCに立替金の返還を請求するには，BC間の与信契約に基づく当該立替払契約が解除されるなどして，その効力が失われる必要がある。しかし，AB間の売買契約とBC間の立替払契約は別の契約であるから，BがAとの売買を解除したからといって当然にCとの契約を解除できるわけではない。

　この点，割賦販売法は，一定の場合に，Bによる，Cとの立替払契約の取消し・解除を認めている。たとえば，Bが，特定商取引法の過量販売を理由にAとの契約を解除する場合には，一定の条件のもとで，Cとの立替払契約も解除することができる（割賦販売35条の3の12）。その結果，Bは，すでに支払った立替金の返還をCに求めることができる（同条6項）。

第11章　貸借型契約

　同じ「借りる」契約といっても，消費貸借とは異なり，借りたその物を返さなければならない契約が，貸借型契約である。たとえば，下宿先のアパートを借りる，旅行先でレンタカーを借りる，友人から本を借りるなどの契約がこれにあたる。このような契約は，借りたその物の利用を目的とする点に特徴がある。

　これらの契約のうち，民法が典型契約として定めるのが，無償で物を利用する使用貸借と，対価を支払って（有償で）物を利用する賃貸借である。

　物の利用を目的とする契約には，そのほか，物権である地上権や永小作権の設定契約もある。これらの契約によって生じる物権の内容は，物権法の定めに従う（→本シリーズ物権〔第2版〕**第4章**参照）。

第1節　使　用　貸　借

第2節　賃　　貸　　借

第1節　使用貸借

使用貸借とは

　使用貸借とは，無償で他人の物を使用・収益する契約をいう（593条）。た
とえば，親戚がもっている別荘を夏休みの間使わせてもらったり，実家から
訪ねてきた両親を観光に連れていくため，友達に車を借りるような場合が，
それにあたる。使用貸借は，このように，なんらかの人的関係を基礎として，
好意により，あるいは世話になった恩に報いようとして（ときには義理で？）
結ばれることが多い。

　同じように物の使用・収益を目的とする契約であっても，有償であれば，
賃貸借になる（→231頁）。無償か有償かの違いで，使用貸借と賃貸借とは，
契約の効力がかなり異なる。とくに，不動産の使用貸借には，賃貸借と異な
り，借地借家法が適用されないことに注意が必要である。

使用貸借の成立

　使用貸借契約は，借主がある物を一定の期間無償で使用・収益する合意に
よって成立する。合意があれば物を借主に引き渡さなくても契約は成立する。
しかし，貸主は，使用貸借契約成立後も，借主が目的物を受け取るまでは，
契約を解除することができる（593条の2本文）。これは，使用貸借は無償で
あることから，軽率に約束してしまった貸主を保護する必要があると考えら
れたためである。もっとも，使用貸借の合意が書面によって示された場合に
は，貸主は，よく考えた上で貸す意思を明確に示したと考えられるので，借
主が目的物を受け取る前であっても，契約を解除することはできない（同条
ただし書）。

使用貸借の効力

　貸主は，まず，借主に目的物を引き渡す義務を負う（593条）。また，貸主は，使用貸借が終了するまで，借主による目的物の使用・収益を妨げない義務を負う。しかし，使用貸借の貸主は，賃貸人と異なり，引き渡した目的物が壊れてしまった場合にそれを修繕する義務は負わない。貸主は，借主が目的物を使用・収益できるよう積極的に行動する義務までは負っていないのである（賃貸人の修繕義務については，→235頁）。

　借主は，使用貸借が終了するまで（597条参照），目的物を使用・収益することができる（使用貸借の終了については，→230頁）。借主は，契約で定められた使い方に従って，目的物を使用・収益する義務を負う。たとえば，足を負傷した家族を病院に通わせるため，友人から自動車を借りた者は，仕事に出かけるためにその車を使用することはできない。また，とくに決めていなくても，借りた本を枕に使うように，「目的物の性質によって定まった用法」と異なる使い方をしてはならない（594条1項）。これらをまとめて，借主の用法遵守義務という。

　使用貸借は無償契約であるので，贈与と同様，貸主の担保責任は軽減されている。具体的には，貸主は，目的物を，使用貸借の「目的として特定した時」の状態で引き渡すことを合意したと推定される（551条。596条で準用）。「目的として特定した時」とは，特定物については契約時となる。たとえば，Aが友人Bに自分の自転車甲を無償で貸したところ，実は自転車甲のブレーキが壊れていた場合，Aは，「ブレーキの壊れた自転車甲」を貸すことを約したと推定されるから，そうではないことが明らかにならない限り，Bに対して担保責任を負わない。

借主は，目的物の維持・管理に通常必要な費用を負担する

　借主は，借りた車の修理費など，目的物の維持・管理に通常必要となる費用（＝通常の必要費）を負担する（595条1項）。これに対し，台風で屋根が壊

　貸主にともかくお金を払いさえすれば，物の利用が有償となるわけではない。判例は，たとえば，不動産の借主が，貸主とのあいだで，不動産の賃料の代わりに固定資産税を払うと合意したが，固定資産税の額が相場賃料の4分の1程度であった事案について，その契約を使用貸借であるとした。その程度の金額では，目的物を対価を支払って利用しているとはいえないと判断されたことになる。同様のことは，相場賃料よりかなり安い賃料で貸した場合にもあてはまる。つまり，借主の経済的な支出が少ないために，その支出が物を利用する対価といえないときは，有償とはいえず，無償と評価される。物の利用が有償であるというためには，お金を払いさえすればよいのではなく，借主が支払う金額が，物の使用の対価というに十分な金額でなければならないのである。

れてしまったために必要になった屋根の修理費など，特別の必要費は，貸主が負担する（595条2項・583条2項・196条1項本文）。

　つぎに，車の座席が合成皮革だったのを本革張りにするなど，借主が目的物の価値を増加させる費用（有益費）を支出した場合，目的物の価値が増加したときにかぎり，貸主はその費用を負担する。ただし，貸主は，借主が支出した金額，または，価値が増加した分に対応する金額のどちらかを選択して借主に償還すれば足りる（583条2項・196条2項本文。595条2項で準用）。なお，裁判所は，有益費の償還については，貸主の請求により，相当の期限を付与することができる（583条2項ただし書。595条2項で準用）。

　借主は，貸主が負担する費用について，貸主に目的物を返還した時から1年以内に費用の償還を請求しなければならない（600条1項）。

使用貸借の終了

　使用貸借の期間が定められていた場合，使用貸借は，期間の満了によって終了する（597条1項）。期間の定めがない使用貸借は，目的物を利用する目的が達成されれば，終了する（同条2項）。たとえば，足を負傷した家族を病院に通わせるため，友人から期間を定めずに自動車を借りた場合，家族が病院に通う必要がなくなれば，契約は終了する。また，この例で，家族をいつまでも病院に連れて行かないうちに長期間が経過した場合のように，実際に

は目的が達成されていなくても，その目的を達成するのに十分な期間が経過したときは，貸主は，契約の解除をすることができる（598条1項）。

　期間も目的も定められていない使用貸借の場合，貸主は，いつでも契約を解除することができる（同条2項）。

　そのほか，使用貸借は，特定の借主との人間関係に基づき，その借主に対する信頼を基礎として物を使用・収益させる契約であるので，借主の死亡により契約は終了する（597条3項）。

　契約が終了しない間でも，借主が用法遵守義務に違反したり，貸主の承諾を得ずに，他人に目的物を使用・収益させた場合，貸主は，契約を解除することができる（594条3項）。

　使用貸借が終了したときは，借主は，目的物を貸主に返還する義務を負う。

第2節　賃　貸　借

1　賃貸借とは

　賃貸借とは，賃借人が，賃貸人に賃料を支払って目的物を使用・収益する契約をいう（601条）。賃貸借の目的物は，自転車，車，ドレスなど，動産のことも多い。

　また，動産を目的とする賃貸借のなかには，ファイナンス・リース（→233頁の**コラム⑦**）のように，賃貸借契約の法形式をとりつつ，実質的・経済的には，信用の供与を目的とする契約もある。このような契約については，賃貸借の規定をそのまま適用すべきかどうかが問題となることがある。

　賃貸借の目的物として，より重要なのは不動産である。というのも，土地や建物の賃貸借は，生活の本拠とするために，あるいは，土地や建物を使っ

　たとえば，Aが，所有する甲土地をBに賃貸し，Bがその上に建物を建てて住んでいたとする。このとき，賃借人Bを追い出すために，Aが，第三者Cと共謀して，Bに賃貸している甲土地をCに譲渡し，Cが，所有権に基づいて土地の明渡しを求めるということが行われた。賃借権は債権であるから，Bは，Aに対して物の使用・収益権を主張できるが，契約関係にないCに対して賃借人としての権利を主張することはできない。その結果，土地の所有者が変われば，Bは，契約期間中であっても，土地を明け渡さなければならなかった（「売買は賃貸借を破る」）。そして，借地人は土地を返還するときに，借地上に自分が所有する建物を壊さなければならないので，このような売買は地震にたとえられ，「地震売買」とよばれた。もちろん，賃貸借が登記されていれば，BはCに賃借権を対抗できる（605条）。しかし，賃貸借を登記するには地主の同意が必要とされ，地主は賃貸借の登記を嫌がったので，実際には，賃貸借が登記されることはほとんどなかった。

て生活の糧を得るために結ばれることが多く，その意味で，生活の基盤となる契約といえるからである。そこで，本節では，不動産の賃貸借を中心に説明する。

不動産賃貸借については，借地借家法が重要

　不動産の賃貸借については，民法のほか，借地借家法の規定が非常に重要である。

　借地や借家に関して特別法が定められたのには，次のような歴史的経緯がある。

　19世紀末から，資本主義の発展とともに人口が都市へ集中し，それにより借地・借家の需要が急増した。その結果，地代・家賃の値上げが生じたほか，地主が，地震売買（→コラム⑦）とよばれる仮装の土地売買を使って，より有利な条件で新しい賃借人へ土地を貸そうとするなど，賃貸借をめぐる紛争が激増する。そのため，借地人や借家人を保護する特別法の制定が必要となった。そこで，まず，1909（明治42）年に建物保護法が制定され，賃貸借の登記がなくても借地上に借地人が所有する建物の登記があれば，借地人は土地の賃借権を第三者に対抗できることになった（建物保護1条。この規定は，

★ コラム⑫：ファイナンス・リースとは

　スポーツジムを開業するには，まず，トレーニングマシンを揃える必要がある。もちろん，それにはお金がかかる。このとき，ジムの経営者は，金融機関から融資を受けてマシンを購入することもできるが，ファイナンス・リースを利用してマシンを調達するという方法もある。

　ファイナンス・リースでは，リース業者が，ジムの経営者が希望する目的物を，販売会社（サプライヤー）から購入する。そして，ジムの経営者は，リース業者から目的物を賃借する。リース料（賃料）は，リース業者が賃貸借期間内に，目的物の購入代金のほか，金利，リース業者の利益を回収できる金額に設定され，両当事者は賃貸借を途中解約することができない旨定められる。つまり，リース業者とジム経営者（ユーザー）との法律関係は，賃貸借の形式をとってはいるが，実質的には，ユーザーがリース業者からマシンを調達するための資金を得るという金融の機能を果たしている。ユーザーは，ファイナンス・リースを利用すれば，担保を提供することなく金融を得られる。

　トレーニングマシンのように，次々と新商品が開発される物は，財産として所有する意味はない。また，物を購入する場合，減価償却できる費用は法定の耐用年数によって決まるが，かつては，リース期間を法定耐用年数よりもかなり短く設定することができた。そこで，ファイナンス・リースを使えば，物を買う場合よりも，毎年減価償却できる金額が大きくなることから，それだけ税金の面で有利になるといわれていた。しかし，2007年にリース取引に関する会計基準が改正され，法定耐用年数10年未満の物品については，リース期間が法定耐用年数の70％以上でない限り，物を買ったのと同様に扱われることになったため，税法上のメリットはなくなった。

　現在，ファイナンス・リースを用いるメリットは，金融を得るほか，ユーザーが，物を廃棄する際の費用や手間を負わなくてすむことだろう。ユーザーは，リース終了時にリース業者に目的物を返還すれば足りる。廃棄の費用や手間を負担するのは，所有者であるリース業者である。

借地借家10条に受け継がれている）。さらに，1921（大正10）年に，より一般的に借地人・借家人を保護する特別法として，借地法および借家法が制定された。借地法と借家法は，その後，数回の改正を経て，1991年に，借地借家法になっている。

　借地借家法は，建物所有を目的とする土地の賃借権および地上権（＝借地権。借地借家2条1号）と，建物の賃借権（＝借家権）に適用される。土地の

賃借権でも，駐車場やゴルフの練習場など，建物所有を目的としない賃借権に借地借家法は適用されないことに注意が必要である。

借地借家法には，借地人・借家人を保護する趣旨から，借地借家法の規定と異なる特約がされた場合には，借地借家法の規定を適用するより借地人・借家人に不利になる特約にかぎって無効とする，片面的強行規定が多い（借地借家9条・16条・21条・30条・37条参照）。

2　賃貸借の成立

賃貸借は使用・収益の対価として賃料を支払う合意があれば成立する

賃貸借契約は，ある物を使用・収益させ，その対価として賃料を支払う合意がされることによって成立する。賃貸借契約は，契約書を作成しなくても成立するが，不動産の賃貸借は，生活の基盤となる場所の確保に関わるので，実際には，当事者の意思を明確にし，将来の紛争発生を予防するなどの目的で，契約書を作成することが多い。

賃貸借は，期間が定められていなくても有効に成立する。もっとも，借地借家法が適用される借地権については，最短の存続期間が30年と定められている（借地借家3条）ため，期間の定めがない借地契約の存続期間は30年になる。30年に満たない期間が合意された場合も同様である。

敷金は，賃借人の債務を担保する

不動産の賃貸借では，契約を結ぶときに，敷金を差し入れる合意をすることが多い。敷金とは，賃料債務など賃借人の賃貸人に対する債務を担保するために，契約時に賃貸人に交付される金銭のことをいう（622条の2第1項かっこ書）。担保であるから，賃貸人は，契約が終了して目的物が返還されたときには，賃借人が履行していない債務があればその金額を差し引いたうえ，残額があればそれを賃借人に返還しなければならない（同項柱書）。

敷金の額は，その地域の慣行によって大きく異なる。また，地域によって

は，「敷金」ではなく，「保証金」など他の名称でよばれることもある。名称はどうあれ，賃借人の債務の担保として交付されるのであれば，法的には敷金であり，敷金に関する民法の規定が適用される。

3 賃貸人と賃借人との関係

賃貸人は，目的物を使用・収益させる義務を負う

賃貸人は，賃借人に目的物を使用・収益させる義務を負う（601条）。使用貸借の場合と異なり，賃貸人は，賃借人による使用・収益を受け入れる義務のみならず，賃借人が目的物を使用・収益できるよう，必要な行為を行う義務を負う。

たとえば，Bに賃貸された土地を，第三者Cが不法占拠してBが使用できなくなっている場合，賃貸人AはBに対し，Cをその土地から排除してBが使用できるようにする義務を負う。また，賃借人に引き渡した目的物が壊れた場合，賃貸人は，賃借人が契約に定められた方法で目的物を使用することができるよう，必要な修繕をする義務を負う（修繕義務。606条1項本文）。もっとも，賃借人が酔っ払って家の襖を破ったなど，賃借人の責めに帰すべき事由により目的物の修繕が必要になった場合には，賃貸人はその修繕義務を負わない（同項ただし書）。

賃貸人が必要な修繕をしない場合，賃借人は，使用・収益のために必要な修繕を自分ですることができる。具体的には，たとえば，台風で屋根が壊れて雨漏りする場合のように急いで修繕をしなければならない場合を除き（607条の2第2号），賃借人は，まず，賃貸人に修繕が必要であることを伝えなければならない。そのうえで，相当の期間内に賃貸人が修繕をしないときには，賃借人は自分で業者に依頼して必要な修繕をすることができる（同条1号）。

賃貸人は，必要費はただちに，有益費は契約終了時に，賃借人に償還する

　賃借人が，目的物を契約目的に従って使用・収益するために必要な費用（必要費）を支出したときは，賃貸人は賃借人が支出した費用をただちに償還しなければならない（608条1項）。賃貸人は，賃借人が契約に従って目的物を使用・収益できるようにする義務を負っているからである。たとえば，台風で壊れた屋根を賃借人が自分で修繕した費用や，建物を建てる目的で賃貸していた土地の地盤の強度が地震によって弱くなったため，賃借人が地盤を強化する工事をした場合の費用などは，必要費にあたる。

　これに対し，たとえば，賃借人が，借家の窓を二重窓にするなど，目的物の価値を増加させる費用（有益費）を支出した場合，契約終了時にも目的物の価値が増加しているときにかぎり，賃貸人は，賃借人が支出した金額，または，価値が増加した分に対応する金額のどちらかを選択して賃借人に償還する義務を負う（同条2項本文）。このとき，賃貸人は，契約終了時に有益費を償還しなければならないのが原則であるが，裁判所は，賃貸人の請求により，相当の期限を付与することができる（同項ただし書）。

賃借人は，賃料を支払う義務を負う

　賃借人は賃料を支払う義務を負う（601条）。賃料は，当事者が合意により自由に定めることができる。賃料の支払時期について，民法は，目的物の種類に応じて定めており，後払が原則である（614条）。もっとも，当事者はこれと異なる合意をすることができ，実際にも，建物賃貸借では，月末に翌月の家賃の支払をする合意がされることが多い。

　賃料は，物の使用・収益に対する対価であるから，賃借人の責めに帰すことのできない理由により目的物の一部を使用・収益できないときは，賃料は，使用・収益できない部分の割合に応じて減額される（611条1項）。たとえば，土砂崩れにより，賃借した建物に土砂が流れ込んでその一部が使えなくなった場合，使用できなくなった部分の広さに対応する金額について家賃は減額

される。

借地借家法が適用される賃貸借については，不相当な賃料の増額や減額を請求できる

　賃貸借契約は継続的な契約なので，契約期間中に，賃借物を取り巻く環境の変化により，賃料が賃借物の利用価値と釣り合わなくなることがある。このような場合，民法の原則によれば，賃料を変更するためには，契約の当事者の合意が必要である。これに対して，借地借家法は，建物や土地にかかる税金の増減，地価の変動などの経済的事情の変化，周囲の同等の物件との比較などにより，賃料が不相当となった場合に，一方当事者の請求による賃料の増額または減額を認める（＝賃料増減請求権。借地借家11条１項本文・32条１項本文）。賃料増減請求権は形成権と解されている。したがって，たとえば，建物の賃貸人が賃借人に対し，賃料を10万円から12万円に増額する意思表示をすると，賃料は12万円に変更される。この場合，賃借人は，増額された金額に納得できなければ，とりあえず自分が相当と思う金額（たとえば10万円）を支払えば債務不履行にはならない（借地借家32条２項本文。同様に借地については，11条２項本文が適用される）。そのうえで，賃借人は賃貸人と話し合いをすることになるが，当事者間で合意ができなければ，裁判所の調停によって適切な金額が決定される（民調24条の２および３。その結果，賃料が変更されないこともある）。このとき，先の例で，たとえば，裁判所が適切な賃料を11万円と判断した場合には，賃借人は，賃料増額請求がなされた時に遡って，差額の１万円に年１割の利息をつけて支払わなければならない（借地借家32条２項ただし書。借地については11条２項ただし書）。

賃借人は，使い方を守る義務を負う

　賃借人は，目的物を使用・収益するに際して，契約および目的物の性質によって定められた使い方をしなければならない（用法遵守義務。616条による

594条1項の準用)。たとえば，居住目的で賃借した家屋を店舗として使用することは，用法遵守義務違反になる。動物を飼ってはいけない賃貸マンションで犬を飼うのも同様である。

債務不履行により信頼関係が破壊されたときは，契約を解除できる

賃貸借から生じる債務が履行されない場合，相手方は債務不履行を理由に契約を解除することができる（541条〜543条）。しかし，賃貸借契約は継続的な契約であり，とくに，不動産賃貸借の解除は，賃借人にとって生活や仕事の基盤が失われることを意味するため，解除に関する規定をそのまま形式的に適用してしまうのには問題がある。というのは，541条をそのまま適用すると，たとえば，長い間一度も賃料の支払を怠らなかった賃借人が，1か月分の賃料を支払えなかっただけで契約を解除されてしまいかねないからである。

判例は，かつては，家賃の支払が3日間遅れただけで建物賃貸借の解除を認めたこともあった。しかし，現在では，賃貸借は当事者相互の信頼関係を基礎とする継続的な契約であることを理由に，判例・学説は，不動産賃貸借については，債務不履行により信頼関係が破壊され，賃貸借を継続するのが困難になった場合に相手方は契約を解除できると解している。したがって，形式的に債務不履行があったとしても，信頼関係が破壊されたといえないときは，契約を解除することはできない。

賃借人は，賃貸人に無断で，賃借権を譲渡したり転貸してはならない

賃借人は，賃貸人の承諾を得なければ，賃借権を譲渡することも，賃借物を転貸することもできない（612条1項）。これは，民法の起草者が，賃貸借を，賃借人その人に対する賃貸人の個人的な信頼を基礎とする物の利用関係と考えていたことによる。その際，起草者は，賃貸借が，建物所有を目的とする土地の利用に用いられるとは考えていなかった。そのような場合には，

★ コラム⑦：サブリースと借地借家法

　1980年頃までの不動産賃貸借は，土地や建物を所有しているが自分では使用しない人が，それを必要とする人に賃貸する，というものであった。借地借家法が保護しようとするのも，社会的に立場の弱い賃借人である。

　ところが，1980年代後半には，不動産業者が，土地の所有者に「建物を建てて，それを賃貸しませんか」という話をもちかけ，土地所有者が銀行から融資を受けて新しく建物を建てて賃貸する，という新しいタイプの賃貸借があらわれた。このような賃貸借のなかには，不動産業者が建物を一括して所有者から賃借し，その各部屋をオフィスなどとして転貸して利益を上げることが計画されている場合もあれば（サブリース），不動産業者が，店舗などを賃借したい借主を土地所有者に紹介し，土地所有者が借主の注文にそって建物を建築して，それを借主に賃貸する場合もある（オーダーリース）。

　このような賃貸借の賃貸人は，すでに存在する建物を賃貸するのではなく，業者の働きかけに応じ，新たに投資をして建築した建物を貸す点で，伝統的な賃貸人と異なる。一方，事業者である賃借人は，経済力において賃貸人に優ることも少なくない。そこで，このようなタイプの賃貸借にも，借地借家法をそのまま適用することが適切なのかどうかが議論されている。

地上権が設定されると予想していたのである。ところが，実際には地主が物権である地上権の設定を嫌ったため，地上権が利用されることはほとんどなかった。

　その結果，起草者が予想していなかった事態が生じた。賃借人は，賃貸人の承諾がなければ，借地上に賃借人が所有する建物を第三者に譲渡することもできなくなった。建物の所有権が譲渡されることにより敷地の賃借権も譲渡されると考えられたからである。しかし，建物所有者の変更は，土地の利用形態になんら変更を及ぼすものではない。したがって，賃貸人が正当な理由なく賃借権の譲渡や転貸を承諾しないことにより，賃借人が借地上の建物を取引する利益を不当に害されないようにする必要がある。そこで，借地借家法では，借地上の建物を譲渡する際，賃貸人の不利にならないにもかかわらず賃貸人が賃借権の譲渡や転貸に承諾しないとき，借地人は，借地権設定者の承諾に代わる裁判所の許可を求めることができると定めている（借地借家19条）。

賃借権の無断譲渡・転貸は，賃貸借の解除原因になる

賃借人が，賃貸人の承諾を得ずに賃借権を譲渡または転貸して，賃借物を第三者に使用させた場合，賃貸人は契約を解除できる（612条2項）。賃貸人の承諾なしに賃借物を第三者に使用・収益させることは，賃借人を信頼して賃貸借契約を結んだ賃貸人に対する背信的行為であると考えられたからである。逆にいえば，たとえ賃貸人の承諾がなくても，賃借権の譲渡または転貸が，賃貸人に対する信頼関係を破壊する背信的行為といえない場合には，賃貸人は賃借権の無断譲渡・転貸を理由に賃貸借契約を解除することができない。

> **ケースのなかで 18　無断転貸が背信的行為と認めるに足りない特段の事情のある場合，解除権は発生しない**
>
> 甲土地の賃借人Y₁は，甲土地の一部を敷地とするY₁所有の乙建物をAに賃貸していたが，乙建物は戦災で焼失した。そこで，Aは，罹災都市借地借家臨時処理法3条に基づき，甲土地の一部の賃借権をY₁から譲り受けた。同法によりAが譲り受けた賃借権の範囲は，乙建物の敷地部分に限られていたが，同法の内容を誤解したAは，息子Y₂の名義で，甲土地のうち，Aが賃借権を譲り受けていない部分にまたがって新しい建物を建設した。そこで，賃貸人Xは，Y₁のAに対する借地の無断転貸を理由に，X Y₁間の賃貸借を解除し，Y₁とY₂に対し，建物収去と土地明渡しを求める訴えを提起した。
>
> 裁判所は，賃借人が賃貸人の承諾なく第三者に賃借物の使用・収益をさせた場合であっても，それが賃貸人に対する背信的行為と認めるに足りない特段の事情がある場合，612条2項の解除権は発生しないとした。
>
> 《無断転貸，解除，背信性……最判昭28年9月25日》

4　賃借人と第三者との関係

対抗要件を備えた不動産賃借人は，賃借物の譲受人に賃借権を対抗できる

たとえば，マンションの一室である甲をBに賃貸しているAが，甲をCに譲渡したとする。このとき，Bは，Cに対して，甲の賃借人であると主張す

ることはできるだろうか。

　賃借権は債権であるから，賃借人Bが目的物を使用・収益する権利を主張できるのは，賃貸人Aに対してだけである。ただし，不動産賃貸借については，605条により，賃貸借の登記がCへの所有権移転登記より早くされれば，BはCに対して甲の賃借権を対抗できる。Cの所有権取得とBの賃借権取得とは対抗関係に立つので，先に対抗要件を備えたほうが優先するのである。

　しかし，賃貸人が賃借権の登記に協力してくれなければ，賃借人は賃貸借を登記することができない。というのは，判例によれば，賃借権には，登記に協力するよう請求する登記請求権が含まれず，賃借人は，賃貸人に対し，登記に協力するよう裁判で求めることができないからである。そのために，かつて地震売買が社会問題になったことは，すでに説明したとおりである（→232頁の**コラム㉑**）。

　この問題を解決するため，建物保護法や借家法により，登記をしなくても賃借権を対抗できる道が開かれた。そして，それらの規定は借地借家法に引き継がれた。すなわち，建物所有を目的とする土地の賃貸借については，借地上に登記された建物を所有することにより（借地借家10条），また，建物の賃貸借については建物の引渡しにより（同31条），賃借人は賃借物の譲受人に対して賃借権を対抗できる。

　したがって，甲の賃借人Bは，賃貸借の登記をしなくても，Cが所有権移転登記を備えるより前に甲の引渡しを受ければ，その所有者がAからCに変わっても，引き続き賃借人として甲を使用・収益することができる。

賃貸不動産の譲受人は，対抗要件を備えた賃借人の賃貸人になる

　このように，不動産の賃貸人が605条または借地借家法10条・31条により賃借権の対抗要件を備えた後に，その不動産が賃貸人AからCに譲渡された場合，賃貸人の地位は，AからCに移転する（605条の2第1項）。この場合には，AB間の賃貸借関係は，AC間で賃貸人の地位を移転する合意がされて

　本文で述べたように，賃貸不動産が第三者に譲渡された場合，賃借権がすでに対抗要件を備えていれば，後掲**コラム⑮**の要件をみたさない限り，とくに合意をしなくても，譲受人は当然に賃貸不動産の賃貸人になる。

　これとは別に，たとえば，Aが所有し，Bに賃貸している甲建物がCに譲渡された場合，AがCとの間で，賃貸人の地位をAからCに移転する合意をすれば，Bが賃借権の対抗要件を備えているかどうかに関係なく，AB間の賃貸借はCB間に移転する（605条の3）。契約上の地位を移転するためには，相手方の同意が必要であるのが民法の原則であるが（539条の2），不動産の賃貸人の債務は，賃貸人が誰であるかによって履行のしかたが異なるものではないため，例外として，不動産の賃貸人の地位の移転については，賃借人の同意は不要とされた。

　なお，この場合にも，甲建物の譲受人Cは，賃貸不動産の所有権移転登記をしなければ，賃借人Bに対して賃貸人の地位の移転を対抗することができない（605条の2第3項。605条の3で準用）。

いなくても，敷金関係も含めて，CB間に引き継がれる。

　しかし，不動産の所有権はAC間の意思表示のみによって移転するところ（176条），AとCのどちらがその所有者であるのかは，賃借人Bにはわからない。そこで，民法は，賃貸不動産の譲受人Cは，所有権取得の対抗要件である登記を備えなければ，AからCに賃貸人の地位が移転したことを賃借人Bに対抗できないと定める（605条の2第3項）。したがって，Cは，所有権移転登記を備えなければ，Bに対して賃料を請求することはできない。これに対し，Cが登記を備えた場合，Bは，Cに賃料を支払わなければならない。また，Bは，Aに敷金を交付していた場合，賃貸借が終了して賃借物をCに返還したときに，Cに対して敷金の返還を請求できる（同条4項）。

賃借人は，賃借不動産の不法占拠者に明渡しを求めることができるか

　たとえば，Bが，建物を建てるためにAから甲土地を賃借したとする。ところが，甲土地の隣にある乙土地を所有する運送業者Cが，何の権利もないのに勝手に甲土地の一部にトラックを駐車しているため，Bは甲土地で建物建設工事を始められない。このとき，Bは，Cに対して，甲土地からトラッ

> ★ コラム㊡：賃貸不動産の譲渡人をそのまま賃貸人にしておくには
>
> 　たとえば，Aが，Bにマンションの一室甲を賃貸し，Bが賃借権の対抗要件を備えた後に，甲につき，Aの債権者Cのために譲渡担保を設定したとしよう。このとき，甲の所有権は担保のためにCに移転するが，Cは，担保設定者であるAが，そのまま賃貸人として甲の管理や修繕を行うのが便利だと考えるだろう。このような場合，賃貸不動産の譲渡後も，譲渡人が引き続き賃貸人となることが必要になる。しかし，賃貸不動産の所有権者と賃貸人が異なると，対抗要件を備えた賃借人Bの法的地位が不安定になる可能性がある。そこで，民法は，対抗要件を備えた賃借権の設定された不動産が譲渡された場合に，譲渡人Aをそのまま賃貸人としておくには，①賃貸人の地位をAに留保することをAC間で合意するだけでは足りず，加えて，②譲受人Cが譲渡人Aに甲を賃貸する契約が締結されることを要件としている（605条の2第2項前段）。
>
> 　これら2つの要件がみたされた場合，Bは，CからAに賃貸された甲をAから賃借することとなる。これは，Bが，AがCから賃借した不動産を転借した場合と同じである。しかし，Bは，Cに賃借権を対抗できる立場にあり，その法的地位は，転借人と異なりAC間の賃貸借を基礎としているわけではない。したがって，AがCに対する賃借人としての債務不履行を理由に賃貸借契約を解除された場合，Aに留保されていた賃貸人の地位はCに移転する（同項後段）。AC間の賃貸借が終了した場合も同じである。

クをどけるよう請求することができるだろうか。

　Cは無権利者なのだからできるに決まっている，と思うかもしれないが，話はそう簡単ではない。賃借権は債権だから，Bが甲土地に地上権の設定を受けた場合と異なり，Bは，賃貸借関係にないCに対して，当然に甲土地の使用・収益権を主張できるわけではないからである（債権の相対性）。

　もちろん，AはBに甲土地を使用・収益させる債務を負っているから，Bは，Aに対し，甲土地の所有権に基づきCに甲土地からトラックをどけさせるよう，求めることはできる。そして，Aが聞き入れない場合には，Bは，Aに対する賃借権に基づき，AのCに対する妨害排除請求権を代位行使することもできる（債権者代位権の行使。→48頁）。

　民法は，これに加え，Bは，賃借権の対抗要件を備えた場合，無権利者Cに対し，賃借権に基づいて妨害排除請求ができると定めている（605条の4第1号）。これは，対抗要件を備えた不動産賃借権に，物権と同様の効力を認

めるものである。同様に、Bは、Cが何の権利もなく、Bが賃借した甲土地の周囲に塀を設けてBが中に入れないような状態にして甲土地を占有しているときには、Cに対して甲土地の返還を請求することができる（同条2号）。

5　賃貸人と第三者との関係

賃借権の無断譲受人・無断転借人は，賃借物の不法占有者

たとえば、賃貸人Aの承諾を得ずに賃借人Bが第三者Cに賃借権を譲渡して賃借物を使用・収益させていた場合、Cは、Aに対して賃借権を主張することはできない（612条1項参照）。BC間の契約は有効であるが、Cは、Aとの関係では、何の権利もない不法占有者である。したがって、Aは、AB間の賃貸借契約を612条2項に基づいて解除しなくても、Cに対して、所有権に基づき、賃借物の返還を請求することができる。同じことは、Bが、Aの承諾を得ずに賃借物をCに転貸していた場合にもあてはまる。

もっとも、賃借権の無断譲渡や無断転貸であっても、それが背信的行為にあたらない場合には（→240頁）、Cは適法な賃借人または転借人として、賃借権または転借権をAに対抗することができる。

賃借権が適法に譲渡されたときは，譲受人が賃借人となる

では、Bが、Aの承諾を得て賃借権を譲渡したときはどうなるか。たとえば、大学を卒業するBが、家主Aの承諾を得て、自分が住んでいるアパートの賃借権をCに譲渡（タダで譲り渡す場合も、譲渡である）したとする。この場合、賃貸借関係はAB間からAC間に移転し、譲渡時から、CがBに代わってアパートの賃借人となる。しかし、敷金に関する権利義務関係は新賃借人には承継されない（622条の2第1項2号）。Bの交付した敷金が、将来Cが負担する債務の担保となるのは、Bにその予期に反する不利益を被らせる結果となって相当ではないからである。したがって、賃借権をCに譲渡したBは、譲渡時に、Aに対して敷金の返還を請求できる。

　このように解しても，Aにとくに不利益にはならない。Aは，Cが新たに
Aに敷金を交付することを，賃借権の譲渡を承諾する条件とすることができ
るからである。

転貸借が適法にされたときは，原賃貸借と転貸借が併存する

　たとえば，大学生のBが，半年間アメリカに留学している間，Aから賃借
しているアパートをAの承諾を得て友人Cに転貸したとする。BはAに家賃
を月額4万円支払っていたが，Cは，Bが飼っている鳥や観葉植物の世話を
する代わりに，Bに月額3万円を支払うことになった。

　この場合，AB間の賃貸借契約に加えて，BC間にも賃貸借契約が成立す
る。2つの賃貸借を区別するために，AB間の賃貸借は原賃貸借，BC間の
賃貸借は転貸借とよばれる。AC間に賃貸借関係は存在しないので，屋根に
雨漏りがするなど，賃貸物の修繕が必要な場合，Cに対して修繕義務を負う
のは，BであってAではない。しかし，CもまたAに対して義務を負わない
のでは，BがAに賃料を支払わない場合などに，Aの保護が十分ではない。
そこで，AC間に契約関係がないにもかかわらず，Cは，Bに対する債務を，

Ａに対して直接履行する義務を負うと定められている（613条1項前段）。

　したがって，Ｃは，ＢのほかＡに対しても賃料支払義務を負う。もっとも，Ｃは，Ｂに支払うべき賃料の金額を超えてＡに賃料を支払う義務はない。したがって，Ｃは，Ａから直接に賃料の支払を求められた場合，3万円をＡに支払えば足りる。もちろん，Ｃは，ＡとＢのどちらかに賃料を支払えば足りる。また，かりに，ＢがＡに支払うべき賃料が4万円ではなく2万円のときは，ＣがＡに支払うべき賃料も2万円でよい（ＢＣ間の転貸借の賃料が3万円であれば，残額1万円はＢに支払う）。

　Ｃは，ＢＣ間の転貸借で定められた支払時期（たとえば，月末）よりも早くＢに賃料を払った場合，ＢＣ間で定められた支払時期にＡから賃料の支払を求められたときに，Ｂへの前払をＡに対抗できない（同項後段）。すなわち，ＣはあらためてＡに3万円を支払わなければならない（ＣがＢに前払した賃料は，不当利得としてＢに返還請求できる。不当利得については，→**第15章**）。

転貸借は，原賃貸借を基礎とする

　先の例で，Ｃが，目的物を使用・収益できるのは，ＣがＢと転貸借契約を結んだからであることはもちろんだが，それだけでなく，転貸人Ｂが目的物の賃借権を有しているからでもある。このように，転貸借は原賃貸借を基礎としている。したがって，ＡＢ間の賃貸借が期間満了によって終了すれば，ＢＣ間の転貸借契約の期間は残っていても，ＣはＡに対して目的物を使用・収益する権利を対抗できない。

　Ｂが，家賃を滞納したため，債務不履行を理由にＡから原賃貸借を解除されたときも同じである。この場合に，ＡがＣに目的物の明渡しを請求すると，ＢのＣに対する債務（賃借物を使用・収益させる債務）は履行不能になってＢＣ間の転貸借は消滅する。実際には，Ｃとしては，Ａが，ＡＢ間の原賃貸借を解除する前に，ＡからＢの家賃滞納を知らせてもらい，利害関係を有する第三者としてＢの家賃を弁済する機会を与えて欲しいところであろう（第三

者による弁済について→128頁）。しかし，判例は，Bに履行遅滞があった場合，Aは，原賃貸借を解除するために，あらかじめCに催告する必要はないとしている。

　これに対して，Cに債務不履行がないにもかかわらず，AがBとの合意により原賃貸借を解除したときは，その合意は第三者Cの利益を不当に害するものとしてCに対抗できず，Cは，目的物を使用・収益する権利を失わない（613条3項）。

6　賃貸借の更新

民法では，契約を更新するかどうかは自由である

　期間の定めのある賃貸借契約の期間が満了しても，契約を更新すれば賃貸借は継続する。契約を更新するかどうかは当事者の自由である（契約自由の原則）。したがって，当事者があらためて期間と賃料について合意しなければ，賃貸借は更新されない。

　ただし，期間満了後，賃借人が目的物の使用・収益を継続し，賃貸人がそのことを知りながら異議を述べなければ，賃貸借は更新されたと推定される（619条1項前段）。このとき，賃料などの契約条件は，それまでの賃貸借と同じとなるが，期間については，期間の定めのない賃貸借契約として扱われる。したがって，当事者は，契約更新後は，いつでも解約申入れができる（同項後段）。

借地借家法では，賃貸人は正当の事由がなければ更新を拒絶できない

　契約の更新について，上で述べた民法の原則をそのまま借地や借家に適用すると，賃借人は，生活や営業の本拠となる土地や建物の安定した利用をすることができない。そこで，借地借家法は，地主や家主に更新を拒絶する正当の事由のないかぎり，建物所有を目的とする土地および建物の賃貸借契約は更新されると定めて，借地人や借家人の保護を図っている（借地借家5

条・6条・26条・28条）。同様に，期間の定めのない建物賃貸借については，賃貸人は，正当の事由がなければ，賃貸人は解約申入れをすることができない（同28条）。

賃貸人の更新拒絶に正当の事由があるかどうかは，賃貸人・賃借人それぞれが目的物を使用する必要性を中心に，それまでの経過や土地・建物の利用状況，建物については建物の状態，さらに立退料の申出があったときはその内容も考慮して判断される（同6条・28条）。

借地契約が更新される場合，更新後の最短の存続期間は，最初の更新のときは20年，2回目以降は10年である（同4条本文）。これより短い期間を更新後の借地の存続期間とすることはできない。したがって，更新後の存続期間について当事者が定めていなかったときや，当事者がこの期間にみたない存続期間の合意をしたときは，更新後の存続期間は20年（初回の更新のとき）または10年（2回目以降）となる。

更新のない借地・借家

このように，借地借家法の適用される賃貸借契約については，賃貸人は，正当の事由がなければ契約の更新を拒絶できないのが原則である。ただし，当事者が更新のない特約をして，更新のない賃貸借契約を締結することも認められている。更新のない借地を定期借地（借地借家22条〜24条），借家を定期建物賃貸借という（同38条・39条）。

契約が更新されないことは，借地人や借家人に，契約の継続による利益を受けられないという重大な結果をもたらすので，更新しない旨の特約は，公正証書などの書面によってされなければならない。賃借人が慎重に契約を結ぶようにするためである。更新しない特約が口頭で定められた場合，賃貸借契約は有効であるが，更新しない特約は効力を生じないから，更新可能な賃貸借契約となる。

定期借地は，存続期間が50年以上でなければならない（同22条）。ただし，

もっぱら事業に使うための建物を所有する目的で借地契約を締結する場合には，存続期間が30年以上50年未満であっても，更新をしない特約をすることにより，契約は更新されない（同23条１項。事業用定期借地）。事業用定期借地は，短い期間で借地権が消滅してしまうので，借地人はとくに慎重に契約する必要があるため，公正証書によって契約を締結しなければならない。

さらに，もっぱら事業に使うための建物を所有する目的で，存続期間を10年以上30年未満とする借地契約は，それが公正証書によって締結されたときは，更新しない特約がされていなくても，契約の更新はない（同23条２項）。

7　賃貸借の終了

期間の定めのある賃貸借は期間満了によって終了する。期間の定めのない賃貸借の当事者は，いつでも解約の申入れができる（借地借家法の適用がある場合については，→248頁）。後者の場合，解約申入れがなされると，617条１項に定められた猶予期間の経過により賃貸借は終了する。

また，借りていたアパートが火災で焼失した場合など，目的物をまったく使用・収益できなくなったときは，賃貸借は終了する（616条の２。目的物の一部が滅失した場合については，→236頁～237頁）。同様に，たとえば，無断転貸を理由に原賃貸借が解除されてしまったために，転借人が転借物を使用・収益できなくなった場合，転貸借は終了する（616条の２）。

そのほか，賃貸借は債務不履行を理由とする解除によって終了することもある。

これに対し，賃借人が死亡しても，使用貸借とは違い，賃貸借は終了せず，賃借権は相続人に承継される。

賃借人は，目的物を原状に復して返還しなければならない

賃貸借が終了した時，賃借人は，賃借物を賃貸人に返還しなければならない（601条）。このとき，賃借人は，賃借物をもとの状態にして返還する義務

（原状回復義務）を負うのが民法の原則である。たとえば，演劇の公演を行うために何日か劇場を借り，舞台装置を舞台に取り付けた場合，賃借人は，賃貸借終了時には舞台装置を取り外して，劇場を賃貸人に明け渡さなければならない。また，たとえば，賃借人は，賃借したアパートの襖を破ってしまった場合には，賃貸借終了時には襖を張り替えて賃借物を返還しなければならない（621条）。

　しかし，借りた部屋をていねいに使っていても，壁紙が陽の光で焼けたり，フローリングの床が傷むなど，長く住めば住むほど，部屋は古びたり傷んだりしてしまう。このように，契約内容に従って使用・収益したとしても，賃借物が損傷したり，経年変化することは，賃貸借という契約の本質上当然に予定されている。使用・収益の対価としての賃料は，それを見越して定められているはずである。したがって，賃借人は，契約終了時に賃借物を原状に復して返還しなければならないといっても，それは，入居時の状態にリフォームして返す必要があるというわけではない。契約内容に従って使用した状態で返還すれば足りる（同条かっこ書）。

　ところで，借地借家法が適用される借地に，原状回復の原則をそのまま適用すると，建物を所有するために更地を賃借した借地人は，賃貸借の終了時に建物を取り壊し，土地を更地の状態で賃貸人に返還しなければならないことになる。しかし，まだ利用できる建物を取り壊すのは社会的には損失である。また，借地人は，建物を建てた費用を回収できないだけでなく，建物を壊す費用を負担しなければならず，これでは借地人の保護に欠ける。

　そこで，借地借家法13条は，借地人は，借地の存続期間が満了したときに，地主に対し借地上の建物を買い取るよう請求することができると定めている（建物買取請求権）。建物買取請求権は形成権であって，借地人が建物を買い取るよう求める意思表示をすると，地主との間で建物の売買契約が成立する。ただし，借地借家法22条〜24条の定期借地権については，借地人に建物買取請求権は生じない。

★ コラム⑦：賃借物の「損傷」・「損耗」・「経年変化」

　賃借物に生じた損傷であっても，それが賃借物の通常の使用・収益によって生じた損耗（「通常損耗」ともいう）や，賃借物の「経年変化」にあたるときは，賃借人はそれらを原状に回復する義務を負わない（621条かっこ書）。その理由は本文に書いたとおりであるが，「損傷」「損耗」「経年変化」は，それぞれどのような意味なのだろうか。住宅の賃貸借契約における原状回復に関する国土交通省のガイドラインによれば，建物の価値の減少は広く「損耗」と理解され，このうち，建物に自然に生じる劣化（壁紙の色あせ，畳の日焼けなど）を「経年変化」という。それ以外の損耗のうち，通常の使い方によって生じる損耗が「通常損耗」である。これに対し，賃借人の故意による損耗はもちろん，善管注意義務違反にあたる場合など，通常の使い方によって生じたとは言えない損耗は，通常損耗ではなく，原状回復の対象となる。これらすべてを含むものが621条の「損傷」であり，その意味は，「損耗」と同じといえる。いずれにしても，大事なのは，それが「通常損耗」または「経年変化」にあたるかどうか，である。

　なお，実際には，たとえば，賃借人が料理に失敗して天井を焦がしてしまった場合，賃貸借終了時に天井の壁紙の張り替え費用を賃借人に支払うことにより原状回復義務が履行されることが多い。しかし，そのようなときにも，賃借人は壁紙の張り替え費用を全額負担すべきかといえば，必ずしもそうではない。賃借期間が長ければそのぶんだけ壁紙も経年変化していたはずであり，その部分について賃借人は原状回復する義務はないからである。国土交通省の前記ガイドラインも，賃借人が負担すべき費用については，通常損耗・経年変化を前提に定められるとしている。

　同じように，建物の賃貸借において，賃借人が賃貸人の同意を得てエアコンなどの「造作」を部屋に取り付けた場合，賃貸借終了時に，造作の買い取りを請求できる（造作買取請求権。借地借家33条）。造作とは建物に取り付けられた物であって，建物の使用に客観的な便益を与えるものをいう。

敷金は，賃借不動産を明け渡した時に返還される

　敷金が交付されていた場合，賃貸借が終了すると，賃貸人は，賃借人に賃料の不払などがあれば，その金額を差し引いた残額を賃借人に返還する義務を負う（622条の2第1項1号）。賃借人の賃貸人に対する敷金返還請求権は，賃借人が賃借物を返還して初めて発生する。したがって，賃借人は，敷金を

確実に返還してもらうために，敷金の返還を受けるまでは賃借不動産を明け渡さないと主張することはできず，敷金を返還してもらえないリスクは，賃借人が負うことになる。

第*12*章　役務提供型契約

　前章までに，物の所有権などの財産権を移転する契約類型，金銭貸与などの信用を与える契約類型，物を利用させる契約類型を学んできた。本章では，第4のグループとして，労働力やサービスを提供する契約類型を取り上げる。労働力を労務，サービスを役務と分けてよぶこともあるが，本書では，労働力とサービスをまとめて広く役務とよぶ。

　民法の定める13の典型契約のうち，役務提供型契約に含まれるのは，雇用契約（第8節623条以下），請負契約（第9節632条以下），委任契約（第10節643条以下）と寄託契約（第11節657条以下）の4つの契約である。このうち請負・委任・寄託の3つの契約を詳しく学ぶ。雇用契約については，労働法という科目において労働契約として学ぶことになるので，本書では詳細にはふれない。ほかに商法には，仲立・問屋・運送・運送取扱・商事寄託などの役務提供型契約の特別類型が規定されている。これらにおいても特別な規定がなければ民法の規定が適用される。

第1節　請　　　負
第2節　委　　　任
第3節　寄　　　託

第1節　請　　負

1　請　負　と　は

任せた仕事の結果に報酬を支払う

　請負契約は，契約当事者の一方（請負人）が仕事の完成を約束し，他方（注文者）がその仕事の結果に対してその報酬（費用を含む）を支払うことを約することで成立する双務・有償の諾成契約である（632条）。仕事には，着物の仕立てや建物の建設などの成果物が生じる場合のみならず，楽器演奏や警備など無形のものも含まれる。

　請負契約の特徴は，他の役務提供型契約と対比するとわかりやすい。請負人は，注文者の指図には従うが，注文者から独立していて，仕事の仕方はその裁量に委ねられており，雇用契約の被用者のように指揮命令に従うものではない。それゆえ，注文者は，請負人の不法行為について，原則として責任を負わない（716条と715条を対比→325頁）。

　また，請負人の債務は結果債務であり，結果が出せないと報酬は得られない。委任契約の受任者の債務が，最大限の努力をすることを内容とする手段債務であり（→15頁の**コラム⑤**），有償委任では結果が出なくても報酬を請求できることと対照的である（→**表12−1**および**コラム㊟**・**㊜**，256頁の**コラム㊱**）。

建設工事請負契約では特別法や定型約款による規律が多い

　請負契約はさまざまな仕事について成立するが，内容が複雑で契約の履行の完了まで長時間を要し契約金額も高いため，建物建築などの建設工事を内容とする契約がとりわけ重要である。この建設工事請負契約については，建

表12-1　役務提供契約のなかでの相違

	契約の性質	債務内容	特　　　徴
雇用契約	諾成・双務・有償	労働力の提供	労働者は，**使用者の指揮・命令に従い**，結果を問わず報酬を請求できる。
請負契約	諾成・双務・有償	仕事の完成	債務の履行方法は請負人が決めるが，仕事の完成は**結果債務**で，注文者は，結果に対して報酬を支払う。
委任契約・準委任契約	諾成で，片務・無償または双務・有償	事務処理	債務の履行方法は受任者が決め，事務処理は**手段債務**で，報酬支払特約がある場合にのみ，受任者は報酬が請求できる。
寄託契約	諾成で，片務・無償または双務・有償	物の保管	債務内容が物の保管に特化されている。無償寄託の場合には，注意義務の程度が軽減される。

＊　商法上の仲立・問屋・運送・運送取扱・商事寄託などは，役務提供型契約の特別類型である。

★ コラム㉘：請負？　売買？　それとも？

　たとえば，はんこや家具を作ってもらう契約のように，契約当事者の一方が相手方の注文に応じて自己の所有する材料で製作したものを供給することを約し，注文主がこれに対価を払うことを約す契約は，請負契約なのか，売買契約なのか，それとも第3の契約類型なのだろうか。

　注文に応じて製作するのは，請負のようであり，製作物の所有権移転とそれに対する代金支払は売買ともみられる。通説は，この契約を，請負と売買の混合契約と解して製作物供給契約とよび，特約がないかぎり，製作には請負の規定（たとえば，634条・636条・641条）を，代金支払等については売買の規定（たとえば573条～575条）を適用する。

★ コラム㉙：偽装請負

　偽装請負とは，契約上の形式が請負契約となっていても，実態は労働者派遣を含む雇用契約であるものをいう。こうした法形式がとられるのは，企業が使用者としての指揮命令が可能な状態を確保したままで，労働環境を確保して労働者を保護する義務を回避し，人件費を抑制したいからである。しかし，人件費抑制や不安定雇用の拡大は，社会的費用を増大させ，むしろ，景気悪化要因となる。偽装請負は，端的に労働者保護規制を潜脱する違法な行為である。

設業法，下請代金支払遅延等防止法，住宅品質確保促進法などの特別法の規律が多数存在する。また，契約の内容も，公共工事標準約款や民間連合協定

　民法は，第7番目の典型契約として，労働力の提供と賃金の支払を内容とする双務・有償の諾成契約として雇用契約を定めている（623条〜631条）。しかし，使用者と労働者の間には構造的に経済力・交渉力・社会的地位等の格差が存在するため，対等平等な当事者間での契約を前提とする民法では，契約自由は，搾取の自由に陥ってしまう。

　そのため，労働者の集団による交渉を認めて実質的な対等関係を回復しようとする労働組合法や，契約の内容や労働環境の適正化を行う労働基準法・労働契約法などの特別法，および膨大な判例が，労働者が従属的な地位にある場合を労働契約として，民法の原則を修正・補完している。そのため，民法の規定の適用が問題になることはほとんどなく，民法の雇用契約に関する諸規定は，典型契約の1つの類型を示すにとどまっている。

工事請負契約約款など，定型約款によって詳細に定められることが普通である。

2　請負の効力

請負人は仕事完成義務を負う

　請負人の義務は，注文された仕事を完成させることである。請負人自らが仕事をすることは必要ではなく，仕事の全部または一部を他人（下請負人）に任せることもできる。その代わり，履行補助者としての下請負人の行為についても請負人が責任を負う（→24頁〜26頁）。ただし，法令や契約に特別の規律があれば，仕事を下請負に委ねることができない。たとえば，建設業法22条は，仕事の全部を一括して下請負に出すいわゆる丸投げを禁止している。

報酬は後払か引渡しと同時履行が原則

　請負契約では，完成した仕事の結果に報酬（費用を含む）を支払うので，請負人は，仕事に労力や資金を投じても，仕事を完成させなければ，費用すら請求できないのが原則である。

　もっとも，仕事の進捗に応じた一部報酬の例外もある。仕事の結果が可分であり，請負人の一部履行により注文者が利益を受ける場合においては，①注文者の責めに帰することができない事由によって仕事を完成することがで

きなくなったとき，または，②請負が仕事の完成前に解除されたとき，その部分を仕事の完成とみなして，請負人は，注文者が受ける利益の割合に応じて報酬を請求することができる（634条）。なお，建設工事請負契約約款でも，契約時に報酬の一部を前払したり，完成前の中間時点で出来高に応じて報酬の一部を支払うとの特約が可能とされている。

　仕事の目的物の引渡しを要する場合には，引渡しと報酬支払は同時履行の関係となるため，仕事を完成させても引渡しをしないと報酬請求権は行使できない（633条）。引渡しを要しない場合には，仕事の完成により報酬を請求することができる（同条の準用する624条1項）。

請負人は危険を負担する

　注文者と請負人のいずれにも責任のない事由で仕事が完成しなかったり，仕事の目的物が引渡し前に滅失・損傷した場合には，請負人がその危険を負担する。すなわち，契約の趣旨に照らし仕事の完成が可能であれば，請負人は，追加費用を支出しても仕事を完成させないと報酬を請求できない。また，追加費用に見合う報酬の増額も当然には請求できない。

　仕事の完成が請負人に責任のない事由で不可能になれば，注文者は報酬の支払を拒絶することができるし（536条1項），契約を解除して報酬支払債務を消滅させることもできる（542条1項1号）。

　前述した一部報酬請求が可能である場合（634条）には請負人の危険負担は緩和されるが，それ以外の場合には，天災など不可抗力による履行不能のときに請負人に過酷をもたらすので，建設工事請負契約約款では，一定の要件のもとに追加費用の分担や報酬の増額を定めている。

いずれかの当事者に責任がある場合

　仕事が完成しないことや仕事の目的物の滅失・損傷につき，請負人に帰責事由があれば，請負人は，債務不履行による損害賠償責任を負う（415条）。

注文者に帰責事由があっても，仕事完成が可能なかぎり，請負人は仕事完成債務を免れないが，報酬請求権のほか，損害賠償請求権を得る。注文者に帰責事由があって仕事完成が不可能となれば，請負人は，報酬請求権を失わず，たとえば不要になった材料の相当額のように，仕事完成債務を免れたことによる利益を注文者に償還することになる（536条2項）。実際は報酬請求権と利益償還請求権は相殺処理されよう。

契約不適合に対する救済には債務不履行の規定が適用され，売買の規定が準用される

　仕事が外形上完成しても，合意された品質や性能が備わっていない場合がある。これを契約不適合とよび，注文者は，債務不履行を理由とする損害賠償請求や契約解除が可能である。

　さらに，売買契約における契約不適合についての売主の担保責任の規律（→180頁以下）が請負契約に準用されるため（559条），注文者には，仕事の目的物の修補請求権や報酬減額請求権がある。

契約不適合に対する救済の特則

　契約不適合に対する注文者の救済には，請負契約の性質に応じて，2つの特則がある。

　①契約不適合が注文者の提供した材料の性質や注文者の指図によって生じた場合は，材料や指図が不適当であることを請負人が知って告げなかった場合を除き，注文者は救済が受けられない（636条）。

　②注文者が契約不適合を知った時から1年以内にその旨を請負人に通知しないときは，注文者は救済を受けることができなくなる（637条1項）。もっとも，この期間制限は，請負人が，引渡し時（引渡しを要しない場合には仕事の終了時）に不適合を知っていたか，重大な過失によって知らなかった場合には適用されない。悪意および重過失の請負人には，負担を軽減する理由と

なる履行完了に対する信頼がないからである。

さらに新築住宅の建設工事請負人にも，売主と同じく，住宅品質確保促進法により，重い担保責任が課されている（→198頁）。

注文者の負う義務もいろいろある

注文者は報酬支払債務（632条）を負うが，原則として全額につき，仕事の目的物の引渡しや請負人に債務不履行がある場合の損害賠償の支払との同時履行（633条）を主張できる。注文者はこのほか，協力義務や目的物の引取義務を負うとされている。

3 仕事の目的物の所有権の帰属

材料提供者を基準として所有権の帰属が決まる？

当事者が倒産して建物建築請負報酬債権が回収できない場合を中心に，仕事の目的物がだれに帰属するかが争われる。判例は，所有権帰属についての特約がないかぎり，材料の主要部分を提供した者が建物の所有権を取得するとする。通常は請負人が材料を提供するから，その材料を加工して作った建物の所有権は，建物が独立した不動産となった時点で（→本シリーズ物権〔第2版〕10頁），いったん請負人に帰属し，請負報酬の支払と同時履行関係にある引渡しによって注文者に移転することになる。もっとも，請負人が材料を提供していても，注文者に所有権を原始的に帰属させる特約があれば，建物が独立した不動産になった時に注文者が所有権を取得する。そして，注文者が代金の全部や大部分を出来高に応じて支払う契約であれば，請負報酬の支払を確保するという請負人の利益も乏しくなるので，こうした特約の存在が推認される。

このような解決は，請負人の報酬債権確保を考慮したものであるが（→260頁の**コラム**⑧），請負人に建物所有権の取得を認めるのは請負契約の当事者の意思に反するし，かりにこれを認めても，請負人には土地の利用権限

がないため債権担保の役に立たない，との批判が強い。それゆえ，最近の学説では，つねに注文者が建物所有権を原始取得するとの見解が有力になっている。

第三者が建物を完成させた場合は加工のルールが基準となる

　請負人Aが途中まで工事をしたが，代金の支払を受けないままで請負契約が注文者により解除された後，注文者が，その未完成部分を利用して，別の請負人Bに建物を完成させたが，Bの報酬も未払という場合がある。この場合，いずれの契約にも所有権帰属の特約がなければ，判例は，加工の所有権帰属ルール（246条）により，Aの作った部分の価値と，Bの提供した材料および工事の価値の合計を比較し，価値の大きい方が完成した建物の所有権を取得するとしている。

下請負人は元請契約の内容に拘束される

　建物建築請負では，下請負が用いられることが少なくない。下請負人Xが主要な材料を提供して建物を建築したが元請負人Aから報酬を得られなかった場合はどうなるだろうか。判例によれば，元請契約に特約がなく，注文者Yも元請負人Aに報酬を支払っていなければ，下請負人Xが建物所有権を取得することになる。問題は，元請契約に注文者に所有権が帰属する特約があ

った場合である。裁判所は，注文者に所有権が帰属するとした（→ケースの
なかで19）。

　所有権の帰属を定める請負契約の特約と下請工事の関係

　　Yの所有地に本件建物を建築するというYとAの請負契約には，契約が中途解
除された場合には工事がすんだ部分はYに帰属する，という旨の特約があった。
Aは工事をXに一括して下請負に出した。Xが材料を提供して約3割の工事を行
った時点で報酬が未払のままAが倒産した。他方，請負代金額の半分強をAに支
払っていたYは，Aとの契約を解除し，別の業者に代金を払って本件建物を完成
させた。XとYのいずれに本件建物の所有権が帰属するかが争われた。裁判所は，
下請契約は元請契約の存在と内容を前提とし，下請負人は元請負人の債務を履行
する履行補助者的な地位にあるから，元請負人と異なる権利関係を主張できない
として，Yを所有権者とした。

《元請契約，所有権帰属特約，下請契約……最判平5年10月19日》

4　請負の終了

注文者は請負契約をいつでも解除できる

　請負契約は，注文者の利益を中心におくので，仕事の完成を必要としなく
なった場合に契約の効力を維持する必要はない。それゆえ，注文者は，仕事
の完成前には，いつでも理由なく契約を解除することができる。請負人の不
利益は，注文者に費用や報酬を損害として賠償する義務を課すことで図られ
る（641条）。この解除には遡及効があり（620条は準用されない），請負人は，
たとえば途中まで行った工事結果を撤去して契約前の原状に戻す義務を負う。
もっとも，仕事内容が可分で，当事者がその給付について利益を有している
場合には，注文者は未完成部分についてのみ解除ができ，請負人は報酬の一
部の支払請求が可能なので（→256頁～257頁），遡及効を徹底する不都合は回
避される。

第2節　委　　任

1　委任とは

裁量的な事務の処理を内容とする

　委任契約は，契約当事者の一方（委任者）が事務の処理を頼み，他方（受任者）が承諾することにより成立する諾成契約である。

　民法は，弁護士に第三者との契約の締結を依頼する場合のように契約の締結など法律行為にあたる事務を依頼するものを狭義の委任契約とし（643条），医師に診療を依頼する場合のように法律行為以外（事実行為という）の事務の処理を内容とするものを準委任契約として分けている。しかし，準委任契約には656条で委任契約の規定が全面的に準用されるので，結果実現を不可欠の要素としない裁量的な事務処理を内容とする契約を広く委任契約とよんでよい（委任もないのに事務処理を行った場合を事務管理という→**コラム⑧**）。

　委任契約は，役務提供型契約に含まれるが，受任者が，多くの場合には弁護士や医師のように専門知識や技量を用いて，自らの裁量で事務を処理する点で，請負契約と同じく，使用者の指揮に従って労務を提供する雇用契約とは区別される。他方，委任は結果を問わず最善の努力をもって事務を処理すること自体を目的とする。受任者は，委任事務の履行によって得られた成果を委任者に引き渡さなければならないが（646条），仕事の完成を目的とする請負とは違い，事務処理の成功を約しているわけではない。

無償が原則だが実際は有償の場合が多い

　民法は，専門家は報酬を目当てに受任するものではないとのローマ法以来

　たとえば，Aが長期間留守にする隣人Bから郵便物や郵便箱の管理を依頼されて引き受ければ，委任（または準委任）契約になるが，頼まれもしないのに，AがBのあふれた郵便物を整理したり，壊れた郵便箱をCから（自分が契約当事者として）購入した新しいものに取り替えたりしたらどうなるだろう。

　他人の領域に干渉すること自体が，不法行為（709条以下）の責任を生じることになるはずだが，民法は，その他人（＝本人）の意思と利益に反しない範囲で，事務管理（697条以下）として適法なものとし，管理者に不法行為責任が生じないことにしている。

　さらに，管理者は，事務管理を始めたことを本人に通知する義務，事務管理を継続する義務（つまり途中で投げ出してはいけないのである），本人のために受け取ったものを善良な管理者の注意をもって保管し，本人に渡す義務などを負う。他方で，事務管理者には，本人のために有益と認められる範囲で，支出した費用の償還請求権や，本人のために負担した債務の弁済を本人に求める代弁済請求権などが認められる。上の例では，Aは，新しい郵便箱の代金につき，すでにCに支払っていればその償還を，代金後払で購入していれば自分に代わってCに支払うことを，Bに求めることができる。

　事務管理の場合には，委任契約の場合とは異なり，AがBに報酬を請求することはできないし，AはBの代理人とはならない（AがBの名前でCと契約していたら無権代理である）。しかし，事務管理には，多くの点で，委任契約との共通性があるので，委任契約に関する規定が準用される。「事務管理」というわかりにくい名称より，ドイツ民法のように「委任によらない事務処理」という方が，委任と事務管理の関係が理解しやすい。

の伝統的な考え方から，委任契約は片務・無償契約であることを原則とし，報酬の支払には特約を要するとしている（648条1項。報酬支払の特約があれば双務・有償契約となる）。もっとも，商人がその営業の範囲内で受任した場合には（商512条）当然に報酬請求権が発生する。また，依頼に対して報酬を支払うことが通常である場合には黙示の特約が認められることも少なくない。

2　委任の効力

受任者の義務は重い

　受任者は，委任の本旨に従って委任事務を処理する義務を負い，この義務は一般標準人を基準とする善管注意義務である（644条。400条および9頁の説

表12-2　受任者の付随的義務と責任

条　文	義　務　や　責　任　の　内　容
645条	委任事務処理状況や委任終了の経過・結果の報告義務
646条	受領物および収取した果実の引渡義務，取得した権利の移転義務
647条	委任者のための金銭を自己のために費消した場合の利息支払および損害賠償責任
654条	委任終了後の必要な処分義務
655条	委任終了事由の通知義務（委任者側も相互に負う）

＊　645条〜647条の義務や責任は，事務管理（→前頁の**コラム㉒**）の場合の事務処理者にも課せられる（701条）。

明も参照）。委任者が受任者の専門知識や技量を信頼しているところから，無償であっても物の受寄者のように義務の程度が軽減される（659条）ことはない。また，受任者の同意ややむをえない事情がなければ，受任者は復受任者を選任することができず，自ら事務を処理する義務を負う（644条の2第1項。自己執行義務）。さらに，**表12-2**で整理するように，受任者には，委任者からの信頼に応える重い付随的義務と責任が課されている。

報酬は原則として後払

　報酬請求に原則として特約が必要なことはすでに述べたが，報酬請求権がある場合も，他の役務提供契約と同様，自らの義務を履行した（委任では委任された事務を処理した）後でなければ請求できないのが原則である。もっとも，期間毎の報酬を定めた場合には，雇用の場合と同様，期間経過後に請求ができる（648条2項）。

　また，委任事務の履行によって得られる成果に対して報酬を支払う特約は可能であり，成果が引渡しを要するときは，報酬の支払と成果の引渡しは同時履行の関係となる（648条の2第1項）。

報酬が一部支払われるときもある

　まず，一般に，委任者に責任のない事由で委任事務の処理ができなくなったとき，または，委任契約が中途で終了したときは（→266頁〜267頁の終了事由），受任者は，すでにした履行に対して，その割合に応じて報酬を請求できる（648条3項）。

　委任事務の履行によって得られる成果に対して報酬を支払う特約がある場

合には，請負契約の634条を準用する特別な規律がある（648条の２第２項）。634条を読み替えると次のようになる。その成果が可分であり，受任者の一部履行により委任者が利益を受ける場合においては，①委任者の責めに帰することができない事由によって委任事務を履行することができなくなったとき，または，②委任契約が委任事務の履行前に解除されたとき，既履行部分を委任事務の履行とみなして，受任者は，委任者が受ける利益の割合に応じて報酬を請求することができる。

報酬の有無に関係なく事務処理費用は委任者の負担

委任された事務を処理するために費用が必要な場合は，受任者はその前払を請求できる（費用前払請求権。649条）。

また，たとえば，前払を受けていない受任者Ａが，委任者Ｂの事務を処理するのに必要となったので，自らの名前で第三者Ｃと購入契約を結んだとしよう。この場合，Ｃに100万円を支払った受任者Ａは，その費用100万円と支出日以後の利息の償還を委任者Ｂに請求できる（費用償還請求権。650条１項）。受任者Ａが代金を未払であれば，Ａは，いったんＣに支払うまでもなく，委任者Ｂに対して，自分の代わりにＣに払うよう請求できる（代弁済請求権。弁済期前なら受任者に対して担保の提供を求めることができるだけである。同条２項）。なお，もし，受任者Ａが委任者Ｂから代理権を与えられて，Ｂの名前でＣと購入契約を結んだのであれば，ＣＢ間に契約が成立し，本人であるＢが直接Ｃに債務を負う。代弁済請求権は，そのような代理関係が成立しない場合に必要な規律である。

さらに，交通事故の示談交渉を依頼された弁護士が，自分にはまったく過失がないのに，交渉相手からなぐられてケガをした場合のように，受任者が委任事務を処理するために過失なく受けた損害は，委任者に賠償請求をすることができる（同条３項）。委任者が無過失でもこの賠償義務が認められるのは，損害賠償と表現されていても，その実質が委任事務処理のための不可避

の費用の償還という性格をもつからである。

委任契約から代理権が発生するとは限らない

委任は代理権の授与を伴うことが多く，民法自体が任意代理を「委任による代理」とよんでいる（104条・111条2項）。しかし，代理権授与を伴わない委任がある一方，委任以外の雇用や請負など他の契約によって代理権を授与することもあるので，委任と代理は別個の概念である。

3　委任の終了

委任契約には特有の終了事由がある

委任契約は，受任者の（委任事務処理という）債務の履行完了，受任者に責任のない履行不能，債務不履行による解除，契約で定めた終期の到来など，契約一般に共通する事由によって終了するほか，特有の終了事由がある。

委任契約は，相互の人的な信頼関係に基づくから，信頼できない当事者間で事務処理を継続させるのは，契約の趣旨に反して無意味である。したがって，委任契約は，相手方に債務不履行がなくても，どちらからでもいつでも解除できる。これを委任契約の任意解除権という。解除には損害賠償が伴う場合がある。すなわち，①相手方に不利な時期に解除したとき，または，②委任者が受任者の利益をも目的とする委任（報酬を得るというだけでは足りない。651条2項2号かっこ書）を解除したときには解除は有効であるものの，相手方に生じた損害を賠償しなければならないのが原則となる。しかし，解除がやむをえない事情に基づけば解除をした者には損害賠償義務もない（651条）。

この任意解除権は特約で放棄できるが，やむをえない事由があれば，放棄特約があってもなお解除できる。報酬以外に受任者が委任契約について独自の利益をもつ場合，委任者が解除できるかどうかには争いがある。裁判所は，この場合にも委任者は651条により解除ができるとする（→**ケースのなかで20**）。

　Aは，所有する本件建物をBに賃貸し，Yとの間で，Yが本件建物の管理を無償で行う代わりにBがAに差し入れた保証金を契約期間中保管するYが自由に使用できるという内容の委任契約を結んだ。その後，Yとの関係が気まずくなったAは，Yの契約上の義務違反を理由に委任契約の解除の意思表示をし，保管金返還請求権をXに譲渡した。Yは，Aの解除の有効性を争ったが，裁判所は，次のように述べて，解除を有効とした。受任者の利益のためにもなされた委任契約であっても，委任者の意思に反して事務処理を継続させることは，委任者の利益を阻害し委任契約の本旨に反することになるから，委任者は，解除権自体を放棄していないかぎり，651条による解除ができる。

《委任，受任者の利益，任意解除権……最判昭56年1月19日》

　委任契約は，当事者間の信頼関係を重視する契約であることから，契約当事者の一方の死亡や破産，また，受任者の後見開始の審判により，当然に終了する（653条）。もっとも，委任者が自分の死後に行う葬儀などの事務の処理を委託する場合には，当事者の意思を尊重して，委任者が死亡しても委任事務の処理が終わるまで契約は終了しない。

契約終了後にも義務が残ることがある

　委任契約が終了しても，急を要する事情があって事務処理が必要となれば，受任者は，委任者またはその相続人や法定代理人が事務処理をできるようになるまで，必要な処分をしなければならない（654条）。

第3節 寄　　託

1　寄託とは

物の保管を内容とする役務提供型契約の特別形態

たとえば，友人や手荷物預かり所に物を預ける場合のように，寄託契約は，当事者の一方（寄託者）が目的物を保管することを相手方に委託し，相手方がこれを承諾することによって成立する契約である（657条）。提供する役務が物の保管に限定されているところに特徴がある。また，委任と同様，片務・無償契約であるのが原則で（友人間では無報酬すなわち無償契約であることが普通だろう），保管の報酬の支払義務は，特約がある場合に限られる（665条→648条1項。たとえば，手荷物一時預かりは双務・有償契約。なお→**コラム⑧**）。

2　寄託契約の脱要物契約化と寄託物受取り前の解除

2017年の民法改正前まで寄託契約は受寄者が物を受け取ることを契約成立の要件とする要物契約とされていた。しかし，その合理性は疑われていたので，取引の実態に適合するように，物の授受がなくても合意だけで契約が成立するように657条が改められた。

これと併せて，消費貸借契約（587条の2第2項）および使用貸借契約（593条の2）の場合と同様，目的物の授受前の解除の規律が追加された（657条の2）。すなわち，①寄託契約は，もっぱら寄託者のための契約であり，返還時期の定めがあっても寄託者がいつでも返還請求ができる（662条1項）。このこととの均衡から，合意のみによって契約が成立しても，寄託者は，受寄者が寄託物を受け取るまで，契約を任意に解除することができる。この場合

には，受寄物の受入れのために受寄者が費やした費用（たとえば，特別の温度管理装置の増設）が無駄になることがあるので，受寄者が契約の解除により損害を受けたときは，寄託者にその賠償を請求することができる（657条の2第1項後段）。②書面によらない無償寄託の場合には，受寄者からも，寄託物の授受までは契約の解除ができる（同条2項）。この場合には，好意に基づく要物契約の規律が実質的に維持されたに近い。③書面による無償寄託および有償寄託の受寄者が目的物の授受前に解除するには，催告を要する。すなわち，寄託物を受け取るべき時期を過ぎても寄託者が寄託物を引き渡さない場合には，受寄者は，引渡しの催告をして，相当期間内に引渡しがされないときに初めて，契約解除ができる（同条3項）。

3　寄託の効力

無償寄託なら義務は軽い

　寄託契約でとりわけ特徴的なのは，無報酬の受寄者は，自己の財産に対するのと同一の注意をもって寄託物を保管すればよく（659条），この義務は，報酬を受ける受寄者が負う善管注意義務（400条）より軽いことである。ただし，商事寄託については特則がある（→270頁の**コラム㊿**）。

特定物の寄託と種類物の寄託

　寄託の多くの規定は，特定物を預ける場合を想定しており，複数の寄託者の物は，それぞれ区別して保管し，寄託された物を返還する必要がある。

　これに対して，複数の寄託者から同種同品質の物（たとえば，穀物や油など金銭以外の物）を預かる場合には，特則がある（665条の2の混合寄託）。これに

よると，各寄託者の承諾を得れば，受寄者は，受寄物を混合して保管することができ，受寄物は混和して1つのものとなり，寄託者全員の共有物となる。このとき，寄託者の返還債権は種類債権（→9頁以下）となる。すなわち，各寄託者は，預かったものと同種同量物の返還請求権を有し，寄託物の一部が滅失したときは，残っている総寄託物に対する各寄託者の持分割合に応じた数量の物の返還を請求でき，不足分は損害賠償の問題となる。

　さらに銀行預金や貯金は，金銭の寄託の一種であるが，特殊な扱いを受ける（→コラム㊻）。

寄託物は自ら保管するのが原則

　受寄者は，寄託者の承諾を得なければ，寄託物を使用することはできず（658条1項），寄託者の承諾を得るかやむをえない事由があるときでなければ，寄託物を第三者に保管させることもできない（同条2項）。第三者による保管が許される場合の第三者＝再受寄者は，その権限の範囲内において，受

寄者と同一の権利を有し，義務を負う（同条3項）。

受寄者の権利

寄託は，準委任の一種とも考えられるので，物の引渡義務，金銭消費の責任，報酬，費用償還など委任の規定が準用される（665条）。たとえば，ペットを預かった受寄者は，無償であっても，餌代や病気治療代は寄託者に請求できる。受寄者は，特約があれば，報酬（保管料）請求権を取得する。また，たとえば，預かった犬が凶暴で受寄者が噛まれてケガをした場合など，寄託物の性質または瑕疵（通常有するべき安全性を欠いていることを意味する）によって損害を受けた受寄者には，その賠償請求権がある。ただし，寄託者が，寄託物の性質や瑕疵を過失なく知らなかったこと，または，受寄者がそれを知っていたことを立証できれば，責任を免れる（661条ただし書）。

受寄者の通知義務と責任

受寄者は，第三者が訴訟や強制執行によって寄託物について権利を主張してきた場合であっても，寄託契約により，寄託物を寄託者または寄託者の指図する者に返還しなければならない（660条2項本文）。受寄者は，寄託者が第三者の権利主張の事実を知らない場合には，寄託者にそれを通知する義務を負う（同条1項）。寄託者に自己の権利を主張する機会を保障するためである。

寄託契約は所有権に基づく第三者の返還請求に対する占有権原にはならないため，受寄者は，第三者に引き渡すべき旨の確定判決を受けることもありうる。ただ，受寄者が第三者に寄託物を引き渡しても寄託者に対する責任を負わないのは，確定判決等に従って引き渡した場合に限られる（同条2項ただし書）。

逆に，寄託者に返還すれば，受寄者は第三者に対する賠償責任を負わない（同条3項）。

4 寄託の終了と受寄物の返還

寄託者からは期限前でも返還請求が可能，受寄者からの返還は制限

　寄託契約では寄託者の利益が重視されるため，たとえ合意した返還時期が未到来でも，寄託者は，いつでも寄託物の返還を請求できる（662条1項）。これは寄託契約の解除（解約告知）である。もっとも，合意された時期より前に返還を請求したことによって損害を受けたときは，受寄者は寄託者にその賠償を請求できる（同条2項）。また，報酬の特約があれば，受寄者には，保管期間に応じた報酬請求権がある（665条→648条3項）。

　これに対して，返還時期の定めがない場合には受寄者もいつでも返還ができるが，返還時期を定めている場合には，受寄者は，やむをえない事由がなければ，期限前に返還することはできない（663条）。

　返還は保管するべき場所で行うのが原則であるが，受寄者が正当な事由により寄託物の保管場所を変更したときは，その場所で返還することも許される（664条）。

清算は返還時から1年以内

　寄託物の一部滅失や損傷によって生じた損害の賠償，および受寄者の費用償還請求権には，寄託者が返還を受けた時から1年以内という制限があるが（664条の2第1項），損害発生時から一般の時効期間（166条1項2号の10年）が経過していても，寄託中には権利行使が困難であるので，返還を受けた時から1年間は時効の完成が猶予される（664条の2第2項）。

第**13**章　その他の契約

　民法が定めている13種の典型契約のなかには，**第9章**から**第12章**までの４つの類型のような財産の交換・移転，信用の供与，貸借または役務の提供を内容としないものも存在する。

　本章では，そのうち，実際に重要な組合契約（第12節667条以下）と和解契約（第14節695条以下）について，学習する。組合契約は，一種の団体形成契約であり，和解契約は，紛争解決のための契約である。終身定期金契約（第13節689条以下）は，生涯の生活費等を定期的に給付する内容をもつが，従来から利用されてこなかった。そのような需要は，かつては家族間の扶養でまかなわれ，その後は，公的年金制度・企業年金制度や保険商品の発達によってカバーされたからである。

第１節　組　　合
第２節　和　　解

第1節　組　　合

1　組 合 と は

組合契約は通常の双務契約とは違う

組合契約は，複数の者（組合員となる者）が出資をして共同の事業（営利目的でなくてもよい）を営むことを約束する契約である。組合はそうして成立した団体のことを指す。複数の弁護士が共同して営む（法人化していない）弁護士事務所や，特定の公共工事のために複数の建設業者が結集する共同企業体などが組合の例である。

組合契約は，双務・有償の諾成契約であるが（667条1項），契約当事者の意思表示が団体の形成という同一方向の目的に向けられている点で，通常の双務契約とは異なる。そのため，同時履行の抗弁権・危険負担・債務不履行解除などの契約総則規定は適用されない（667条の2）。また，組合員の1人について意思表示の無効・取消し原因があっても，他の組合員の組合契約の効力には影響しない（667条の3）。

組合は当然には法人格をもたない

組合も人の団体という性格をもち，独自の組合財産を基礎に活動するが，民法は，比較的少人数の組合員が短期間活動することを想定しており，組合に法人格を与えていない。しかし，多人数あるいは長期の活動を行う組合については，法によって法人格が与えられる場合が少なくない。合名会社（会社2条1号・3条），建物区分所有者の管理組合（建物区分3条・47条），弁護士法人（弁30条の2以下）などがその例である。これらの場合においても，法人

の要件をみたしたうえで法人格を取得する手続を行わないと，組合は当然には法人格をもたない。会社設立の発起人組合なども法人格のない組合の例である。

2　組合の成立

　組合は，複数の者が出資をして共同の事業を営むことを約束する契約（黙示の契約もありうる→**コラム⑧⑥**）によって成立する。出資は，財産の支出だけでなく，労働力の提供でもよい（667条2項）。組合員は，出資する債務や共同の事業の運営に参画する権利と義務を負う。

　出資債務については特則があり，金銭の出資債務の場合にも，出資を怠った組合員は，債務不履行による遅延損害金に加えて，組合に生じた損害をも賠償する責任がある（669条。同条の「利息」は遅延損害金の意味であり，同条は419条の特則である）。

3　組合の業務の決定および執行

原則は組合員の多数決だが業務執行者に委任できる

　組合の業務は，組合員の過半数をもって決定し，各組合員が執行するのが原則である（670条1項。出資額等を基準にする多数決とすることも，組合契約によって決めることもできるとされている）。もっとも，いちいち組合員全員の協議と多数決を要するのは煩雑なので，組合の業務の決定および執行は，1人または数人の業務執行者に委ねることができる。業務執行者の選任等については5でまとめて述べる。

業務執行者が1人の場合にはその者が業務を決定し，執行する。業務執行者が複数いる場合には，業務の決定はその過半数をもって決定し，各業務執行者が執行する（同条3項後段）。

業務執行者がいても組合員にはできることがある

業務執行者をおいている場合には，業務執行者以外の組合員には業務決定権や執行権がないのが原則である。しかし，この場合でも，総組合員が業務を決定し，または，執行することはできる（670条4項）。

業務の決定権や執行権がない組合員も，業務および組合財産の状況を検査することはでき（673条），組合の運営を監視する形で組合の運営に携わる。組合員が業務執行者を解任することができる場合もある（672条2項→278頁）。

常務は多数決の例外

組合の業務のうち，安価な事務用品の購入のような日常的に反復される軽微な事務を常務という。業務執行者がない場合には，常務は，各組合員が単独で行える。もっとも，他の組合員は，実行の完了前であれば，単独での執行に異議を述べることができ（670条5項），組合員の多数決原則（同条1項）に戻る。

1人の業務執行者がいれば，常務もその業務執行者のみが決定・執行する。業務執行者以外の組合員は常務であっても，行うことはできない。

業務執行者が複数いる場合，常務は，各業務執行者が単独で行える。もっとも，他の業務執行者は，実行の完了前であれば，単独での執行に異議を述べることができ（670条5項），業務執行者の多数決原則（同条3項後段）に戻る。

4 組合代理

組合の代理とは

業務執行権を有する者が組合の対外的な業務を執行する場合，それ以外の組合員を代理して行うことになる。これが組合の代理である。民法は組合に法人格がないことを前提としているため，代理行為をする者は他の組合員を代理し，代理行為の効果は全組合員に帰属するというのが正確である。また，代理の原則に従うと，本来は，本人にあたる組合員全員の名前を示す顕名が必要である（99条1項・100条参照）。しかし，便宜を考慮し，組合名と理事長等代表する者の肩書きを付けた個人名の表示でも足りるとされている。この点では法人の場合に類する扱いとなっている。こうしたことから，慣用的に「組合を代理する」「組合代理」とか「効果は組合に帰属する」と表現される。

組合を代理できる者

組合代理については，組合の業務執行権とほぼ対応する規律が行われ，業務執行者がない場合とある場合で分かれる（670条の2）。

業務執行者がない場合の常務以外の組合の業務の執行について，各組合員は，組合員の過半数の同意を得たときは，他の組合員を代理することができる（同条1項）。常務については，各組合員が単独で代理することができる（同条3項）。

組合契約によって業務の執行を業務執行者に委任した場合において，業務執行者が1人のときは，その業務執行者が単独で組合を代理する。業務執行者が複数あるときは，常務以外の業務ではその多数決に従って各業務執行者が代理することができる。常務は各業務執行者が単独で代理することができる（同条2項・3項）。

なお，業務執行者がいても総組合員が同意すれば，業務を執行することが

できるが（670条4項），この場合は，代理ではなく，全員が本人として業務を執行する。

代理権限の範囲と効果

業務執行者の代理権は包括的で，組合の事業目的の範囲内であればすべての業務に及ぶ。判例によれば，民法の規定以上に組合規約等で業務執行者の代理権限を制限しても，その制限は善意かつ無過失の第三者には対抗できない。この場合の業務執行者の制限違反の行為も，善意・無過失の第三者との関係では有権代理として扱われ，制限違反は組合員に対する業務執行者の責任の問題になるのみである。

代理権の範囲内の代理行為の効果は有権代理として組合に及ぶ（例外は107条の代理権濫用。→本シリーズ民法入門・総則〔第5版〕181頁）。なお，業務執行者がおかれた組合は，組合の名前で訴訟の原告や被告になることができる（民訴29条）。

これに対して，たとえば少数の組合員や業務執行者が多数決を得たとしてした代理行為など，代理ができない場合には，無権代理となり，組合には効果が及ばない。

5　業務執行者の選任・辞任・解任

すでに述べたように，業務執行者は，法人の理事や会社の取締役のような必置の機関ではない。業務執行者は，組合契約に定めがあれば，その基準に従って選任される。必ずしも組合員の中から選ぶ必要はない（670条2項）。組合員以外から選ぶ場合は，組合と業務執行者の委任契約による。組合員から業務執行者を選ぶ場合は，組合契約によるが，両者の関係はやはり委任契約に近いので，解除等による契約終了（下記の辞任や解任に相当）の規定を除いて，委任契約の644条から650条の規定が準用される（671条）。

業務執行者の辞任には正当な事由（業務執行不能など）が必要である（672条

1項)。他方，解任にも正当な事由（重大な規律違反による信頼喪失など）が必要であり，本人以外の組合員の全員一致で行わなければならない（同条2項）。

6　組合の財産関係

組合財産は組合員全員の合有となる

　組合財産は総組合員の共有に属するとされているが（668条），249条以下の一般の共有や準共有とは異なる扱いを受ける。すなわち，各組合員は組合財産上に持分権をもつものの，それを単独行使することはできないし，それを処分しても組合および組合と取引をした第三者に対抗できない。また，組合の清算前には組合財産の分割を求めることもできない（676条）。持分権の処分や分割請求を認めると，共同事業の遂行という組合契約の目的の達成が危うくなるからである。このように持分権はあるが団体的な拘束を受ける共有は，合有とよばれている。

組合の債権・債務も合有的に帰属する

　組合の債権・債務も各組合員に分割されない。組合の債権は，組合員全員に合有的に帰属し，債権の取立ても前述した業務執行の一種である。他方，組合の債務については，組合財産が負う全額責任（675条1項）と，各組合員が組合持分（出資した財産）以外の個人財産で負う分割責任（同条2項）が併存する。すなわち，組合の債権者は，通常は組合財産を引当てにして組合員全員に全額責任を追及するが，各組合員に分割責任の履行を求めることもできる。

　組合が法人として独立の責任を負うのではないから，株式会社の株主や持分会社の有限責任社員の有限責任（会社104条・580条2項）とは異なって，組合員は無限責任を負う（特別法により出資限度の有限責任となる場合もある。有限責任事業組合15条）。また，持分会社の無限責任社員のような補充的な全額の連帯責任（会社580条1項）とも異なり，組合員は併存的な分割責任を負う。

図13－1　組合と相殺

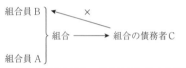

組合の債務者Cは，組合員Bに対する債権と組合に対する債務との相殺を主張することができない。

組合員Bも組合の債権（組合員全員に合有的に帰属する債権）をもって自己の債務との相殺を主張することができない。

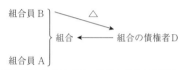

組合員B自身が自己の債権と組合の債務との相殺を主張することや，組合の債権者DがBの分割債務の限度で組合に対して相殺を主張することは禁じられない。

これに対して，組合が（業務執行組合員がAとすればAが）Bの債権とDに対する組合の債務との相殺を主張することはできない。

この分割責任は，損益分配の割合により，組合契約で定めなければ出資価額に応じて決まる。利益と損失の分配割合の定めは共通であるものと推定され（674条），債権者が債権発生時にその割合を知らなければ，平等の割合となる（675条2項）。

組合財産は組合員個人の財産と区別される

組合財産は，組合員各人が持分をもつ個人財産には違いないが，すでに述べたように，組合の活動の財産的基盤を維持するため組合の共同事業の遂行という目的により団体的な拘束を受ける。その限りで，組合財産は，組合財産以外の組合員の個人財産とは区別される。組合員の債権者は，組合財産についてその権利を行使することができない（677条）というのも，組合財産の独立性を確保するルールである（その他のパターンを含め，**図13－1**）。また，規定はないが，組合と組合員個人の債権・債務の間には混同消滅も起こらない（→ケースのなかで21）。以上の財産関係の整理として**表13－1**を参照。

> **ケースのなかで 21　組合と組合員個人の債権・債務は混同消滅しない**
>
> Aは共同漁業を目的とする組合を設立する際に，Yや組合員となるBから船などを購入し，債務を負ったが，財産も債務も成立した組合がAから引き継いだ。Bは組合に対する債権をYに譲渡し，Yが組合財産である船に抵当権の設定を受けた。船につき後順位抵当権を取得したXが，Bの債権は組合員としての負担部分の限度で混同消滅しており，Yの抵当権は，その部分を担保しないと主張した。裁判所は，組合財産は一種の団体財産で，組合員個人の財産とは独立しており，

表13-1　人の集合体の財産関係

Y$_{1~3}$の3名（からなる団体）が土地を買ったり借金をした場合を例として想定する。

		単純共有	組　合	権利能力のない社団	法　　人
団体による拘束		団体性はきわめて希薄で，結合関係は一時的で拘束も弱い。	団体性は弱いが，各人の権利は結合関係が続くかぎり，共同の目的に拘束される。	団体性が強く構成員の権利はむしろ団体所有の実質の反射でしかない。	団体自体の権利が構成員の権利から完全に分離独立する。
土地	所有形態	Yらの**共有**。	Yらの**合有**。	Yらの**総有**。	法人の**単独所有**。
	持分権	有。	有（ただし潜在的）。	なし（構成員としての利用権のみ）。	なし。
	持分権の譲渡	できる。	できるが，対抗できない。	できない。	できない。
	分割請求	原則としていつでも可能。	脱退による清算のみ可能。	できない。	できない。
借　　金		連帯特約がなければYらの分割債務。	組合の全額債務とYらの分割責任が併存。	社団自身の全額債務。Yらの責任の併存については説が分かれる。	法人自身の全額債務。構成員が債務を負う場合も補充的。

組合員の債権と組合の債務は混同消滅しない，としてXの主張を退けた。

《組合財産の独立性，混同……大判昭11年2月25日》

7　組合員の変動と組合の解散

新規加入

組合員の新規加入は，他の組合員全員の同意または組合契約の定める基準に従えば可能であり，新規加入組合員は，加入前に生じた組合の債務については責任を負わない（677条の2）。

意思に基づく脱退・基づかない脱退と持分の清算

組合員は，原則として自らの意思で組合から脱退することができる（→282頁の**表13-2**）。678条は，団体維持のための拘束よりも個人の自由を重視している（→282頁の**コラム㊦**）。

また，組合員は，死亡・破産手続の開始決定・後見開始の審判・除名（正当な事由がある場合に限り，他の組合員の一致でできるが当人に通知が必要。680条）により，組合から脱退する（679条）。

表13-2　組合員の脱退

やむを えない事由 ＼ 存続期間	確定有期	定めがないかある組合員の生存中と された場合
有	脱退可能（678条2項）	脱退可能（678条1項本文）
な　し	脱退不可能	組合に不利な時期　脱退不可能 　　　　　　　　　（678条1項ただし書） それ以外の時期　　脱退可能

　いずれにせよ組合員が脱退すると，その持分の清算がされるが，組合の業務に支障が出ないように，組合は，組合財産の分割に代えて金銭での払戻しができ，組合が債務超過になっていると逆に不足分の分担額の払込みを求めることができる。

　組合の債権者に対しては，脱退した組合員も脱退前に生じた組合の債務については責任を負い（680条の2第1項前段），それを弁済させられれば損失分担割合を超えた分を組合に求償できる（同条2項）。そのようなリスクを負わないよう，脱退した組合員は，組合に担保の提供や債権者から免責を得させることを請求できる（同条1項後段）。

組合が解散すれば，組合契約は清算を待って終了する

　組合の解散事由は，目的とする事業の成功または成功不能，存続期間満了，解散事由の発生，総組合員の同意の4つ（682条）のほか，やむをえない事由による各組合員からの解散請求（683条）である。さらに規定はないが，組合

員が 1 人となったことによっても解散すると解されている。

　組合契約は，組合財産を清算し，残余財産を分配する手続の完了により終了する。清算人の選任・辞任・解任，業務執行方法，職務権限等について685条〜688条に規定がある。解散請求や解散の合意など組合契約の解除の場合にも遡及効はない（684条・620条）。

第2節　和　　解

1　和解とは

　和解契約とは，当事者がお互いに譲歩して，争いをやめることを合意するもので，双務・有償の諾成契約である（695条。なお→284頁の**コラム⑱**）。和解契約は，民事紛争の交渉と合意による自主的な解決方法として多用されている。

　民法の定める和解契約以外にも，284頁の**図13−2**のように裁判所の関与する和解がある。調停は裁判所が案を示して仲介する和解の一種である。これらは，それぞれ特別の要件が必要であり，調書が作成されると確定判決と同様の債務名義としての執行力が生じる（民訴267条・家事268条 1 項）などの特殊性を有するが，民法上の和解契約と共通する性質をもっている。

2　和解の効力

和解契約には確定効があり錯誤取消しの主張は許されない

　和解契約が結ばれて紛争が終結したのに，後から思いもよらない事実が判明した場合には，当事者は錯誤による和解契約の取消し（95条）を主張するだろう。しかし，これを無制限に認めては，紛争が蒸し返されて和解契約の

　日常用語の示談は，話し合いによる紛争解決を意味し，和解契約とほとんど重なる。しかし，片方の当事者だけが一方的に主張を放棄したり縮小する内容の合意は，示談ではあるが，「互いに譲歩をして」いるわけではないので，有償契約である和解契約とはいえない。もっとも，このような示談についても和解契約と同じ法的な取扱いをしてさしつかえない。

　これに対して，仲裁は，同じく紛争の自主的解決方法ではあるが，仲裁人の下す判断に服することを合意するもので，和解契約とは異なる。

図13-2　和解の種類

意味がなくなってしまう。そこで，696条は，争いの目的である権利の存否については，後に反対の証拠が見つかっても，和解契約により権利が移転し，または消滅したものとしており，和解契約は錯誤を理由に取り消すことができない。これは和解契約の確定効とよばれている。

争いのなかった事実については確定効が及ばない

　これに対して，和解契約の前提として当事者が争わなかった事実について錯誤がある場合には，和解契約の確定効は生じない。たとえば，商品代金債権額の争いについての和解契約によって，代金債務の代物弁済としてジャムが提供されることになったところ，高品質であるとの前提と異なり実際にはジャムが粗悪品であった事件では，和解契約の錯誤無効（2017年の民法改正前）が認められた。改正後の95条によれば，錯誤取消しが認められよう。

予想外の後遺症による損害については賠償請求ができる

　交通事故の被害者は，加害者との間で，損害賠償金や保険金など損害を填補する金銭給付を受けるために，急いで和解契約を結び，それ以上の請求を放棄すると約すことが少なくない。このような場合に後遺症が出たら，その

損害の賠償請求は，和解契約の確定効によってできなくなるのだろうか。

　和解契約時に予想できなかった後遺症による損害については賠償請求ができる，という結論には異論はない。しかし，この結論を導く法律構成はさまざまである。権利放棄条項が例文でしかなく拘束力がないとするもの，権利放棄が後遺症の発生を黙示の解除条件とすると構成するもの，和解契約の錯誤取消しを認めるものなどがあるが，それぞれ短所もある。裁判所は，当事者の合意の解釈という柔軟な方法により，確定効の射程を制限することでこの問題を解決した（→ケースのなかで22）。

ケースのなかで 22　　予想外の後遺症による損害は「示談」の射程外

　Aは，交通事故での10日間の入院中に，加害者Yとの間で，10万円を受け取ることで以後一切の要求をしない旨の示談を行ったが，後に予想外の重傷であることがわかり，再手術等で77万円の損害を被った。Aに労災保険金40万円を給付したX（国）が，Aに代位してYに同額の支払を求めた。裁判所は，全損害を正確に把握できない状況で早急に少額の賠償金をもって満足する旨の示談が，その当時予想できなかった後遺症による損害についてまで賠償請求権を放棄した趣旨と解するのは，当事者の合理的意思に合致しない，としてXの請求を認めた。

　《示談，予想できなかった後遺症，合理的意思……最判昭43年 3 月15日》

第3編

不法行為・不当利得

3
編

第**14**章　不 法 行 為

　たとえば，あなたが，駅のエスカレータで転倒して，持っていたノートパソコンが壊れたうえに，服は破れるし，骨折して長期の入院治療が必要になったとしよう。アルバイトも休まざるをえないし，定期試験や追試が受けられないことになれば，卒業と就職も遅れるかもしれない。そうなると，精神的な衝撃も大きく，容易には立ち直れそうにない。これが，単純に自分の不注意による転倒だったら，泣いてあきらめるしかないだろう。しかし，転倒の原因が，だれかに押されたからだったり，エスカレータに欠陥があったからだったとしたら，パソコンの修理代や服の新調代，入院治療費，得られなかったアルバイト代，卒業や就職が延びたために1年分余分に必要となったさまざまな出費や失った1年分の収入（生涯賃金にすら影響するかもしれない），さらにはできれば精神的な衝撃についても，あなたは，せめてお金で埋め合わせをして欲しいと思うだろう。

　本章では，このような場合に，だれに，どういう損害について，どれだけの額の賠償請求ができるかを定めている不法行為制度の基本を学ぶ。

第1節　不法行為制度とは

1　民事責任としての不法行為制度

損害賠償債権が発生する

前頁の扉の設例で，あなたを押した人がいれば，その人に傷害罪または過失傷害罪，さらに殺意まであれば殺人未遂罪などの刑事責任が生じる可能性がある。それは，国家が犯罪行為に刑罰を加えるものである。これに対して，本章で学ぶ不法行為制度は，生じた損害の（通常は金銭による）埋め合わせを加害者に対して求める債権（損害賠償債権）を被害者に発生させることにより，権利や利益の侵害に対する民事上の事後的な救済を与えるものである。未遂をも処罰する刑事責任とは異なって，損害が発生しなければ，損害賠償債権は発生しない（→損害の発生前に加害行為をやめさせる差止請求については，304頁〜305頁）。

不法行為は債務不履行と並ぶ民事責任

損害賠償債権を発生させる原因には，すでに学んだ債務不履行がある。不法行為は，債務不履行と並ぶ民事責任である。債務不履行は，主として契約関係がすでに存在している場合に，債務が約束どおり実現されないことによる損害を問題としている。これに対して，不法行為は，扉で例示した転倒事故のように，それ以前に契約などの法律関係が存在しない当事者間で問題になる場合が典型的である。契約関係にある当事者間で，さらに不法行為責任も生じるか，不法行為責任と債務不履行責任との関係がどうなるかは，別の問題である（→320頁〜321頁の第3節6）。

2　過失責任主義とその修正

過失なければ責任なし──行動の自由の保障

　民法は，原則として，加害行為が原因となって損害が発生しただけで損害賠償責任を認めるという立場（原因主義）をとっていない。我々の社会生活は，他人との接触が密であり，原因主義をとれば，たとえばスポーツなどのように他人に損害を与えるおそれのある行動は，責任の負担をおそれて，やりにくくなってしまうからである。そこで，故意または過失がなければ，たとえ損害が発生しても，損害賠償責任が生じないとの立場（故意の場合も含めて過失責任主義という）がとられている（709条）。過失責任主義の原則は，とりわけ，資本主義経済の生成期に，企業活動の自由を保障する意味があったと解された（→ケースのなかで23）。

> ### ケースのなかで 23　結果回避義務が過失判断の核心（大阪アルカリ事件）
>
> 　Y社（大阪アルカリ）が薬品製造工程で排出した有毒ガスにより，付近の農作物の生育に障害が生じたとして，近隣のXら（地主や小作人）が，Yに減収分の損害の賠償を求めた。原審は，Yには損害発生についての予見可能性があり，責任があるとした。これに対して，大審院は，事業により生じる損害を予防するため，その事業の性質に従った相当な設備を施せば，他人に損害が生じても責任はないとし，原審の判決を破棄し，原審に差し戻した。もっとも，差戻審は，排煙時点でより高い煙突を設置することにより損害発生を防ぐ方法が可能であったのに，それを行わなかった点でYに過失があるとして，責任を認めた。
>
> 《公害，過失，相当の設備……大判大5年12月22日》

過失責任主義には問題もある

　過失責任主義によれば，被害者は，加害者の故意または過失を立証できない場合には，自ら損害を負担しなければならない（立証責任の負担）。しかし，医療事故や薬害・公害のように加害行為が高度の技術性や専門性を有する場合には，故意または過失の立証は難しく，被害者の保護に欠ける点で公平性

を欠く。また，公害の場面のように，加害者（広範な活動を行う企業）と被害者（個人）の立場が入れ替わる可能性のない場合（立場の互換性を欠くという表現をすることがある）には，過失がないとして被害者の救済を否定する原則を適用すること自体が，公平でないと感じられるようになってきた。立場の互換性のない者の間では，民法が想定していた自由・平等・対等な関係という前提が成り立たないからである。

過失責任主義を修正する方法はさまざまである

民法自体も，一定の場合には過失の推定を行い，加害者が自分に故意も過失もないことを立証しないと責任を免れないとして，立証責任を転換することにより被害者保護を強化する規定をおいている（714条以下の特別の不法行為）。これらは過失責任と無過失責任の間にあるので，中間責任とよばれる。また，故意または過失を要件としない規定も存在する（717条1項ただし書の所有者の責任）。さらに，裁判では，立証責任を転換する規定がなくても，公害や医療事故のように被害者が専門的知識を欠いていて加害者の過失を立証することが難しい一定の場合には，過失の事実上の推定によって，被害者の立証負担の軽減が図られている。たとえば，問診が不十分でインフルエンザ予防接種の副作用による死亡事故が生じた場合，担当医師が副作用を予知できなかったことなどを立証しないかぎり，過失があると推認されている。

中間責任や無過失責任の基礎には，次の2つの考え方が存在している。1つは，他人に損害を与える危険のある活動を許された者は，その代わりに危険の実現により発生した損害を負担するべきであるとする危険責任の考え方である。もう1つは，「利益の帰するところに負担も帰する」とする報償責任の考え方である。これらは20世紀における大規模工場や自動車の登場など，活動の高度化・複雑化に対応している。危険責任と報償責任は，互いに排斥するものではなく，重なる部分も多い。

このような考え方が広く浸透し，責任の強化・被害者保護の拡大をはかる

特別法が増えている。もっとも，特別法の認める責任の程度には，さまざまな段階がみられる（→**コラム⑧⑨**）。

第2節　一般の不法行為の要件

1　不法行為責任を負担させる根拠

損害賠償請求をするには何が必要か

　不法行為責任は，次のような考え方を基礎においている。人は皆，他人を故意に害してはならないのはもちろん，加害を避けるためには注意を払わなければならない。故意または不注意（＝過失）による加害行為には，法的に否定的な違法という評価が加えられ，そのような行為から生じた損害を賠償しなければならないという不利益を受ける（709条）。ただし，他人を害する行為であっても，自らの被害を避けるためにやむをえず行った行為は，例外的に違法でないとされる（720条）。また，責任は，侵害を回避するという選択ができたにもかかわらず，あえて侵害行為を行ったことに対する非難を根拠とするから，自分の行為の適法・違法を判断できるだけの十分な能力がない者（責任無能力者）には，責任を問うことができない（712条・713条）。

　このように不法行為責任の根拠を理解すると，①故意または過失による加害行為，②権利または法律上保護される利益の侵害，③損害の発生，④加害行為と損害の間の因果関係，⑤違法性を否定する事情の不存在，⑥加害者の

責任能力の6つが、一般の不法行為責任を成立させるのに必要な要件である。

積極要件は原告が、免責要件は被告が立証責任を負う

被害者が加害者と目される者を相手に損害賠償請求の訴訟を起こす場合、上記の6つの要件のすべてを立証しなければならないわけではない。権利または利益の侵害があれば、加害行為は違法と評価されるのが原則であるから、加害行為を適法とする例外事情は、違法な行為でなかったことを主張する被告が立証しなければならない。また、行為が違法であるか否かを判断する能力も通常は備わっているから、そのような能力を欠くことは、それによる免責を主張する被告が立証しなければならない。

要するに①〜④の積極的要件は被害者である原告が、⑤⑥の免責要件は加害者とされた被告がそれぞれに主張・立証責任を負う。以下、①から⑥の要件を順に検討する。

2　故意または過失

故意は加害の認識・認容をいう

故意とは、自分の行為が加害（権利や法律上保護される利益の侵害。考え方によっては損害）を生じることを認識しながら、そうなってもかまわないと認容していることを指し、積極的に加害結果の発生を望むことまでは必要とされない（いわゆる未必の故意を含む）。

刑法上の犯罪においては、故意と過失によって犯罪類型が異なり、刑罰にも差がある。民法上の不法行為では、それとは異なって、故意でも過失でも同じく損害賠償責任が発生するので、多くの場合、故意と過失を厳密に区別する必要はない。しかし、たとえば一定の債権侵害のように、故意がないと不法行為が成立しない場合がある。また、故意の場合には、賠償されるべき財産損害の範囲が広くなったり、認められる慰謝料額が過失の場合より大きくなることがある。

過失＝客観的な義務違反

　上述のように故意が心理的・主観的に理解されるのと対照的に，判例は
——おそらくは裁判における被害者の立証の負担を考慮してであろう——，
古くから，過失を結果回避義務や結果予見義務の違反という客観的な義務違
反と理解してきた（→たとえば，291頁の**ケースのなかで23**のもっと高い煙突の設
置義務）。学説も，古くは，自分の行為から一定の結果が発生することを認
識できたのに，ぼんやりしてそれを認識しない心理状態が過失であると説明
してきたが，現在では，客観的な義務違反を過失と解している。

　なお，たとえば失火ノ責任ニ関スル法律（失火責任法）で要件とされる重
大な過失（重過失と略される）は，こうした義務に違反する程度が著しい場合
を指し，重過失と対比される場合の通常の過失は，軽過失とよばれる。

過失はどのように判断されるか

　過失の有無は，抽象的にいえば，問題となった行為から加害結果が生じる
ことの予見可能性を前提とし，一般標準人が問題の場面におかれたとしたら
行うべき加害結果の回避行為を加害者が行ったか否かで判断される。そして，
そのような結果の予見可能性を前提にした結果回避義務の存否は，損害発生
の可能性の程度や侵害された利益の重大性という被害者側の事情と，侵害結
果を回避する義務を課すことによって犠牲にされる加害者側の利益などを総
合的に衡量して判断される。もっとも，公共施設などから被害が生じた場合
に，加害行為の社会的有用性や公共性を考慮に入れてよいかどうかについて
は，考え方の対立がある。

義務は高度化しているが限界もある

　医療事故や公害・薬害のように生命・身体・健康に深刻な被害が生じる事
例では，判例は加害者に最善の注意を求め，結果回避義務が高度化する傾向
にある。場合によっては予見可能性を拡げる高度な調査義務があるとされる。

さらに，状況によっては過失の存在が推認されることもある。

　もっとも，あまりに高度の義務を課すと，責任をおそれて危険性のある治療を避けたり，新薬の開発を行わないなど，社会的に必要な行為の萎縮という好ましくない副作用が生じるおそれがある。また，医師の過失が問題になる場合においても，先端医療を行う大病院と小規模な診療所の医師とではおかれた状況が異なり，また，そもそも医療技術も日進月歩であるから，医療水準の定着度に応じて過失の有無の判断が分かれている（→**ケースのなかで24**）。

　別の意味での過失の限界として，他人が法規に従う適切な行動に出るであろうと信頼して行動すれば過失はないとする信頼の原則がある。これによって，右折車線の右側からのバイクの追い抜きのような交通違反行為まで予見して結果回避措置をとる義務はない，とした例がある。

> **ケースのなかで 24　要求される医療水準**（姫路日赤未熟児網膜症事件）
>
> 　1974年末に未熟児として生まれたＸは，Ｙの設置する病院で治療を受けたが，未熟児網膜症で視力をほとんど失った。Ｘとその両親は，適切な治療方法を行わなかった注意義務違反を主張したが，Ｙは治療法が確立したのは1975年8月頃であったとして争った。裁判所は，医療機関の果たすべき注意義務の基準となる医療水準は，その医療機関の性格や所在地域・専門分野等により異なるが，新規の治療法であってもそれに関する知見が相当程度普及し，その知見を有することを期待することが相当と認められる場合には，その知見が求められる医療水準であり，その治療法の実施が困難であれば他の医療機関に転医をさせるなど適切な措置をとるべき義務がある，としてＹの責任が肯定されうることを示した。
>
> 　　　　　　　　　　《注意義務，医療水準，転医義務……最判平7年6月9日》

3　権利または法律上保護される利益の侵害

権利侵害から違法性へ

　2004年の改正前の民法709条は，権利侵害だけを要件としていたため，その「権利」をどう解するかにつき，理解の変遷があった。大審院は，1914年

　桃中軒雲右衛門という当時有名だった浪花節がたりのレコードが無断複製・販売された事件（雲右衛門事件）で，1914年の大審院判決は，即興的音楽演奏は固定した旋律がないため，著作物として保護するにふさわしくないとして，著作権侵害を認めず，損害賠償責任を否定した。この事件は，1920年に著作権法が改正されて，演奏・歌唱が著作物として明示される前のものであったため，判決はやむをえない判断だったとも思われる。他方で，709条の文理にこだわる法解釈や浪花節を低級音楽と評している点では，この時代に支配的であった考え方がうかがい知れる。

の雲右衛門事件では，権利侵害要件がみたされないことを理由に責任を否定したが（→コラム⑩），1925年の大学湯事件では，法律上保護されるべき利益（法益と略称される）の侵害で足りるとして，老舗という利益の侵害につき責任を認めた。学説は，後者を支持し，権利侵害は違法性の徴表であって不可欠ではないとする見解が定着した。権利侵害の要件を違法性に置き換えた1947年の国家賠償法や「法律上保護される利益」を709条に追加した2004年の民法改正は，このような解釈の変遷を反映したものである。

違法性は相関的に判断される

　現在，判例および多数説は，侵害された権利や法益の種類や性質と，侵害行為の態様とを総合的に検討して，違法性の有無を判断している。すなわち，侵害されたものが所有権や生命・身体など手厚い保護を要する権利や法益であれば，単なる過失による侵害でも違法性が認められるが，特定の者に対してしか主張できない権利であったり，権利とは認められるに至っていない法益の侵害であれば，違法性が認められるためには，故意や侵害行為の態様に強い非難性を要する，とするのである。この考え方を相関関係説という。詳細は次の項目で説明する。

侵害された権利または法益に応じて違法性判断には特徴がある

（1）　生命・身体・健康・自由　　これらは，最も重要な法益であり，故意または過失によるその侵害は，後述する違法性阻却事由がないかぎり，原則

として違法なものと評価される。

(2) 財産権や財産上の利益　　財産権の内容次第で，違法性の判断は異なってくる。財産権のうち，絶対権である所有権の侵害は，物の破壊・無断売却・占有妨害など権利内容の実現の妨害が故意または過失によって行われると広く違法な侵害と認められる。

これに対して，同じく絶対権であっても，抵当権は占有を権利の内容に含まないため，単に目的物を不法占有されただけでは足りず，目的物の換価や優先弁済が困難になって初めて違法な侵害があるといえる。

さらに，債権は，原則として債務者にのみ履行を請求できる相対的な権利である。そのため，債権侵害が違法とされるには，債権者でない者が行使して債権を消滅させたような帰属侵害の場合（この場合は過失による侵害も違法となる）を除いて，故意および行為の強い非難性を要するとされる。たとえば，二重売買の第二買主が第一売買を知って先に登記をしただけでは不法行為責任は生じず，故意に加えて不当な利益獲得目的や第一買主に対する加害意図が責任の成立に必要だとされる。これらの要素は，177条の背信的悪意者と認められるのに必要な要素とほぼ重なる。

契約交渉を打ち切った場合や営業妨害の場合にも，多くの事例で故意が（ときには故意に加えて行為の非難性なども）必要とされる。有名人の氏名や肖像など商業的価値のある利益の無断使用も，故意の場合には違法性があるとされる。これに対して，競走馬の名前がコンピュータ・ゲームで無断使用された事例では，物の名前を排他的に使用する権利や利益はないとして，不法行為の成立が否定された。

(3) 生活利益　　日照・通風妨害などの生活利益の侵害には，多くの場合，故意がある。しかし，日照や通風は，個人に排他的に割り当てられた利益ではないし，とりわけ都市部では，建物によって日照・通風が多少制約を受けることは避けられず，建物を建てる権利との均衡をはかる必要がある。そこで，一定程度までの生活妨害は互いにがまんするべきものとされ，がまんの

限度（受忍限度）を超えて初めて違法と評価される。

⑷　人格権や人格的利益　　名誉権やプライバシーなどの人格的利益については，次第に保護が拡大・強化されてきており，肖像権・氏名権，自己決定権，良好な景観の恵沢を享受する利益（景観利益）なども法律上保護されるに至っている。もっとも，新しく保護が認められた利益の限界は明確ではなく，違法性が認められる侵害には故意に加えて行為の強い非難性が必要とされる傾向にある。

また，たとえば，マスメディアやSNS投稿による名誉侵害は被害者に社会的評価の低下という深刻な不利益をもたらすが，言論・表現・報道の自由の確保との調整が必要となる。名誉侵害は原則として違法であるが，報道された事実が公共の利益にかかわり，もっぱら公益をはかる目的で行われ，その事実が真実であるか報道機関が真実であると信じる相当の理由があった場合には違法でない（刑230条の2を参照）。また，意見や評価を述べるのは本来自由であるから，それが事実に基づく公正な論評の範囲を踏み外した場合に初めて違法となる。

4　損害の発生

損害をどう理解するかについては，いろいろな考え方があるが，不法行為の成立要件としては，被害者になんらかの不利益が生じたという意味での損害があれば足りる。詳しくは，効果のところで論じる（→305頁以下の第3節2）。

5　因果関係

相当因果関係が必要であるとされている

不法行為責任が認められるためには，加害行為によって損害が発生した，という原因と結果のつながりが必要である。これを因果関係という。多くの事例では，因果関係の存在は明らかであるが，たとえば，交通事故で軽傷を

負って病院に行った被害者が医師の治療ミスや病院の火災で亡くなった場合に，交通事故の加害者に被害者の死亡について責任を問えるかを考えると，因果関係の存否は判断の難しい問題となる。

　問題の加害行為がなければそのような損害が発生していなかったといえる関係（不可欠条件公式とよばれる「あれなければこれなし」という判断。事実的因果関係）が少なくとも必要であるが，事実的因果関係があるだけでは，前段落の例において，交通事故以後にどのような経過をたどっても加害者にすべての責任を負わせることになって，責任が広がりすぎる。

　そこで，その加害行為からそのような損害が生じるのが経験則から観察して通常である（反復性や必然性があるという表現もある）場合に限って，因果関係の存在を認めるものとされている。これを相当因果関係とよび，判例および多数説は，416条が相当因果関係を定めていると解する。相当因果関係は，責任の成否の判断のほかに，賠償されるべき損害の範囲を見定める際にも使われる（→308頁〜310頁。債務不履行について26頁〜27頁も参照）。

因果関係の立証が難しい場合にどうするか

　公害や医療事故・薬害など，損害発生のしくみが科学的に十分解明されていない場合に，厳密な証明を被害者に求めるとすれば，被害者の救済を閉ざすことになって妥当でない。そこで，因果関係の立証は，一点の疑義も許されない自然科学的証明ではなく，経験則に照らして全証拠を総合検討し，特定の事実が特定の結果発生を招来した関係を是認しうる高度の蓋然性を証明することである。また，その判定は，通常人が疑いを差し挟まない程度に真実だとの確信をもちうるものであることを必要とし，かつそれで足りる，と解されている（→ケースのなかで25）。

　因果関係の立証の緩和には別の方法もある。客観的な事情によって因果関係の存在を経験則上推定させる間接的な事実が証明できれば，被告である加害者がその推定をくつがえす事実を証明できないかぎり，因果関係が認めら

① 統計資料を利用した例　交通事故の一方的な被害者が，重大な後遺症こそ生じなかったが，長く残る大きな精神的衝撃を受け，その後の補償交渉が円滑に進まなかったことなどから，うつ病にかかって自殺した。判例は，統計から見て，このような被害者がうつ病にかかりやすいこと，および，うつ病患者の自殺率が全人口の自殺率に比べてはるかに高いことから，事故と自殺の間に相当因果関係を認めた。

② 因果関係の事実上の推定による例　下級審裁判例ではあるが，新潟水俣病につき，裁判所は，原因物質による発症と被告工場門前から原告への原因物質の到達が証明できれば，被告が自己の工場が汚染源になりえないことを証明しないかぎり，被告の原因物質排出が推認され，全部の因果関係が立証されたものと認めた。

③ 被侵害法益をずらした例　医療水準にかなわない医療行為が行われたが患者の死亡との間には因果関係が認められない場合において，医療水準にかなった医療行為が行われていれば生存の相当程度の可能性があったとして，裁判所は，精神的苦痛との間の因果関係を認め，慰謝料の支払を命じた。

れる（因果関係の事実上の推定）。これは立証責任の事実上の転換ともいわれる（それ以外につき→コラム⑨）。

ケースのなかで 25　因果関係の証明（ルンバールショック事件）

　幼児に腰椎への薬剤注入（ルンバールとよばれる）が行われたところ重度の障害が発生した。裁判所は，本文に紹介した因果関係認定の一般論を示した後，本件について，症状が軽快しつつある段階で施術の15分〜20分後に容態が激変したこと，被害者が暴れて針の刺し直しを何度も行うことに30分を要したこと，被害者にもともと血管が脆弱で出血傾向があったためルンバールによる脳出血が惹起された可能性があること，別の原因による蓋然性が低かったこと等を総合的に検討して，治療行為と病変の間に因果関係を肯定しうるとした。

《医療事故，因果関係，高度の蓋然性……最判昭50年10月24日》

　たとえば，実際には刃物で襲われたのではなく，落とし物を手渡そうとして
いるのを暗いので見誤ってなぐったというように，反撃の対象となる他人の不
法行為がそもそもなかった場合（誤想防衛という）がありうる。また，実際に襲
われたのだが襲ってきた者をナイフで刺して殺害してしまったというように，
反撃がゆきすぎであった場合（過剰防衛という）もありうる。これらの場合には，
正当防衛は成立せず，違法性はなくならない。ただ，状況によっては，加害者
は，そのような行動をとったこともやむをえないので過失がない，として免責
されることもある。

6　免責要件(1)——違法性阻却事由（正当化事由）

やむをえない加害行為には違法性が欠ける

　たとえば，暗い夜道で刃物を振りかざして襲ってくる者に対して，足払い
をかけて転倒させケガを負わせた場合のように，不法行為の要件をみたして
いても，その加害行為が自分や第三者の法益を守るための措置としてやむを
えないものであれば，その加害行為には違法性が欠けて，加害者は責任を負
わない。720条の正当防衛および緊急避難（刑法上の対物防衛に相当する）は，
この旨を定めている（正当防衛にあたらない場合→コラム⑨2）。これを違法性阻
却事由とか正当化事由とよぶ。やむをえない行為であるという判断の要素と
して，緊急の場合であることと反撃手段が相当な範囲内にとどまることが必
要とされる。

違法性が欠けるのは民法に規定がある場合だけでない

　民法は720条のみを違法性阻却事由として定めているが，これ以外にも，
違法性が欠けて不法行為責任が成立しない場合がある。たとえば，警察官に
よる容疑者の逮捕などの法令による職務執行行為，免許のある医師による外
科手術などの社会的に許容された正当業務行為（刑35条を参照），緊急性・手
段の相当性をみたして例外的に許される自力救済（→コラム⑨3），刑法上の
緊急避難にあたる場合，所有者が所有物を破壊しても良いと言ったように処
分が許される法益について被害者の承諾がある場合などである。

　権利は，最終的には，裁判や強制執行などの法的手続を通じて，実現される。権利者であっても，自分の実力でもって権利を実現することは，原則として違法となり，責任を生じる。自力救済は，きわめて例外的な場合にのみ許される。すなわち，判例によると，法律に定める手続によったのでは，権利に対する違法な侵害に対抗して現状を維持することが不可能または著しく困難であると認められる緊急やむをえない特別の事情が存する場合においてのみ，その必要の限度を超えない範囲内で，例外的に許される。

　さらに，小学校低学年の児童の鬼ごっこでの転倒骨折事故について違法性が欠けるとされた事例がある。これを一般化すると，スポーツ中の事故については，加害者は，ルールを守っているかぎり，責任を負わない。スポーツは危険を伴うけれどもルールを守れば許される社会的に有用な行為だからである。

7　免責要件(2)――責任無能力

　たとえば，5歳の幼児が投石して他人にケガをさせた場合や精神的な病気にかかった者が他人をなぐった場合には，加害者の責任の追及は認められないことがある。加害行為はたしかに違法ではあるが，これらの場合に，加害者が，加害行為の時点で，その行為により責任が生じることを認識できる程度の判断能力（これを責任能力とよぶ）をもっていなければ，加害者には損害賠償義務が生じない。なぜなら，責任の追及は，適法な結果回避行為が選択できたのにしなかったことへの非難であり，非難の前提として責任能力を要するからである。712条と713条は，責任能力を欠く者の免責を定める。

　未成年者については，罪刑法定主義の要請が働く刑法（刑41条で14歳未満の者は刑事責任を負わない）のような画一的な判断基準は採用されていない。加害行為の態様を考慮し，個別具体的に加害者本人の責任能力の有無が判断されるが，おおむね小学校卒業前後に責任能力が備わると考えられている。

　成人であっても，精神上の障害により責任能力を欠いた場合は免責される。認知症などの病気による場合（→324頁のJR東海事件）だけではなく，薬物や飲酒などにより責任無能力状態に陥った場合も含まれる。もっとも，薬物摂

取や飲酒で前後不覚の状態になることがわかっていた場合など，故意または過失によって自ら一時的に責任無能力状態を招いたときは，免責されない（原因において自由な行為。713条ただし書）。

第3節　一般の不法行為の効果

1　金銭賠償の原則と例外

損害は金銭で支払うのが原則

不法行為の要件がみたされると，被害者は，原則として金銭による損害の賠償を求める債権を取得する（722条1項・417条）。これを金銭賠償の原則という。たとえば壊した物を修理せよとか同等の物を探してこいという現物による回復ではなく金銭賠償を原則としたのは，簡便で有用だからである。

原状回復が命じられる場合もある

毀損された名誉は，金をもらっても回復できない。そこで，判例は，被害者の請求によって，損害賠償に代えて，または損害賠償とともに，名誉を回復するのに適当な処分を命じることができるとしている（723条。著作115条も類似）。この処分は，具体的には，誤った記事の訂正の掲載や謝罪広告などであるが，謝罪広告には，良心の自由を保障する憲法19条に違反するとの批判もある。また，名誉毀損の記事が掲載された新聞への反論の掲載請求は認められていない。そのほかにも，金銭賠償だけでは十分な救済にならない場合につき，信用回復措置（不正競争14条）や土壌の汚染除去の原状回復（鉱業111条2項・3項）などを定める特別法の規定がある。

侵害行為の中止を求めることも場合によって可能である

　工場煤煙の排出などの侵害行為が継続している場合や，名誉やプライバシーを侵害する記事を掲載した雑誌の発行が予告されているなど侵害行為が行われるおそれがある場合，損害の発生や拡大をまって賠償請求ができるだけでは，被害救済として不十分である。むしろ，工場の操業停止，浄化装置の設置または雑誌の発行停止などによって侵害の発生を未然に防ぐことが，根本的な救済である。差止請求権とよばれるこのような権利につき，特別法には根拠規定があるが（たとえば，不正競争3条，著作112条），民法には根拠規定がない。しかし，判例は，物権や人格権に基づく差止請求や，不法行為の効果としての差止請求を認めている。

　もっとも，具体的な事件において差止めを認めるか否かを判断するには，被害者の救済と，加害者の行為の自由の制約や加害防止措置の負担との均衡を考慮する必要がある。被侵害法益の種類，予想される被害の程度，加害行為の公共性や必要性の内容と程度，被害防止に関する措置の有無・程度・効果などを総合的に考慮して，被害が受忍限度を超える場合にのみ差止請求が認められるとする考え方（受忍限度論）をとるものが多い。これに対して，生命・健康などの侵害防止をより重要と考え，加害行為の公共性などとバランスをとることに批判的な見解もある。

2　賠償が認められる損害

損害にはさまざまな種類がある

　損害とは，その不法行為がなかったならば存在していたであろう仮定的な利益状態と，不法行為によって侵害された現実の利益状態との差と定義される（→306頁の**図14-1**）。こうした損害の理解を差額説とよぶ。差額の賠償により，不法行為によって侵害される前の状態に被害者を戻すことができる，と考えるのである。

　もっとも，実際に損害を算定するには，その利益状態の種類に応じて，も

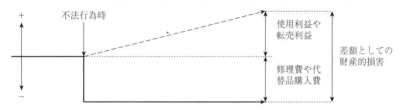

図14-1　差額説の考え方──被害者の所有物の破壊の場合の例

──→：不法行為によって損害が発生した現実の財産状態の推移
---→：不法行為がなければ生じていた仮定的な財産状態の推移

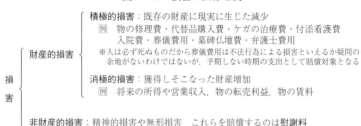

図14-2　損害の区分と例

損害
　財産的損害
　　積極的損害：既存の財産に現実に生じた減少
　　　例　物の修理費・代替品購入費・ケガの治療費・付添看護費
　　　　　入院費・葬儀費用・墓碑仏壇費・弁護士費用
　　　※人は必ず死ぬものだから葬儀費用は不法行為による損害といえるか疑問の
　　　　余地がないわけではないが，予期しない時期の支出として賠償対象となる
　　消極的損害：獲得しそこなった財産増加
　　　例　将来の所得や営業収入，物の転売利益，物の賃料
　非財産的損害：精神的損害や無形損害　これらを賠償するのは慰謝料

う少し具体的に考える必要がある。まず，損害は，財産的損害と非財産的損害に大きく二分され，財産的損害はさらに積極的損害と消極的損害（逸失利益とか得べかりし利益ともいう）に区別される。非財産的損害の中心は精神的な損害であり，これに対しては慰謝料が賠償金として支払われる（710条）。非財産的損害には，たとえば誤報によって法人が被る社会的な評価の低下のような客観的な無形損害も含まれ，その賠償も慰謝料による（→図14-2）。

　これらの損害の区別は，侵害された法益の区別とは重ならない。たとえば，人身事故の場合には，精神的損害とならんで治療費や収入の喪失などの財産的損害が発生する。物を壊すなどの財産権侵害では，通常は，修理費の支出や転売利益の喪失のような財産的損害のみが発生するが，大事にしていたペットを傷付けられたり思い出の品を壊されれば，精神的損害も発生する。説明義務違反で不本意な契約を結ばされた場合に，慰謝料請求を認めた例もある。

★ コラム(94)：証明不能の損害は賠償請求ができないのか？

プロゴルフ選手がケガをさせられた場合や，誤った情報にまどわされて不利な契約を結ばされた場合を考えてみよう。この場合，入院治療費や無駄になった出費は立証が容易なので，被害者がその損害の賠償を求めることは難しくない。しかし，試合に出ていたり有利な契約に資金や人材を投じていたら利益が得られた可能性はあるが，確実ではない。そのような利益獲得の機会を失ったこと自体が損害だとしても，その額を立証するのは難しい。かつては，こうした損害の賠償請求はできないと考えられていたが，それでは被害者の救済を狭め，加害者を不当に利してしまう。そこで，1996年の改正で民事訴訟法248条が新設され，裁判所が相当な損害額を認定する道が開かれた。

損害の区別によって立証や認定に違いがある

損害の区別は，損害の立証や認定の方法の違いを考えるうえで有用である。財産的損害の賠償を求めるには，損害を受けた事実だけではなく，その金額まで被害者が個別・具体的に立証しなければならないのが原則である（個別積算方式）。積極的損害の立証には領収書などを用いるため，この立証は比較的やさしいが，消極的損害は不確実さが避けられない将来予測を含むため立証や算定が難しい場合がある（**→コラム(94)**）。

以上の財産的損害に対して，非財産的損害では，金額の立証ができないため，事件の諸事情を考慮した裁判官の裁量により賠償額が認定される。財産的損害が発生していることは確実だが具体的に立証できない場合，慰謝料額を増やすことで全体の損害賠償額を補完・調整することも行われている。さらに，違法な行為を抑止するために，制裁としての懲罰的損害賠償（アメリカ法や中国法）を認めるべきだとの見解もあるが，判例はそこまでは認めていない。

一時金方式と定期金方式

とりわけ逸失利益の金銭賠償には，一括して支払う一時金方式と，毎月・毎年など一定期間ごとに支払う定期金方式がある。たとえば将来の給与の喪失については，会社の業績の変化による給与体系の修正，同期入社の者の昇進状況，物価水準など損害の算定に影響する事情の変化に合わせて，損害額

の認定を合理的に見直す機会がある（民訴117条1項）という点では定期金方式が優れている。しかし，加害者の経済的な困窮・行方不明・支払拒絶などで賠償金が支払われなくなるおそれがあるため，被害者は一時金方式で賠償を求めるのが普通である。また，被害者が望まないのに裁判所が定期金方式の賠償を加害者に命じることはできない，とされている。

逸失利益が一時金として支払われる場合には，将来得られたであろう利益を前倒しで得ることになるので，その間の利息相当額が差し引かれる（722条1項・417条の2）。この中間利息の控除の計算方式にはいくつかのものがある（→コラム⑮）。

相当因果関係の範囲内の損害のみが賠償される

生じているさまざまな損害のなかでどこまでを加害者に賠償をさせるべきかという損害賠償の範囲については，不法行為の章に規定がおかれていない。

判例は，富喜丸事件（→310頁の**ケースのなかで26**）以降，不法行為成立の要件としての因果関係とともに，この問題をも相当因果関係の問題と理解し，416条を類推して判断している。それによると，賠償されるのは問題の不法行為があれば通常発生するだろうと考えられる損害に限られ（416条1項），異常な経緯をたどって発生した損害は賠償対象にはならない。通常生ずべき損害のうち，通常の事情から通常生ずべき損害（通常損害）と特別の事情から通常生ずべき損害（特別損害）は扱いを異にしている。特別損害の賠償が認められるのは，加害者が不法行為時にその特別事情を実際に予見していたか予見するべきであった場合に限られる（416条2項）。加害者と被害者に事故前に接触がない不法行為の場合には特別損害の賠償は予見不能として認められないことになる。これに対して，通常損害の賠償にはそのような限定はない。

たとえば，被害者が，加害者の不当な仮処分によって，銀行から融資が受けられず新店舗の開設が遅れ，営業利益の喪失や信用失墜・精神的苦痛を受

　以下の方式がある。裁判所では複式ホフマン方式かライプニッツ方式を使うことが多く，いずれを使用しても不合理ではないとされる。現在の問題は，むしろ年利３％の法定利率（2020年現在）による中間利息の控除が，預金利率なども非常に低い状況では，非現実的で被害者を不利に扱うことにある。

　現在価格：X円，全収入：A円（各年の収入が均等ならa，昇給等があればA₁〜Aₙ）
　期間：n年，利率：r（％÷100の小数表記）とする。

○単式ホフマン方式（単利計算）

$$X = \frac{A}{1 + n \times r}$$

○複式ホフマン方式（単利計算）

$$X = a \times \sum_{k=1}^{n} \frac{1}{1 + k \times r}$$

○ライプニッツ方式（複利計算・定期昇給）

$$X = \sum_{k=1}^{n} \frac{A_k}{(1 + r)^k}$$

けたとしよう。そうした損害が，融資を受けて新店舗を開設するという特別事情による損害とされると，その特別事情を加害者が加害行為時に予見できたことを被害者が立証できないかぎり，その賠償を求めることはできない。他方，被害者が交通事故で重傷を負いほかに面倒をみる者がいない状況では，その娘が留学途上から急いで引き返すために被害者が支出せざるをえなかった往復旅費は，通常損害であり，加害者の予見可能性を問わずに賠償される（予見可能ではないので賠償を認めるため通常損害と認定したと思われる）。

　積極的損害は，被害者の金銭支出が必要不可欠なものであるかぎりで相当とされる。たとえば，壊された物よりはるかに高額な代わりの物を買っても全額が賠償されるわけではない。他方，消極的損害は，利益獲得の確実性があるかぎりで相当と判断される。

　損害を算定する基準時は，不法行為の場合，原則として不法行為時であるが，判例は，それ以後の価格上昇によるそれ以上の損害も相当因果関係の問題として処理している（相当因果関係説の問題点については→310頁の**コラム⑨⑥**）。

相当因果関係という考え方は，①加害行為と損害の間の事実的因果関係の有無，②事実的因果関係がある損害のうちどこまで賠償されるかという賠償範囲，③賠償される損害の金銭評価の方法と基準時，という３つの異なるレベルの判断を混同している，と批判されている（→26頁）。また，416条は，このうち②を定めるものであり，かつ，契約によるリスク配分を基準として賠償範囲を決めるもので，加害者と被害者の間に事前の交渉がない不法行為に予見という基準を用いるのは不適切である。さらに，イギリス判例に由来する416条は制限賠償主義に立ち，完全賠償主義を前提としたドイツの相当因果関係説とは相容れない，との指摘もある。

ただ，相当因果関係に代わる損害賠償範囲の基準については，さまざまな見解の対立があって，決定的なものがない。

ケースのなかで 26　不法行為による損害賠償の範囲（富喜丸事件）

X所有の富喜丸がY所有の大智丸と衝突して沈没した。沈没時の船体価格は約10万円だったが，第一次世界大戦の影響で船体価格が２年後には約180万円と急騰した。Xはその約180万円に加えて事故後４年間の傭船料純益約170万円の賠償を求めた。船体価格は訴訟中に戦争が終結し約10万円に戻っていた。裁判所は，不法行為にも416条を類推適用して賠償範囲を決めるとし，次のように判断した。物の滅失に対する賠償額は原則として滅失当時の価格で定め，滅失時の物の価格に含まれる通常の使用利益やその後の転売利益は賠償されない。しかし，特別の使用収益が確実にできたとか，不法行為がなければ船を高額で転売するなどして利益を確実に得られたとの特別事情があり，不法行為当時加害者がそうした特別事情を予見可能であれば特別損害として賠償される。

《中間最高価格，使用利益，転売利益，予見可能性……大連判大15年５月22日》

人の逸失利益算定には難問が多い

不法行為によって死亡したり働けなくなれば，被害者が将来得られたはずの利益を失ったことは間違いがない。しかし，現在収入がない主婦・無職者・高齢者・子どもなどが被害者となった場合には，将来の予測やそれに基づく損害額の立証は困難である。そこで，立証できないから損害がないとするのではなく，統計を用いた控えめな算定によって損害が認定される。

さらにいくつかの問題がある。たとえば，女子労働者の現実に低い賃金を

基礎に算定をすると，同程度の侵害を受けた男子労働者との間に不公平な格差を生じる。そこで，女子労働者の場合，家事労働分を評価して加算するという主張もされているが，判例は，労働によって取得できる利益を二重に評価計算することになるから認められないとする。また，男女の賃金格差の解消・縮小が将来確実に生じるとして損害賠償額に反映させることも，必ずしも合理的ではないとしている。もっとも，就労前の子どもの将来の収入については，全労働者の平均賃金による算定をする判決が増えている。

　短期滞在中の外国人が被害者になった場合に，本国よりも高い日本での賃金を基準にどこまでを逸失利益と認めるかというのも，類似した難問である。

さまざまな対処方法がある

　生命や身体の侵害によって，労働して収入を得る能力が失われたこと自体が損害であるとし，現実に収入減が生じていなくても損害の発生を認める考え方がある。裁判所は，例外的にではあるが，これを認めうることを示唆している（→ケースのなかで27）。

> **ケースのなかで 27　労働能力の喪失と損害**
>
> 　交通事故で後遺症が残った公務員Ｘは，業務内容を変えてもらい，給与面では格別不利益な扱いを受けなかったが，加害者Ｙに，治療費に加えて後遺症による労働能力5％の喪失を理由とする逸失利益の賠償をも求めた。裁判所は，被害者が後遺症のために身体的機能の一部を喪失したこと自体を損害と考えることができるとしても，本人の特別な努力で収入を維持できているとか，将来の昇給・昇任などに不利益を受けるおそれがあるなど特段の事情がなければ，財産上の損害を認めることはできない，とした。
>
> 　　　　　　　　　《労働能力喪失，収入維持，逸失利益……最判昭56年12月22日》

　また，生命・身体への侵害によって発生した被害者の社会的・経済的・精神的損害を総体としてとらえるべきだとの考え方もある。公害や薬害などの多数被害者が集団訴訟を起こす場合，慰謝料請求に絞って包括一律請求をす

るのは，この考え方によるのみならず，被害者間の平等確保と原告としての団結強化の意味もある。判例は，最小限の共通損害の賠償として，こうした請求も認めている。

さらに，人間は収益マシンではなく，死亡や傷害を受けた事実自体が非財産的損害であるとして，現実の収入の多少にかかわらず，人間の尊厳にかなう平等な定額の賠償を認めるべきだとの考え方もある。

こうしたさまざまな考え方は，差額説を基礎に個別積算方式で損害を立証するとしてきた従来の考え方に修正や転換を迫る内容を含んでいる。

3　損害額の調整

不法行為においても，債務不履行の場合と同様に，損害賠償額の調整の問題が生じる。以下では，とくに不法行為で問題になる点を中心に取り上げる。

3-Ⅰ　過失相殺

被害者に損害の分担を求めるのが公平な場合もある

たとえば，道に飛び出した人をよけきれずに脇見運転の自転車が衝突してけがをさせた場合や，交通事故の被害者が治療を受けずに症状が悪化した場合のように，被害者の行為も損害の発生や拡大の一因となっていることがある。このような場合に，損害の発生に責任があるとはいえ，加害者に全損害の賠償を命じるのは，公平ではない。そこで，722条2項は，このような場合に，裁判所が賠償額を減額することができるとしている。これを過失相殺という。債務不履行責任の過失相殺（418条）とは文言が微妙に異なり，加害者を免責することはできず，逆に，被害者の過失を考慮しないことはできる，とされている。

被害者には責任能力は必要ない

722条2項の過失相殺は，709条のように積極的に加害者の損害賠償責任を

追及するのとは異なり，公平な損害の分担を目的とするので，広く「過失」を認めることができ，被害者に責任能力（712条・713条を参照）までは必要でない。被害者が危険を認識して回避できる程度の知能（事理弁識能力。小学校入学前後に備わるとされる）があれば，責任能力のない年少者の行為も過失相殺の過失として考慮することができる（→**ケースのなかで28**）。

ケースのなかで 28　　8歳の被害者の過失と過失相殺の可否

　　8歳の少年らが自転車を2人乗りしていて，Y所有のトラックにはねられ死亡した。2人の父母XらがYや運転手を相手に損害賠償を求めたところ，責任能力のない8歳の被害者の過失を過失相殺で考慮できるかどうかが争われた。裁判所は，民法722条2項により被害者の過失を考慮するには，被害者である未成年者が，事理を弁識するに足る知能をそなえていれば足り，責任能力があることを要しないとして，従来の考え方を変更し過失相殺を認めた。

《過失相殺，年少者の過失，事理弁識能力……最大判昭39年6月24日》

被害者「側」の過失も考慮される

　たとえば道路に飛び出した被害者が事理弁識能力もない2歳〜3歳の幼児であれば，被害者自身の過失を理由に過失相殺をすることはできない。しかし，被害者本人の保護に注意を払うべき父母などの過失が事故の一因と考えられることも少なくない。そこで，過失のある者が被害者と身分や生活関係のうえで経済的に一体とみられる場合には，被害者側の過失として722条2項を類推適用し，減額を認めてよいとされている。このような一体性は，幼児と監護していた父母の間や，交通事故被害車に同乗していた者とその配偶者である過失ある運転手の間に認められる。これに対して，幼児と引率していた保育園の保育士の間や，同乗被害者とその恋人である過失ある運転手の間には，一体性は認められない。

┌───┐
│ **★ コラム⑰：被害者が太りすぎなら過失相殺？**
│ 　判例は，過失相殺の類推適用をして損害賠償額を減額するかどうかという問
│ 題について，被害者のノイローゼや病気（事故の1か月ほど前の一酸化炭素中毒や
│ 難病の事例が問題になった）の場合と，個々人の個体差の範囲に入る病気とはい
│ えない身体的特徴（首の骨が長くてむち打ち症にかかりやすかった事例）の場合を区
│ 別している。裁判所は，「極端な肥満など通常人の平均値から著しくかけ離れ
│ た身体的特徴を有する者が，転倒などにより重大な傷害を被りかねないことか
│ ら日常生活において通常人に比べてより慎重な行動をとることが求められるよ
│ うな場合は格別」（したがって，減額の余地がある）ともいう。両者の限界線をど
│ こで引くかは難しい問題である。
└───┘

過失とはいえない事情で賠償額を減額できるか

　被害を苦にした精神状態が一因となって被害者の症状が長期間改善されな
い場合や，被害者の病気や障害（素因とよばれる）も一因となって通常なら死
なない程度の事故で死んだ場合，加害者はどこまで賠償するべきだろうか。
一方で，病気は被害者の過失によるものではないことが多いし，加害者は被
害者のあるがままの状態を受け入れなければならない。また，安易に損害賠
償額を減額すると，病気や障害をもつ者の行動の自由を大きく制約すること
になって，ノーマライゼーションの考え方にも反する。しかし，他方で，通
常生じない損害まで加害者に全部負担させるのは公平ではないし，病気や障
害をもつ者は危険を自覚して慎重な行動を要請される場合もある。このよう
に，考え方は激しく対立する。

過失相殺の広がりと限界

　判例は，病的素因によって損害が悪化・拡大した場合には，過失相殺の規
定を類推適用して減額を認めた。このように，過失相殺制度は，損害の公平
な分担という考えのもとに，「過失」を問題としない広がりをみせている。
しかし，他方で，裁判所は，平均的な体格・体質と異なる身体的特徴が損害
の発生・拡大に寄与していても，損害賠償額を減額するべきではないとして，
過失相殺の類推適用に制限をかけている（限界につき→**コラム⑰**）。

　遺族年金は遺族の生活水準の維持を目的としており，損害の発生と同一の原因による利益ではないから，そもそも損益相殺をするべきではないとの反対意見がある。

　また，生命保険金を損益相殺しないという理由として，判例は，すでに払い込んだ保険料の対価の性質を有し，もともと不法行為の原因と関係なく支払われるべきものであるからだ，としている。ただ，これらの理由は，結果的に損益相殺がされる損害保険金にもあてはまるので，説得的とはいえない。

　損害保険の場合には，保険金による損害の重複塡補を避けることが損益相殺の理由となる。これに対して，命には値段がないので，生命保険では重複塡補の問題は生じない。むしろ，こうした理由が，損益相殺の有無を分ける実質的な理由ではないだろうか。

3- Ⅱ　損 益 相 殺

被害者が不法行為により受けた利益は損害賠償額から差し引く

　損害賠償制度は，被害者の損害を塡補することを目的としており，被害者に損害の塡補以上の利益を与える（すなわち，すでに塡補された損害について賠償責任を認める）ことは，逆に不公平となる。そこで，不法行為においても，債務不履行の場合と同様に，損益相殺が認められ，被害者が不法行為を原因として受けた利益は，損害賠償額から差し引かれる。

損益相殺がされる利益とされない利益

　不要になった死者の生活費や，遺族年金・労災保険金・損害保険金などは損益相殺される。年金・保険金は，すでに給付された場合だけではなく，たとえば年金の支給決定があるなど将来確実な給付が見込まれる場合も賠償額から差し引かれる。支給が不確実な分は差し引かれない。

　これに対して，香典や亡くなった子どもの養育費は，差し引かれない。損失と利益の間に同質性がないからである。また，同じ保険金でも，生命保険の保険金は差し引かれない（→**コラム⑱**）。

4　損害賠償債権の主体

原則として直接の被害者のみが損害賠償を請求できる

　たとえば，ある人が不法行為によって働けなくなった場合には，その人が勤めている会社にも損害が出る。しかし，このような間接的な損害まで賠償を請求できるとすると，賠償の対象が広がりすぎる。また，この場合の会社は，従業員が不測の事態で欠ける危険に対して，保険をかけたりするなど危機対応の措置を自ら行うべきだといえる。そのため，加害者が会社に損害を与える目的で従業員に不法行為を働いたとか（この場合の会社は直接の被害者といえる），会社が被害者の個人企業で会社と被害者が一体とみられる場合を除いて，このような間接損害は，原則として賠償の対象とならない。

　なお，たとえば，子どもがケガをした場合の治療費は，本人の損害として親がその子を代理して賠償を求めることも，扶養義務の履行として治療費を支出した親自身の損害として賠償請求することもできる。これは，1つの直接的な損害についてだれが実質的被害者かという問題であって，親を間接損害の被害者とみるものではない。

近親者の慰謝料請求は特別

　人が亡くなった場合に近親者が非常に大きな精神的衝撃を受けるのは当然である。そこで，不法行為によって人を死なせた者は，死者にどういう遺族がいるかなどを知らなくても，遺族の精神的損害を賠償する責任を負う（711条）。これは間接被害者を保護する例外的な規定とも考えられる。

　この規定は損害賠償請求ができる遺族を父母・配偶者・子に限定する趣旨ではない。それゆえ，たとえば内縁の配偶者・未認知の胎児などこれに類する近親者も精神的損害を受けたことが立証できれば，慰謝料請求ができる，とされた。また，生命侵害ではないが，幼児の顔面にひどい傷が残る事故の場合に，本人のみならず父母に慰謝料請求を認めた例がある。そもそも711

条は，709条・710条で慰謝料請求が当然認められることを例示した注意規定にすぎないという理由で，判例を支持する見解もある。

胎児や死者は損害賠償請求権者となるか

　権利義務が帰属するのは権利能力のある生きている人のみであるから，母体に対する不法行為によって傷害を受けた胎児や即死してしまった被害者の場合にどう考えればよいかが問題となる。

　損害賠償については，胎児は生まれたものとみなすという特別規定がある（721条→この意味については本シリーズ民法入門・総則〔第5版〕49頁〜50頁）。同条は胎児が被害者となった場合の規定であり，たとえば胎児の間に父親が不法行為により死亡すれば，胎児は同条と711条により固有の慰謝料請求権を取得する。胎児が父親の損害賠償請求権を相続するのは，886条1項による。

　判例は，被害者が即死した場合にも，観念的には損害賠償債権を取得した後に死亡したものとみて，慰謝料請求権は相続されるとする。かつては財産損害についてのみ損害賠償債権の当然の相続が認められ，一身専属性のある慰謝料請求権については，被害者が生前にその行使の意思を表示して具体的な金銭債権となった場合にのみ相続が肯定されていた。しかし，どのような言動が権利行使の意思表示にあたるかについて無用の争いを生じたことから，その後，当然の相続を認める見解に変わった（→ケースのなかで29）。

ケースのなかで 29　慰謝料請求権は何も言わなくても相続される

　Xの兄Aは，Yが加害者である自動車事故で重傷を負い，後に死亡した。Xは，Aの慰謝料請求権を相続により取得したとして，Yにその支払を求めた。Yは，Aが死亡までに慰謝料請求の意思表示をしていないと主張して争った。裁判所は，従来の考え方を変更して，意思表示がなくても慰謝料請求権は当然に相続されるとした。慰謝料請求権も，財産上の損害賠償請求権と同様，単純な金銭債権であり，民法711条の遺族固有の慰謝料請求権は，被害法益を異にしていて，被害者本人の慰謝料請求権の相続を否定する根拠にはならないことが理由である。

《慰謝料請求権，請求の意思表示，相続性……最大判昭42年11月1日》

相続構成への批判

これに対して学説では，損害賠償債権の相続性を否定する見解が強い。その理由として，子どもが亡くなって老齢の親が残されたいわゆる逆相続の場合に，子どもの平均余命までの数十年間の逸失利益を老親が相続することになるのは不自然ではないかとか，被害者とほとんど面識もない親戚が相続の利益を受けるいわゆる笑う相続人が出るのは望ましくないなどの指摘がある。この考え方は，扶養の利益や精神的利益を害された遺族に固有の損害賠償債権を認めれば足りるとする。他方，固有の損害は算定が難しく賠償額が低くなる傾向にあり，即死を招いた重大な侵害の加害者の責任が重傷事故の場合の加害者の責任より軽くなるのはおかしいなど，相続性を否定する見解に対する批判もある。

5　損害賠償債権の性質と期間制限

不法行為に基づく損害賠償債権には特別な規律がある

不法行為に基づく損害賠償債権は，期限の定めのない債権ではあるが，侵害された権利や利益が金銭債権に形を変えたものとみることもできる。そこで，権利・利益保護の要請に従い，一般の債権のように履行請求の時から（412条3項）ではなく，発生時からただちに遅滞となり，法定利率による遅延損害金が発生する（404条・419条1項）。また，不法行為に基づく損害賠償債権を受働債権とする相殺は一定の場合には禁じられている（509条→141頁のコラム㊹）。さらに，損害を填補した保険者は，被害者の損害賠償債権を取得する（保険者代位。保険25条，自賠76条など）。

不法行為責任はいつまで追及できるか

不法行為責任の追及には長短2種類の期間制限がある。短い方は，被害者

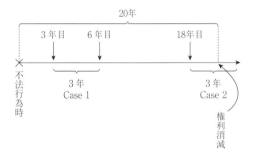

図14-3　長短の期間制限の関係（一般の場合）

不法行為時から3年目に損害と加害者を知ったCase 1では，6年目に消滅時効が完成して，以後は責任追及ができない。

不法行為時から18年目に損害と加害者を知ったCase 2では，そこから3年間責任追及ができるようにみえるが，消滅時効が援用されれば，不法行為時から20年目には権利は消滅する。

またはその法定代理人が損害および加害者を知った時から3年以内に権利を行使しなければならないというもので，短期の消滅時効期間である（724条1号）。逆に，損害の発生を知らないか加害者がだれかわからなければ，損害賠償請求をしようにもできないから，この時効期間は進行しない。しかし，いつまでも責任追及ができるとしては証拠が散逸していて加害者とされた被告が防御することが困難になって不合理だから，不法行為の時から20年という長期の期間制限もある（同条2号。両者の関係→**図14-3**）。

長期の期間制限の性質

　2017年民法改正前の判例は，長期の期間制限を除斥期間と解し，期間が経過すると援用がなくても権利自体が消滅するから，消滅時効の場合のように援用権の濫用が問題になる余地もないとしていた。しかし，そのような扱いには批判も強く，改正により消滅時効であることが明記された（724条柱書）。

生命・身体侵害の場合の期間の延長

　また，生命・身体侵害による損害賠償請求権については，法益保護を手厚くする必要がある。そこで，時効期間の一般的な短縮（166条1項の5年または10年）とは逆に，一般債権の長期の消滅時効は20年間に（167条），不法行為による損害賠償債権の短期の時効は5年間に（724条の2）それぞれ延長された。その結果，生命・身体侵害の場合には，債務不履行と不法行為で長短の時効期間はおおむね一致することになった。

期間の進行を開始しないための工夫──起算点の操作

こうした期間の経過によって被害者が損害賠償債権を失うことが正当化できるのは，権利の行使が可能なのに行使しなかったからである。このことから逆に，権利を行使しにくい事情があるときは，判例は，期間の進行が開始しないこととする解釈上の工夫をしている。

たとえば，加害者については，住所氏名を知ったときが起算点とされた（→ケースのなかで30）。長年にわたり身体に蓄積する物質により健康被害が生じる場合や一定の潜伏期間が経過した後に症状があらわれる場合には，損害が発生して初めて期間が進行する（製造物責任5条3項はこうした解釈が条文化されたものである）。継続的に発生する損害については，新たな損害の発生ごとに時効期間が進行すると解することで，権利行使ができなくなる部分を一部にとどめている。症状が次第に悪化して損害が拡大していくじん肺被害のような場合には，損害が固定する時までは期間は進行しないとされる。

> **ケースのなかで 30　加害者を知るには名前も住所も必要**
>
> 　Xは1942年4月に警察官Yから拷問を受けたが，Yの姓と職階しか知らなかった。1945年の釈放後，Xは加害者の探索を続け，1951年にYの名を知り，1961年11月にようやくYの住所を突き止めて，1962年3月に損害賠償請求の訴訟を起こした。Xが加害者を知ってからすでに3年を経過して損害賠償請求権は時効消滅しているというYの主張を，裁判所はつぎのように述べて退けた。民法724条にいう「加害者を知った時」とは，加害者に対する賠償請求が可能な程度に知った時を意味し，被害者が不法行為当時加害者の住所氏名を的確に知らなかった場合には，それを確認できた時が「加害者を知った時」となる。
>
> 　　　　　《消滅時効，起算点，加害者を知った時……最判昭48年11月16日》

6　不法行為責任と契約責任（＝債務不履行責任）の関係

たとえば，送った荷物が届かなかった場合，運送契約の債務不履行であると同時に，所有権侵害の不法行為も成り立つ。また，医療事故は診療契約の

債務不履行とも生命身体侵害の不法行為とも見ることができる。こうした場合に，判例は，原則として，どちらを理由とする損害賠償請求権も選択して主張することができ，両方の請求権の運命は相互に影響しないとしている。この考え方を請求権単純競合説という。もっとも，判例は，当事者の合理的な意思解釈という方法により，契約上の責任制限の合意が不法行為責任にも適用されることを認めている。

　学説には，判例を支持するもののほか，契約規範が優先するとする考え方や，被害者に有利な方に効果を統合した1個の請求権があるとする考え方，要件も効果も統合した請求権を考えるものなど，多様な見解がある。請求権競合とよばれるこの問題は，民法の体系をどう考えるかや，訴訟における裁判所の審判の対象（訴訟物とよばれる）をどう理解するかという民事訴訟法上の大きな問題とも密接に関連する非常に難しい問題である。

　もっとも，2017年の民法改正により，生命・身体侵害による損害賠償請求権の消滅時効に限っては，債務不履行と不法行為の効果がほぼ等しくなり，その点では請求権競合を論じる必要が少なくなった。

第4節　特別の不法行為

1　さまざまな特別の類型

　709条の一般的な規定のほかに，要件や効果について特別の定めをおく規定が多数存在する。これらには，被害者救済の観点から不法行為責任を強化するものが多い。以下では，民法上の特別の不法行為の特徴を説明する（→特別の不法行為の特徴については322頁の**表14－1**）。

表14-1　さまざまな特別の不法行為の類型

類型と該当する規定	特　　徴
(1)　他人に対する監督責任	
①責任無能力者の監督者の責任 (714条)	立証責任の転換 (中間責任)
②使用者の責任 (715条) 　※注文者の責任 (716条) は709条の原則どおりの責任 　を認める注意規定にすぎない。	立証責任の転換 (中間責任)
③公務員の不法行為についての責任 (国賠1条)	立証責任の転換 (中間責任) 軽過失加害者の求償からの免責
(2)　物に対する管理責任	
①土地工作物責任 (717条)	立証責任の転換 (中間責任)：占有者 無過失責任：所有者
②動物占有者の責任 (718条)	立証責任の転換 (中間責任)
③営造物責任 (国賠2条)	無過失責任
④自動車事故の責任 (自賠3条)	立証責任の転換 (厳しい中間責任)
⑤物の欠陥についての責任 (製造物責任3条)	無過失責任 (免責立証は可能)
⑥失火についての責任 (失火責任法)	軽過失者の免責
(3)　複数加害者の責任関係 (719条)	因果関係の推定や擬制による責任強化

2　他人を監督する者の特別な責任

　まず，第1のグループは，他人を監督する者に特別の責任を負わせるもので，709条の責任が自己の行為についての責任を念頭においているのと異なっている。

2-Ⅰ　責任無能力者の監督者責任

責任無能力者の行為については監督者が補充的に責任を負う

　714条は，責任無能力者 (→303頁) が責任を負わない場合に，法律上その責任無能力者を監督する義務を負う者や監督義務者に代わって監督義務を負う監督代行者に，補充的に重い責任を負わせる (→**コラム⑨・⑩**)。すなわち，これらの監督者は，自らが監督義務を尽くしたことか，監督義務を怠らなかったとしても損害が発生したであろうこと (監督義務違反と損害の間の因果関係の不存在) を立証できないかぎり，責任を免れない。この場合には立証責任が転換されているのである。

　直接の加害者である未成年者に責任能力があれば，714条の責任追及はできない。しかし，未成年者には損害を賠償するだけの財産がないことも少なくないし，親権者などは責任能力を備えた未成年者についても監督義務を負うはずである（820条）。そこで，裁判所は，中学生が同級生に対する強盗殺人を犯した事例で，非行を放任してきた親の監督義務違反および義務違反と損害の間の因果関係を被害者が立証できた場合には，709条による親の責任を追及することができるとした。これは，709条を，他人の行為に対する義務に拡大する解釈である（立証責任の転換がなく，被害者の立証は難しいが）。

★ コラム㊿：豊太郎 vs 秀麿——年齢と逆転した責任能力の有無？
　配達中の自転車事故について11歳11か月の店員に責任能力があるとした判例（豊太郎事件）がある一方，もてあそんでいた銃の暴発による失明事故について12歳2か月の少年秀麿の責任能力を否定した判例（光清撃ツゾ事件）もある。
　すでに働いていた豊太郎の方が秀麿より成熟していたのかもしれない。しかし，豊太郎事件は，豊太郎に責任能力を要する使用者責任が追及された事例であり，光清撃ツゾ事件は，秀麿が責任無能力であることを前提に親の監督者責任が問題になった訴訟であった。そのため，判例は，被害者の救済を重視した，という理解も可能である。

親の免責立証は難しい

　たとえば小学校で責任能力のない子どもが起こした事故の場合，親と学校（あるいは教師）の責任が重ねて問題になりうる。この場合，学校や教師のように監督の範囲が学校での事故に限定される者は，予見の困難な具体的な加害を防止する注意義務まではないとして免責される可能性がある。これに対して，子どもの生活全般にわたって包括的な監督義務を負う親権者は，具体的な危険な行為についての個別の注意義務のみならず，普段から適切なしつけを怠っていなかったことまで立証しなければならないとされるので，免責されることは少ないと言われてきた。

免責が認められた事例もある

　監督義務者の免責が認められたケースが最近2つ登場した。1つは，11歳

の少年が蹴ったボールが門扉を超えて校庭から路上に転がり，それをよけようとして転倒し骨折したバイクの老人がその後肺炎で亡くなった事例（サッカーボール事件）である。裁判所は，通常は人身に危険が及ぶとはみられない行為によってたまたま人身に損害が生じた場合には，直接的な監視下にない子に対する両親の監督義務違反はないとした。

　もう1つは，90歳を超えた認知症の老人が線路に立ち入って列車にひかれて死亡し，列車遅延等の損害が生じた事例である（JR東海事件）。裁判所は，在宅介護をしていた85歳の妻や長男（その妻が介護を補助）は法定監督義務者にはあたらず，本件においては法定監督義務者に準ずべき者ともいえないとして，損害賠償責任を否定した。

　いずれも事例の特異性を超えて，子どもや認知症の高齢者に対する監督義務についての社会の理解が変わってきていることを反映するものと思われる。

責任無能力者の行為は違法でなければならない

　この責任は，直接の加害者について，責任能力を除いて一般的な不法行為の要件がみたされていることを前提にする。そのため，加害行為に違法性がない場合には（→303頁の鬼ごっこの事例），監督者は責任を負わない。上述のサッカーボール事件では，少年自身の過失・違法性・因果関係が肯定されているが，この事件は，これらの点でも議論の余地のある事例である。

2-Ⅱ　使用者責任

使用者が重い責任を負わされる理由

　715条は，被用者が事業の執行について不法行為を行った場合，使用者に重い責任を負わせている。使用者は被用者の活動により事業を拡大するなどの利益を得ている。一方，被用者は損害賠償をするに足りる財産を持たないことも多い。そこで，使用者が，被用者に代わって，事業の拡大に伴う加害の危険も負担するべきだと考えられるのである。

使用者責任は無過失責任に近い

使用者責任を追及するには，被害者は，①「ある事業のために他人を使用する」という使用関係の存在，②事業の執行についての第三者への加害，③被用者の不法行為，を立証しなければならない。715条1項ただし書によれば，これらがみたされても，相当の注意をしたか相当の注意をしても損害が生じたはずであると証明できたときは（無過失または因果関係不存在の免責立証），使用者は責任を負わない。しかし，これまで免責を認めた例はなく，使用者責任は実質的に無過失責任化している。

どういう場合に使用関係が認められるか

使用関係は，雇用契約がある場合に限らず，使用者（715条2項により使用者に代わって事業を監督する者も同様の責任を負う）と被用者の間に事実上の指揮監督関係が存在すれば足りる。たとえば，元請企業の監督下で下請企業の従業員が事故を起こした場合，直接雇用していなかった元請企業が責任を負うことがある。

他方，たとえば弁護士のような独立した者については，依頼者との間に使用関係はない。716条により請負人がその仕事について行った加害について，注文者が責任を負う場合を注文や指図について注文者に過失があった場合に限定するのも，請負人が独立しており，原則として注文者との間に指揮監督関係がないからである。

なお，事業は，継続性・営利性がなくてもよく，適法か否かも問わない。たとえば，暴力団同士の抗争中に組員が警察官を誤射して殺害したことにつき，暴力団の組長に使用者責任を認めた例がある。

被用者の加害行為は「事業の執行について」されたことが必要

一般に，「事業の執行について」は，加害行為が事業の執行の機会に生じるという意味での「事業の執行に際して」というよりは狭いため，被用者が

事業の執行の機会に被害者を暴行したような場合は含まれない。一方，「事業の執行について」は，事業の執行の目的という意味での「事業のため」というよりは広い。

　かつては，この要件は，事業の範囲に属する行為かこれと関連して一体不可分な行為と理解されたが，これでは，職務権限がないのに被用者が使用者名義の手形を振り出した場合などが含まれないおそれがある。そこで，後に，取引に際して問題になる不法行為（取引的不法行為とよばれる）の場合に，加害行為が外形から観察して被用者の職務の範囲内の行為に属するものとみられるものであれば足りるという外形標準説が採用された。それによると加害者の行為が職務権限内の行為であるとの信頼が被害者に必要だとされる（→ケースのなかで31）。

> **ケースのなかで 31　　職務権限内の行為と信じていなければ保護されない**
>
> 　Y銀行A支店の支店長Bは，X会社から手形を預かり，Cに手形割引あっせんのためその手形を交付した。そのような行為はYの内規等に反し，Bの職務権限を逸脱していた。最初からだまし取る意図でこの取引を仕組んだCは，その手形を流通させ割引金を着服した。裁判所は，被用者Bの行為が外形からみて使用者Yの事業の範囲内に属する場合でも，その行為が被用者の職務権限内の適法な行為でなく，かつ，その行為の相手方X（の役員）がそのような事情を知り，または，重過失により知らなかったときは，使用者責任は追及できない，とした。
>
> 《手形詐欺，職務権限外の行為，悪意または重過失……最判昭42年11月2日》

取引的不法行為と事実的不法行為では異なるところがある

　外形標準説は，たとえば会社の自動車を従業員が勤務時間後に私用運転して起こした事故の場合など取引行為と無関係の加害行為（事実的不法行為とよばれる）の場合にも用いられている。しかし，事実的不法行為では，被害者が外形を信頼して損害を受けたわけではないため，同じ外形標準という言葉でも，使用者の指揮監督が及ぶ支配領域を指すとして異なる意味で理解する考え方が有力である。

使用者の責任と被用者の責任はどういう関係になるか

714条の責任と異なって，使用者責任では，直接の加害行為者である被用者の責任と使用者の責任が併存するが（→74頁以下で述べる連帯債務），通常，被害者は，賠償する資力のある使用者の責任のみを追及する。

被害者に損害を賠償した使用者は，直接の加害者である被用者に求償ができる（715条3項）。この規定は，使用者責任の性質が被用者に代わって負う代位責任であるとの理解による。しかし，被用者の不法行為には，劣悪な労働環境が原因の一端となっていることも少なくないので，使用者は，諸般の事情に照らし損害の公平な分担という見地から信義則上相当と認められる限度でしか，被用者に求償できない。反対に，被用者が被害者に賠償した場合に使用者に対して求償することを逆求償といい，認められた例も出ている。こうした運用は，使用者責任が使用者の自己責任の要素をも含んでいることを示している。

3　物を管理する者の特別な責任

特別の不法行為の第2のグループは，主に危険物を管理する者の責任を，709条の一般の不法行為責任より強化するものである。

土地工作物や動物の占有者の責任は中間責任である

土地の工作物の設置・保存や竹木の栽植・支持に瑕疵があること（瑕疵の意味は後で説明する）によって損害を受けた者は，まず，原則としてその工作物や竹木の占有者の責任を追及できる（717条1項本文および2項）。占有者は，損害の発生を防止するのに必要な注意をしたときのみ免責される（立証責任の転換）。動物を占有する者や占有者に代わって動物を管理する者も，その動物が加えた損害について同様の責任を負う（718条）。もっとも，動物には一定の危険が当然に備わっているので，瑕疵は必要でない。これらの責任は，過失責任原則を維持しながら，危険性をもつ物の管理を行うことが容易な占

有者に無過失の立証責任を課して，被害者の保護をはかる中間責任である。

土地工作物の所有者は補充的な無過失責任を負う

　工作物や竹木の占有者が無過失の立証に成功したときには，被害者は，補充的にその所有者に責任を追及できる（717条1項ただし書および2項）。所有者には免責立証を認める規定がないため，所有者の責任は，危険性をもつ物を所有し，それによる利益を受けていることを根拠とする無過失責任である（免責される場合もある→**コラム⑩**）。これに対して，動物の所有者には無過失責任は課せられていないが，免責が認められることは少ない。

土地工作物の設置または保存の瑕疵は安全性が欠けていることである

　重い責任が生じるのは土地の工作物による被害に限られる。もっとも，土地との接着は必要であるが，被害者の救済を拡大するため，たとえば，警報機のない踏切・高圧電線・エレベータなども，広く土地の工作物と認められている。一種の拡張適用である。

　瑕疵とは，土地の工作物が通常備えるべき安全性を欠いていることを意味する。瑕疵は，それが生じたことについて占有者や所有者に過失があることを要しない客観的な責任原因である。物理的な欠陥のみならず，安全設備が設置されていないなど機能の不足も瑕疵と認められる。また，合理的に予想できる誤使用に対する安全性が備わっていなければ，やはり瑕疵があると認められる。

4 共同不法行為

被害者保護のため共同の加害者には連帯責任が課される

　加害者と思われる複数の者の行為から同一の損害が発生した場合，それぞれの行為者にどの範囲までの損害賠償責任を負わせるかが問題になる。不法行為一般の原則に従って，各加害者の行為と損害の因果関係を被害者が立証しなければならないとすると，加害者が複数いるために厳密な証明は難しくなる。また，加害者が多いほど各加害者から請求できる損害賠償額が小さくなるとすれば，被害者の救済は不十分となる。

　そこで，719条は，一定の要件をみたす場合を共同不法行為とし，加害者は連帯責任を負うものとした。すなわち，被害者は，どの加害者からも全額の損害賠償を求めることができる。複数の加害者の負う損害賠償債務は連帯債務である（74頁以下も参照）。もっとも，加害者の1人から賠償を受けて全部の損害が塡補されれば，目的が達成されて他の加害者に対する被害者の損害賠償債権は消滅する。被害者が実際の損害額を超えて何倍もの賠償を得られるわけではない。

　他方で，むやみに他人の行為の結果にまで責任を問われるべきではない。そのため，共同不法行為制度においては，加害者に損害全部について責任を負わせる根拠や要件，裏側から見れば，加害者が責任を減免される根拠や要件が問題となる。

共同不法行為の3つの類型

　広義の共同不法行為には，次の3つの類型がある。まず第1に，数人が共同の不法行為によって加害した場合（狭義の共同不法行為。719条1項前段）である。第2に，複数人のだれかが加害者であることは明らかであるが具体的な加害者がわからない場合（加害者不明の共同不法行為。719条1項後段）である。第3に，他人に不法行為を行わせた者や他人を助けて不法行為を容易に

した者（教唆者・幇助者。719条2項）は，加害行為を共同で行ったといえなくても共同行為者とみなされて連帯債務を負う。

「共同の不法行為」（719条1項前段）は客観的な行為の一体性で足りる

　事前に示し合わせて数人で暴行を加えて被害者を死亡させた場合のように，加害行為についての共謀という主観的な共同関係があれば，致命傷を与えていない者や現場で加害行為に加わらなかった者（たとえば黒幕的存在）も共同行為者であり，全員に損害全部について責任が認められる。ここまでは争いがない。

　しかし，共謀のような意思の連絡を必要とするのでは連帯責任とされる場合が狭くなりすぎるので，各人の行為に客観的な一体性があれば足りるとされている（客観的関連共同説）。たとえば，工場群からの排煙が重なって近隣住民にぜんそくの症状を引き起こした場合のように，加害行為が場所的・時間的に近接して社会観念上一体の加害行為と評価できれば共同行為があるとされる。この考え方は，さらに，双方に過失のある出合い頭の自動車の衝突事故で歩行者が巻き添えになった場合や交通事故被害者が手当ての際の医師のミスで死亡した場合にも，事故や損害の一体性から，自動車運転手同士や交通事故と医療事故の加害者同士の間にも共同行為があるとして，連帯責任を認めている。

　このように共同行為が認められれば，この共同行為と損害の間に因果関係があれば足りる。かつては各加害者の行為と損害との間に個別の因果関係も必要だと解されていたが，それでは709条とは別に719条を定めた意味がなくなってしまう。そのため，現在では，被害者は各加害者の行為と損害の間の因果関係の立証を要しない，と考えられている。

ほかにもさまざまな考え方がある

　客観的関連共同説では，過失の不法行為が競合したにすぎない場合にまで連帯責任とされるので妥当でないとの批判があり，主観的関連共同性を要するとの考え方も有力である。また，強い関連共同性と弱い関連共同性を分ける考え方がある。たとえば，コンビナートを形成する企業の煤煙によってぜんそくが発生した場合，強い関連共同性が認められれば各企業は全部責任を免れないが，弱い関連共同性しかない場合には，損害発生に対する寄与の度合いが少ないなどの理由で一部の連帯責任や分割責任となる。

具体的な加害者が不明な場合はどうなる

　719条1項後段は，複数人のだれかが加害者であるがそれが特定できない場合に，被害者救済のために因果関係を推定する。あくまで推定にすぎないので，加害者として訴えられた者は，自らの行為と結果との間に因果関係がないことを立証すれば，責任を免れる。

連帯責任は原則として連帯債務

　加害者は被害者に対して連帯債務を負う（436条〜445条）。2017年の民法改正前には，（とりわけ消滅時効や免除の）絶対的効力事由（→77頁）を共同不法行為の加害者については適用しないために，不法行為に基づく連帯責任は不真正連帯債務とよばれていた。しかし，改正により絶対的効力事由が少なくなり，そのような操作をすることなく，原則として連帯債務の規定がそのまま適用されることになった。不真正連帯債務が例外的に認められる場合があるか否かについては，見解がわかれている。

　複数の加害者の1人が全部の損害を被害者に賠償した場合，賠償した加害者は他の加害者に対して，損害発生への寄与の程度や行為の違法性などを考慮して，相当な額を求償することができる。もっとも，加害者が被害の一部のみを賠償した場合に，「その免責を得た額が自己の負担部分を超えるかど

うかにかかわらず」（442条1項）という文言通りに求償を認めることになるのかは不透明である。共同不法行為者間の求償について，従来の判例・通説は，負担部分を超えた場合にのみ求償を認めてきたからである。

第15章　不当利得

　Aが自分の所有する絵を著名画家の描いた本物としてBに売って引き渡し，Bから代金を受け取った。AもBもその絵は本物だと思っていたが，その後，偽物だとわかった。この場合，売買契約が錯誤を理由として取り消されるとAが代金を受け取る根拠も，Bがその絵を手元にとどめておく根拠もない。

　別の例で，Cが自己所有の荒れ地を整地して駐車場営業を始めた。しかし，その駐車場の一角に誤ってDの所有する隣地の一部が含まれており，その部分はCがEに貸して賃料を得ていた。この場合，CはDの所有地には所有権をもっていないから，Cが得た賃料分の価値は，最終的には所有者Dが得るべきはずのものであり，Cにはそれを保持しておく根拠がない。一方，荒れ地が駐車可能となったことで土地改良の利益を受けたDには，Cの費用負担でそのような利益を得る根拠がない。

　いずれの例でも，他人の財産や労力によって得られた財産の増大には，それを正当化する根拠としての「法律上の原因」がないので，そのような法律上の原因のない利益（これを利得という）は返還するべきだと思われる。不当利得とは，このような場合に，利得の返還を求める債権を発生させる制度である（703条）。

　この不当利得制度をどう理解するべきかについては，考え方に大きな対立があるが，本書では，近時の通説的な考え方（類型論）にそって，まず，基本的な規定である703条を中心に，要件や効果を概観する。次いで，民法典に用意された特別ルール（705条〜708条）を説明する。

第1節　一般的な不当利得の要件と効果

1　要件・効果の全般

不当利得は大きく2類型に分けられる

近時の通説的な見解によると，不当利得制度は，他の実定法上の諸制度と同一の平面で機能を分担する制度であり，不当利得の要件や効果は，問題となる実定法上のそれぞれの制度との関係で類型的に理解するべきであって，統一的な理解はできない（→**コラム⑩**）。

たとえば，扉に挙げた売買契約が錯誤で取り消されて無効になったＡＢ間のように，不当利得が無効な契約に基づいてした給付の清算として機能する場面（給付利得）では，契約法上の諸規定を性質の許すかぎり類推して，要件・効果を考える。Ｄの土地を無権利者Ｃが駐車場として賃貸した事例のＣＤ間のように，そのような利益の移動を根拠づける関係が存在しない場面（侵害利得）では，物権的請求権との機能分担や所有者・占有者関係の諸規定（189条以下）の類推を考慮して，要件・効果を検討する。

どのような類型を立て，それをどう名づけるかについては，さまざまな見解があるが，給付利得と侵害利得を，債権法と物権法にほぼ対応する2つの基本類型であるとすることでは，おおむね意見が一致する。このほか，扉の設例のように荒れ地を駐車場に改良するのであれば所有者のＤが負担するべき費用を免れ（利得し），Ｃが自己の負担するべき費用と誤信して支出した（損失を受けた）場合は，ＣのＤに対する不当利得返還債権が発生する。このような場合や他人の債務を自己の債務と誤信して弁済した場合を支出利得などとよんで第三の独立した類型とする考え方が有力である（→336頁の**図**

ドイツ民法にならい統一的な不当利得の基本条文（703条）を設けた日本では，不当利得を，「形式的・一般的には正当視される財産的価値の移動が，実質的・相対的には正当視されない場合に，公平の理念に従ってその矛盾の調整を試みる制度」とみる理解が長らく通説であった（衡平説と称される）。判例は，基本的にはこのような理解に従っている。

この考え方によると，不当利得制度は，公平・妥当な結果を実現するための一般条項的な最後の手段であるから，実定法上の他の制度で十分な調整ができる場合には適用するべきでない，という謙抑的な姿勢がとられる（不当利得の補充性という議論）。他の制度では処理できない雑多なものが何でも持ち込まれることから，不当利得は，理解が難しい実定法の「ゴミ箱」とも評された。また，その要件・効果は，さまざまな不当利得の場面に共通するものと理解され，衡平に即して柔軟に解釈される傾向が強い。

これに対して，本文で述べた最近の通説的な考え方（類型論とよばれる）によれば，不当利得の補充性を一般的に論じる意味はなく，要件・効果は，他の制度と同様に，できるだけ曖昧さのないよう解釈されなければならない。財産的価値（物と価値を総称して財貨ともよばれる）の移転や帰属や負担を定める規範は，全法体系にわたって存在するため，703条の「法律上の原因なく」という要件は，その裏返しとして，全法体系を投影したいわば「箱庭」となるとも表現される。

15 - 1 ）。

本書では，給付利得と侵害利得の要件・効果の違いを対比しつつ説明するが，各類型に共通して論じることができる問題もあるので，まずは，その点をみておこう。

不法行為責任とは区別される

703条によると，不当利得返還請求権の発生要件は，①他人の財産または労務によって利益を受けたこと（受益），②その他人が損失を被ったこと（損失），③受益のために損失が及んだこと（因果関係），④受益に法律上の原因がないこと（法律上の原因の欠如）である。

他人の権利や利益を侵害したことに故意・過失があれば，不法行為に基づく損害賠償債務（709条）も発生しうるが，不当利得返還債務の発生には，故

図15-1　不当利得の類型のさまざまな名称と中心的役割

・**給付利得**—運動法型不当利得—矯正法的不当利得
　　　　　誤って実行された財貨移動の清算。主として契約法を補完
・**侵害利得**—他人の財貨からの利得—帰属法的不当利得
　　　　　非権利者が得た利益の権利者への回復。主として物権法を補完
・**支出利得**—費用償還・求償型不当利得—負担帰属法的不当利得
　　　　　義務者以外の出捐の回復。主として委任・事務管理を補完
　　　　　707条2項の求償権はこの類型の例であり，この類型では，利得の押付けを防止す
　　　　るという観点が重要だとされる

意・過失を要しない。この点が，加害者の固有財産を犠牲にしても被害者の
損害の塡補をさせる不法行為制度と，受益者が本来受けるべきでない利得を
返還させるにすぎない不当利得制度との決定的な違いである。

責任の軽減と加重

　受益に法律上の原因が欠けているという客観的事実があるだけで，受益者
は原則として受益全部を返還しなければならない。703条によれば，受益が
滅失または減少した場合には，受益者は現存利益を返還すれば足りるが，こ
のような責任軽減の利益を受けるためには，704条との関係で，受益の減
失・減少時に，受益に法律上の原因が欠けることを受益者が知らなかったこ
と（善意。709条との関係で善意・無過失が必要とする考え方も有力）が必要であ
る。とりわけ金銭については，利得の縮減は容易には認められない。返還す
るべき金銭を生活費にあてるなど他の支払に使用しても，その額だけ受益者
の固有財産に出費の節約があり，利得が消滅していないとされるからである。
利得の縮減が認められるのは，受益がなければ支出しなかった浪費の場合な
どに限られる（→**コラム⑩③**）。

　受益に法律上の原因が欠けていることを知っている悪意の受益者は，この
ような責任軽減の恩恵を受けられないばかりでなく，受益に利息を付して返
還しなければならない。返還訴訟に敗訴した受益者は，受益の時に善意であ
っても，訴え提起のときから悪意とみなされる（189条2項の類推適用）。悪意
の受益者は，損失者にさらに損害があればそれを賠償するという加重された
責任も負う（704条）。

　間違って支払われたことに気づかずに思わぬ大金を手にして世界一周旅行に
出かけた場合には，そうした大金を受け取らなければ使わなかっただろうとい
う関係が認められる限り，浪費として現存利益はないとされるのが一般的であ
る。しかし，楽しみを得たという無形の利益は残っているから，その限度で返
還するべきだという考え方もある。もっとも，損害については，民事訴訟法
248条のような特別規定があるが，そのような規定のない無形の利益を金銭評
価するのは難しい。

要件の中心は「法律上の原因の欠如」

　多数当事者間の不当利得では，「受益」「損失」「因果関係」の要件が問題
となるが（→341頁以下の４と342頁の**コラム⑩⑤**），二当事者の事例では，これら
の要件がみたされるか否かが問題となることは少ない。たとえば，無効な契
約上の債務が履行された場合には，これらの３つの要件は，給付によって給
付者から給付受領者へ財産的利益が移動したことを分解して表現しているに
すぎない。給付受領者の受益と給付者の損失は，給付が実際に行われたこと
から通常明らかであり，因果関係を問題にする余地もない。二当事者間では，
もっぱら財産的利益の移動に法律上の原因が欠けているか否かが問題となる。

２　法律上の原因の欠如

給付利得の場合

　受領者が給付（＝利益の移動）を保持できるのは，給付者との間に給付を
基礎づける有効な法律関係が存在するからである。したがって，給付利得の
場合の法律上の原因の欠如は，ある法律関係（表見的法律関係）に基づくもの
として給付が行われたのに，実際にはそれが欠けていたことである。

　法律上の原因の欠如の例として，給付の基礎となった契約全体が無効な場
合のほか，利息制限法に反する高い利息を払いすぎて元本もすでに消滅した
事例のように，契約自体は有効だが給付に対応する債権が存在しなかった場
合もある。また，損害賠償債務がないのに賠償金が払われた事例や，養子縁
組の無効を知らずに養親が養子を扶養した事例のように，契約以外の法律関
係の存在が問題となる場合もある。さらに，恩給支給裁定の取消しのように，

公法上の法律関係が欠ける場合も本条の問題となる。

侵害利得の場合

　侵害利得では，受益が，利益を割り当てている帰属秩序に反すること，つまり，権利者に割り当てられた利益を非権利者が享受したことが，法律上の原因の欠如の内容となる。もっとも，受益者のもとに現物があれば物権的請求権に基づいて返還を請求すれば足り，侵害利得が問題になるのは，現物返還が不可能な場合に限られる。たとえば，Aの米を盗んだBからその米をCが買った場合において，その米がCの手元にあるときにはAは物権的請求権を行使することになるが（193条参照），Cがその米を食べてしまったとする。このとき，Cに過失がなければ，Aは，不法行為を理由とする損害賠償請求はできず，不当利得（侵害利得）返還債権によらなければならない。

　侵害利得では，給付利得とは異なって，有効な契約関係に基づく受益であっても，権利者との間の契約でないと，法律上の原因とはならない。たとえば，先ほどの例で，Aの米をBから買って食べたCは，Bとの関係では有効な売買契約に基づいて米を給付されているから，一見，その受益には法律上の原因があるようにみえる。しかし，即時取得（192条）や表見代理（109条・110条・112条）などによって，CがAに対してもその米の所有権取得を主張できる場合でないと，契約の相対効（AはBC間の契約に拘束されない）により，BC間の契約は，Aに対する関係では，Cの受益の法律上の原因にはならず，CはAに利得を返還しなければならない。

3　効　　果

利得返還を内容とする債権債務が発生する

　不当利得の発生要件をみたせば，利得の返還を内容とする債権債務が発生する。すなわち，不当利得は，契約・事務管理・不法行為と並び，これらとは異なる債権債務の発生原因である。

　判例は，結納を，婚姻予約の成立を証するとともに，将来成立するべき婚姻を前提とし，その親族関係から生じる相互の情誼を厚くすることを目的とする贈与とする。そのうえで，婚約が両当事者に責任のない理由で解消された場合には，目的不到達による不当利得という特殊な類型として，結納の返還請求を認めている。学説には，曖昧な目的概念を用いるのではなく，婚姻の不成立という黙示の解除条件が成就したとして，通常の給付利得と考えればよいとの意見がある。このような考え方によれば，利得の縮減される例外を定めた121条の2第2項が適用されることになろうか。

　この返還債務が遅滞すれば，善意者であっても，債務者は，債務の履行遅滞責任を負い，金銭債務の場合には遅延損害金の支払義務が発生する。従来の判例によれば，不当利得返還債権は法定債権であり，金銭債務の遅延利息は法定利率により（404条），不当利得返還債権は5年または10年（166条1項）の消滅時効にかかる。

給付利得では受益の全部返還が原則

　703条の文言では善意の受益者には受益の喪失や減少による現存利得への縮減の抗弁が認められるが，これが例外的であることはすでに述べた。さらに，類型論では，2017年の民法改正前から，給付利得の場合には，契約解除の場合（545条1項本文参照）にならって，給付された物が受領者の帰責事由によらずに返還不能になった場合にも，利得の縮減を認めず，原状回復として給付の客観的価額を償還しなければならないとの見解が有力であった。改正で追加された121条の2第1項は給付利得の場合の原状回復義務を定めたので，703条の特則として受益の全部返還という給付利得の原則が明らかになった。

給付利得では果実や使用利益も返還を要する

　衡平説では，善意の受益者は，189条1項によって果実や使用利益は返還を要しないのでないかと主張され，激しく争われた。これに対して，類型論では，物権的請求権の付属規範である189条以下は契約の清算に類推適用す

るべきでなく，むしろ，解除の場合の原状回復（545条1項本文・2項・3項。121条の2第1項も明示していないが同趣旨）と同じく，果実や使用利益や利息も，現物を返還し，それが不可能な場合にはその客観的価額を償還するべきだとされる。判例も，金銭の使用利益については，善意の受領者も，利息相当額の運用利益の返還を要するとした。もっとも，受益者の行為の介入がなくても損失者が当然取得したと社会通念上考えられる範囲では損失がある，という裁判所が用いた理由づけには，擬制にすぎるとの批判も強い。

給付利得には表見的法律関係の規律が類推適用される

扉で挙げた錯誤を理由に取り消された売買契約の例のように，無効な双務契約の債務の両方が履行されている場合には，Aの代金返還債務とBの絵画返還債務という2つの不当利得返還債務は，同時履行の関係に立つ。判例は，古くは，双方を別個独立としたが，現在では，533条の類推適用により，同時履行の抗弁権を認めている。もっとも，詐欺や強迫を理由とする取消しの場合には，詐欺者や強迫者に同時履行の抗弁権を認める必要はないとの見解も有力である。

侵害利得返還債務は原則として金銭債務

衡平説は現物返還を不当利得全般の原則とするが，類型論は，侵害利得の場合には，逆に金銭での返還が原則だとする。なぜなら，受益者のもとに現物があれば物権的請求権に基づいてその物の返還を請求すれば足り，侵害利得が問題になるのは，現物返還が不可能な場合だからである。類型論では，侵害利得は，権利の帰属を保護する機能を，物権的請求権と分担していると理解される。

侵害利得では，189条以下が類推適用される

類型論によれば，物権的請求権と同一の平面にある侵害利得については，

物権的請求権の付属規範である189条以下の規定が，性質の許すかぎり類推適用される。

　Aの建設機械をBが盗んで善意・無過失のCに売り（登録のある建設機械では無過失とされる場合がそもそもまれだが），Cがその機械を数か月利用した後で，だれかに転売したとしよう。Bが無資力で，機械の現在の所在も不明である場合は，AはCを相手に不当利得の返還請求をするほかない。Cは，善意であれば，果実収取権を定める189条1項が類推適用されて賃料相当額の使用利益は返還しなくてよいが，転売代金相当の客観的価額を償還しなければならない。盗難から2年間は，Cは善意・無過失でも機械を即時取得できず（193条），転売代金も所有者Aが得られたものだからである。このとき，CがBに支払った代価をAに返還するべき額から控除できるかについては，争いがある。

　衡平説では，Cには，建設機械の客観的価額からBに支払った代価を引いた額しか受益がないとも考えられ，見解が対立している。これに対して，類型論は，これを明確に否定する。この建設機械が仮にCの手もとにまだあってAがCに対して物権的返還請求権を行使できる場合を考えると，Cは194条の要件をみたさないかぎり，Bに支払った代価の弁償をAに対して主張できない。この場合との均衡から，侵害利得返還請求についても，194条の要件をみたさないかぎり，CがBに支払った代価の控除は否定される。

4　多数当事者間の不当利得

　たとえば，AがBに100万円の債務を負う契約，BがCに120万円の債務を負う契約が有効に成り立っているようにみえる事例で，AがBの依頼によって，Bに100万円を支払う代わりに，直接Cに100万円を支払ったとしよう。

　(a) AB間の契約のみが無効であれば，AによるCへの支払の効力には影響なく，AはCにではなく，Bに100万円の返還を請求するべきである。

　(b) BC間の契約のみが無効であっても，AによるCへの支払には影響が

★ コラム⑩⑤：多数当事者間の不当利得の特殊な事例

(1) AはCから賃借してい
た甲をBに修理させたが，修
理代金を支払わないまま倒産
した。Bは甲をAから回収し
たCに，不当利得の返還を請
求できるか（右図）。このよ
うに契約相手方に対する給付
が第三者の所有物の利益とな
った場合は，伝統的に転用物
訴権とよばれている。

転用物訴権

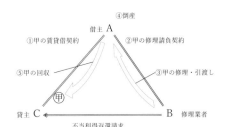

判例は，Aの無資力のため修理代金債権が無価値になった限度で，Bの損失
と修理により所有物の価値が増えたCの利得には直接の因果関係があるとし，
AC間の契約で，Cが実質的な対価なしに修繕義務を免れて利益を受けた場合
に限って，Cの受益には法律上の原因がないとする。

しかし，類型論では，Bが本来負担すべきAの無資力の危険をCに転嫁すべ
きではないとして，転用物訴権を否定する見解が多いし，結論を肯定する者も，
沿革から認められる特殊な不当利得だとする。

(2) Cに対して債務を
負っていたAが，Bから
騙し取った金銭で，Cに
弁済をした場合，BはC
に不当利得の返還を請求
できるか（右図）。これ
は，騙取金による弁済と
よばれる事例である。

騙取金による弁済

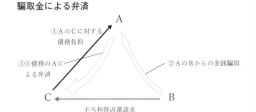

判例は，衡平説に依拠し，AがBから騙し取った金銭を銀行口座に預けて出
し入れを繰り返した後でCに弁済した場合でも，Bの金銭でCの利益を図った
と認められる社会通念上の因果関係があれば足りるとする。そのうえで，Cが
その金銭を受領するについて，悪意または重過失がある場合に限って，法律上
の原因を欠くとする。

類型論では，有価証券の善意取得と同様にCが善意・無重過失でない場合に
かぎり，Bの物権的価値返還請求権が認められ，不当利得の問題ではないとす
る見解が有力であるが，他にも多様な見解が存在する。

なく，AではなくBがCに100万円の返還を請求できる。

　このように，(a)(b)のいずれの場合も，法律上の原因が欠ける当事者間で不当利得関係が生じる。

　(c) これに対して，ＡＢ間・ＢＣ間の契約が共に無効である場合には，一定の限定を付してAのCに対する不当利得返還債権の発生を認める見解や，ＡＢ間とＢＣ間にそれぞれ不当利得返還債権が発生するとする見解などがある。

　多数当事者間の不当利得には，これ以外にも多様な形態があり，特殊な事例では，不当利得となるか否か自体に争いがある（→**コラム**⑩）。

第2節　不当利得の特別な規律

　705条以下は，主として給付利得について，例外的に返還請求ができない場合を定める特別な規律である。121条の2が適用される場合にも，これらの特則が適用されうる。このうち，本書では，重要な非債弁済（705条）と不法原因給付（708条）についてのみ説明する。

1　非債弁済

債務がないことを知って弁済した場合には返還請求ができない

　債務がないことを知りながら，弁済として給付をした場合には，給付を贈与する意思によるか，不合理な行動であるから，返還請求による保護を認める必要がない（705条）。これは703条の例外となるので，不当利得の返還請求を受けた受益者が，給付者の悪意を主張・立証する必要がある。

給付が自由な意思に基づかない場合には返還請求は許される

705条の文言からは明確でないが，たとえば，貸主から強く迫られて利息制限法に違反する高利の利息をやむをえず弁済した場合，強制執行を受けた場合，さらに口座からの自動引落が継続してしまった場合のように，給付が自由な意思に基づかない場合には，債務の不存在を知りながらあえて弁済したとはいえないから，例外の例外として，返還請求が許される。

2　不法原因給付

法は不法の清算にも手を貸さない

たとえば，賭博で負けた者は負け金を支払うことを強制されないが（90条），自らが不法な賭博に手を染めながら，支払った金を取り戻すことに法の助力を求めるのも，許されない（708条本文）。これも703条の例外である。本条は，すでに実現された反社会的な行為の清算にも法的救済の拒否という制裁を課し，間接的に不法な行為を抑止しようとするものである。

返還請求が否定される結果，給付を受領した受益者は反射的に給付物の所有権を取得する（→346頁の**ケースのなかで32**）。

不法は反社会性の強い場合に限定される

強行法規に違反した場合も不法には違いないが，たとえば，財産隠匿行為や経済統制法規などの政策的な禁止規定に違反した行為の場合にまで広く返還請求を拒否すれば，禁止したはずの不法な結果を放置することになって，かえって規範の目的に反する。そこで，708条の不法は，不法の抑止や当事者の公平を考慮してもなお返還請求を否定するに値する反社会性の強い場合，すなわち倫理・道徳に反する醜悪な行為に限定される。

受益者の側により不法性が強い場合は，返還請求が許される

両当事者間の公平・信義の維持，取引の安全などの観点も加味しなければ

ならず，給付受領者である受益者の不法性が給付者よりも強い場合には，返還請求が許される（708条ただし書）。条文の文言によれば，受益者にのみ不法な原因がある場合に限られるようにみえるが，判例・学説とも，給付者と受益者の不法の程度を比較（不法の衡量）して，受益者の不法の程度が給付者の不法の程度よりも高いことで足りるとしている。

不法には目的が不法な場合も含まれる

給付の原因が不法だとされるのは，まず，そのような給付を義務づける契約自体に反社会性が強い場合，たとえば，殺人請負だとか賭博・密輸などが考えられる。これに加えて，たとえば，密輸の代金に使うことを知って資金を貸し付ける契約の場合，金銭消費貸借契約自体には反社会性はないが，不法な密輸を助長することを知って行った金銭貸与は，目的の不法を理由に，不法原因給付と評価される。たとえば借主が密輸を企図して資金集めを主導したなど借主に貸主を上回る不法がなければ（上述のとおり708条ただし書不適用），貸主は，消費貸借契約による元本の返還や利息の支払などの契約の履行請求はもとより，それが無効であるとして貸し与えた資金額の不当利得返還を請求することも認められない。

給付が完了している必要がある

給付が完了していないうちに返還請求を否定すれば，不法な結果の実現に法が手を貸すことになって好ましくないので，給付は完了している必要がある。たとえば，未登記不動産の場合には，引渡しだけで給付は完了しているから返還請求はできないが（→346頁の**ケースのなかで32**），登記済不動産の場合には，引渡しと移転登記の両者が揃って初めて給付が完了するため，引渡しだけが終わっていても，返還請求が許される。移転登記がされていても引渡しがされていなければ，給付者は移転登記の抹消を請求できるだろう。

ケースのなかで 32　所有権に基づく返還請求も708条で否定される

　Ｘは妾関係の維持のために未登記建物をＹに贈与して引き渡したが，関係の解消後，所有権に基づいて建物の明渡しを求め，その後保存登記をした。これに対し，Ｙが反訴で移転登記手続を請求した。裁判所は，つぎのように述べた。贈与契約は公序良俗違反で無効で，未登記建物の引渡しは不法原因給付にあたり，不当利得の返還請求は認められない。返還請求ができない反射的効果として所有権は受贈者に帰属するから，所有権のないＸの保存登記は無効である。Ｙは抹消登記請求をしたうえで自分の名前で保存登記をすることができ，それに代えてＸに対して移転登記を求めることもできる。

　　《未登記建物，物権的請求権，所有権の帰属……最大判昭45年10月21日》

参考文献

　以下の参考文献は，債権法の学習をはじめた読者が，本書と併読されることを想定している。したがって，おびただしい数の民法の本の中から，少なくとも民法改正に対応し，改訂が施された比較的新しいものから数冊ずつ紹介する。より詳しくは民法の先生に聞いて欲しい。

〈債権総論〉

　内田貴『民法Ⅲ　債権総論・担保物権〔第4版〕』（東京大学出版会，2020年）

　潮見佳男『プラクティス民法　債権総論〔第5版補訂版〕』（信山社，2020年）

　中田裕康『債権総論〔第4版〕』（岩波書店，2020年）

〈債権各論〉

　平野裕之『新・考える民法Ⅳ　債権各論』（慶應義塾大学出版会，2020年）

　山野目章夫『民法概論4　債権各論』（有斐閣，2020年）

　藤岡康宏ほか『民法Ⅳ　債権各論〔第4版〕』（有斐閣，2019年）

　債権各論は，通常，契約・事務管理・不当利得・不法行為をすべて含んでいる。以下は，そのうちの一部分を独立させた詳しいものであり，必要に応じて関係する箇所を参照するという読み方になるだろう。

〈契　約〉

　近江幸治『契約法〔第4版〕』（成文堂，2022年）

　中田裕康『契約法〔新版〕』（有斐閣，2021年）

　大村敦志『新基本民法5　契約編〔第2版〕』（有斐閣，2020年）

〈事務管理・不当利得・不法行為〉

　野澤正充『事務管理・不当利得・不法行為〔第3版〕』（日本評論社，2020年）

　橋本佳幸・大久保邦彦・小池泰『民法Ⅴ　事務管理・不当利得・不法行為〔第2版〕』（有斐閣，2020年）

　平野裕之『事務管理・不当利得・不法行為』（日本評論社，2019年）

〈不法行為〉

　吉村良一『不法行為法〔第6版〕』（有斐閣，2022年）

　潮見佳男『基本講義　債権各論Ⅱ　不法行為法〔第4版〕』（新世社，2021年）

　窪田充見『不法行為法──民法を学ぶ〔第2版〕』（有斐閣，2018年）

〈従来の体系を少し崩して再編成した教科書として，次のものがある〉

　中舎寛樹『債権法』（日本評論社，2018年）

　→債権総論と契約を一体化

　後藤巻則『契約法講義〔第4版〕』（弘文堂，2017年）

　→契約法を中心に民法総則の一部と債権総論の一部を一体化

〈判　　例〉

　判例集に登録された判決そのものをぜひ読んでみて欲しいが，次に挙げるものは，重要判例を集めて，事件の事実関係・判旨・問題点などを整理しており学習に便利である。

　窪田充見・森田宏樹編『民法判例百選Ⅱ　債権〔第8版〕』（有斐閣，2018年）

　田髙寛貴・白石大・山城一真『民法③　債権総論　判例30！』（有斐閣，2017年）

　中原太郎・幡野弘樹・丸山絵美子・吉永一行『民法④　債権各論　判例30！』
　　　（有斐閣，2017年）

〈その他〉

　次のものは，淡路剛久ほか『目で見る民法教材』の構想を受け継いで新たに作られたもので，民法に関係する書類や著名判決に関する写真・資料などを解説付きで収録している。

　池田真朗編『民法　Visual Materials〔第3版〕』（有斐閣，2021年）

判 例 索 引

大 判……大審院判決　　　　　民録……大審院民事判決録
大連判…大審院連合部判決　　　民集……大審院民事判例集，
　　　　　　　　　　　　　　　　　　　　最高裁判所民事判例集
最 判……最高裁判所判決　　　　新聞……法律新聞
最大判…最高裁判所大法廷判決　判時……判例時報

事 項 索 引

352

わ　行

債権〔第2版〕
エッセンシャル民法3 　　　〈有斐閣ブックス〉
Civil Law, Obligations, 2nd ed.

2010年6月30日　初　版第1刷発行
2022年10月30日　第2版第1刷発行

著　　者　　永田眞三郎
　　　　　　松本恒雄
　　　　　　松岡久和
　　　　　　横山美夏

発　行　者　　江草貞治

発　行　所　　株式会社　有斐閣
　　　　　　郵便番号　101-0051
　　　　　　東京都千代田区神田神保町2-17
　　　　　　http://www.yuhikaku.co.jp/

印刷・製本　中村印刷株式会社

ISBN 978-4-641-18458-9